Née à Londres en 1969, Sophie Kinsella est une véritable star. Elle est reconnue dans le monde entier pour sa série culte des aventures de Becky : *Confessions d'une accro du shopping* (2002), *L'accro du shopping à Manhattan* (2003), *L'accro du shopping dit oui* (2004), *L'accro du shopping a une sœur* (2006), *L'accro du shopping attend un bébé* (2008), *Mini-accro du shopping* (2011), *L'accro du shopping à Hollywood* (2015), *L'accro du shopping à la rescousse* (2016) et *L'accro du shopping fête Noël* (2020). Les deux premiers volets de la série ont été adaptés au cinéma. Suivront *Les Petits Secrets d'Emma* (2005), *Samantha, bonne à rien faire* (2007), *Lexi Smart a la mémoire qui flanche* (2009), *Très chère Sadie* (2010), *Poppy Wyatt est un sacré numéro* (2013), *Nuit de noces à Ikonos* (2014), *Ma vie (pas si) parfaite* (2017), *Surprends-moi !* (2019), *À charge de revanche !* (2020), *La Vie rêvée d'Ava* (2022), *La (Pire) Fête de l'année* (2023), *Le Burn-Out* (2024) et *Comment tu te sens ?* (2025). Tous ses romans sont publiés chez Belfond et repris chez Pocket. Sophie Kinsella écrit aussi des romans pour la jeunesse, notamment *Audrey retrouvée* (PKJ, 2016).

LE BURN-OUT

ÉGALEMENT CHEZ POCKET

Confessions d'une accro du shopping
L'accro du shopping a une sœur
L'accro du shopping à la rescousse
L'accro du shopping fête Noël
Les Petits Secrets d'Emma
Nuit de noces à Ikonos
Ma vie (pas si) parfaite
Surprends-moi !
À charge de revanche !
La Vie rêvée d'Ava
La (Pire) Fête de l'année
Le Burn-Out

Love and the City
(en collaboration avec Lauren Weisberger)

MADELEINE WICKHAM *ALIAS* **SOPHIE KINSELLA**

Cocktail Club

SOPHIE KINSELLA

LE BURN-OUT

*Traduit de l'anglais
par Daphné Bernard*

belfond

Titre original :
THE BURNOUT
publié par Bantam Press,
une marque de Transworld Publishers, Londres

Ce livre est une œuvre de fiction et, à l'exception des faits historiques, toute ressemblance avec des personnes réelles, vivantes ou mortes, est une coïncidence.

Le Code de la propriété intellectuelle n'autorisant, aux termes de l'article L. 122-5, 2° et 3° a), d'une part, que les « copies ou reproductions strictement réservées à l'usage privé du copiste et non destinées à une utilisation collective » et, d'autre part, que les analyses et les courtes citations dans un but d'exemple et d'illustration, « toute représentation ou reproduction intégrale ou partielle faite sans le consentement de l'auteur ou de ses ayants droit ou ayants cause est illicite » (art. L. 122-4).
Cette représentation ou reproduction, par quelque procédé que ce soit, constituerait donc une contrefaçon, sanctionnée par les articles L. 335-2 et suivants du Code de la propriété intellectuelle.

© Madhen Media Ltd, 2023
© Belfond, 2024, pour la traduction française
ISBN : 978-2-266-34999-4
Dépôt légal : juin 2025

*Pour mes enfants,
Freddy, Hugo, Oscar, Rex et Sybella*

1

Ce ne sont pas les mails qui me font paniquer.

Pas même les relances du genre : *Comme tu n'as pas répondu, je voulais savoir si tu avais bien reçu mon dernier mail.*

Non, ce sont les relances des relances qui m'angoissent. Celles qui comportent deux points d'exclamation en rouge et qui expriment clairement l'exaspération – *Comme je l'ai mentionné dans mes* DEUX *précédents mails...* – ou la fausse sollicitude et l'ironie : *Tu es coincée dans un puits ? Victime d'un accident atroce ? Je commence à me poser la question.*

Ces mails-là me donnent des palpitations et font tressauter ma paupière gauche. Surtout quand je m'aperçois que j'ai oublié de les marquer comme lus. Ma vie est gouvernée par les mails marqués. Ma *vie* ! D'ailleurs, j'ai oublié de marquer le dernier. Et maintenant, mon collègue, d'habitude très sympa, montre des signes d'impatience : *Pas de problèmes, Sasha ? Tout va bien, j'espère.* Ma culpabilité monte d'un cran. C'est un gars gentil. Sensé. Si j'abats le boulot de trois personnes, ce n'est pas sa faute.

Je travaille pour Zoose, l'application de voyage qu'on ne présente plus. *Vous n'utilisez pas Zoose ?* C'est le slogan de notre dernière campagne de pub. Et franchement, c'est une excellente application. Quelle que soit votre destination, Zoose vous trouve tout de suite les bons itinéraires, les billets à prix imbattable, le programme de fidélité le plus intéressant. Je suis directrice des promotions spéciales couvrant quatorze pays. Pour être honnête, c'est ce titre ronflant qui m'a attirée dans la boîte. Et le fait que Zoose soit une start-up à succès. Quand je parle de mon boulot, les gens s'exclament toujours : « Oh, j'ai vu la pub dans le métro ! » En ajoutant : « Il est cool, ton job ! »

Oui, il est cool. Sur le papier. Zoose est une boîte jeune qui grandit vite. Notre open space est orné d'un mur végétalisé et on a du thé vert à volonté. Quand j'ai commencé il y a deux ans, je me sentais privilégiée. Je me disais tous les matins au réveil : tu as de la chance. Pourtant, à un moment donné, les choses ont changé. Dorénavant, en me réveillant, je pense : comment affronter tous ces mails ? Toutes ces réunions ? Comment combler tous les retards accumulés ? Oui, comment ?

Quand ai-je commencé à ressentir ça ? Peut-être il y a six mois. Ou sept. Mais j'ai l'impression que cet état de panique dure depuis toujours. Comme si j'étais coincée dans une sorte de tunnel dont il m'est impossible de sortir. Je n'ai qu'une solution : continuer à avancer.

Sur un Post-it, j'écris un pense-bête pour moi-même : « MARQUER LES MAILS ». Je le colle au-dessus de l'écran de mon ordi, à côté du Post-it « APP ? » qui est là depuis des mois.

Ma mère consulte des tas d'applications. Une pour préparer Noël, une autre pour organiser ses vacances. Une troisième qui vend des gadgets, dont celui, réglé comme un coucou, qui lui rappelle de prendre ses vitamines à 7 h 30, de muscler son périnée le soir avant de se coucher et qui ponctue aléatoirement sa journée de citations pleines de sagesse. Je trouve ça bizarre et tyrannique mais je me garde bien de faire des commentaires.

Je suis sûre qu'elle a raison : si je trouvais l'appli adéquate, tout dans ma vie rentrerait dans l'ordre. Mais le choix est trop vaste, et ces tonnes d'informations à taper chaque fois... Par contre, j'ai acheté un *bullet journal*, un carnet qui permet de concevoir un système d'organisation personnalisé, et toute la gamme de stylos gel qui va avec. Je suis censée y répertorier mes tâches, mes missions, mes obligations, et les cocher une fois que je les ai accomplies. Mais qui a le temps pour ça ? Qui a le temps de choisir un stylo gel turquoise pour valider « Répondre aux trente-quatre mails furibards de ma boîte de réception » ? En commençant mon *bullet journal*, il y a un an, j'ai inscrit comme mission principale : « travailler ». Et je n'ai jamais coché la case correspondante.

Jeter un coup d'œil à la pendule me flanque un coup. Il est déjà 11 h 27. Comment c'est possible ? Il faut que j'avance. Allez, Sasha, remue-toi !

« Cher Rob, désolée, vraiment, de ne pas vous avoir répondu plus tôt. Je vous prie d'accepter mes excuses pour ce retard. » Je dois taper ces phrases au moins vingt fois par jour. « Nous envisageons désormais la date du 12 avril et je vous tiens bien sûr au courant en cas de changement. En ce qui concerne le lancement (en Hollande), la décision de... »

— Sasha !

Je suis tellement absorbée que cette voix stridente pourtant familière me fait sursauter.

— Tu as une minute ?

Je me raidis. Une minute ? Une minute ? Non, je n'ai pas une minute. Mon chemisier est humide de transpiration. Mes doigts brûlent. Je dois répondre à un million de mails urgents. Je dois avancer. Alors non, je n'ai pas une minute...

Mais Joanne, notre coach en autonomisation et bien-être, s'approche de moi. Elle a dans les quarante ans, soit une dizaine d'années de plus que moi, ce qui ne l'empêche pas de souvent me regarder en réunion quand elle parle des « femmes de *notre* âge ». Comme d'habitude, elle porte un pantalon style sportswear chic et un tee-shirt, tous deux très sobres mais sûrement très chers. Quant à cet air désapprobateur qu'elle affiche, je le connais par cœur. Visiblement, j'ai foiré quelque chose. Mais quoi ? J'arrête de taper en soupirant et tourne ma chaise vers elle avec un petit sourire poli.

En rejetant en arrière ses cheveux impeccablement défrisés, elle m'apostrophe :

— Sasha, ton niveau d'implication dans notre programme sur l'estime de soi au travail me déçoit un peu.

Merde ! Je savais que j'avais oublié un truc. Il me semblait pourtant avoir écrit « ESTIME DE SOI » sur un Post-it. Il a dû tomber de mon ordi. Je vérifie du coin de l'œil. Eh oui ! Il y en a deux sur le radiateur. « ESTIME DE SOI » et « FACTURE DE GAZ ».

— Désolée. Vraiment désolée, Joanne, je dis d'un ton obséquieux. Accepte mes humbles excuses.

Parfois, un certain nombre de « désolée ! » suffit à la faire passer à autre chose. Mais pas aujourd'hui. En la voyant s'appuyer sur mon bureau, j'ai des crampes d'estomac. Je vais avoir droit à un recadrage en règle.

— Asher a aussi remarqué ton manque d'implication, poursuit-elle en me fixant. Comme tu le sais, il est particulièrement soucieux de la responsabilisation des collaborateurs.

Asher est le chef du marketing et donc mon boss. Il est aussi le frère du fameux concepteur de Zoose, Lev. L'idée lui en est venue alors qu'il venait d'arriver dans un aéroport. Il s'est installé dans un café du terminal et il est resté là toute la journée, a raté dix vols à destination du Luxembourg pour mettre au point les fondamentaux de la boîte. C'est en tout cas l'histoire officielle. Il l'a racontée dans une conférence.

Lev est un type dynamique, charismatique et charmant, qui pose tout le temps des questions. Quand il est au bureau, il promène sa silhouette caractéristique et sa chevelure en bataille en demandant à droite et à gauche : « Pourquoi ça ? Et ça ? Tu fais quoi, là ? Pourquoi ne pas essayer cette manière-là ? » Au cours de mon entretien d'embauche, il m'a questionnée sur mon manteau, mes professeurs d'université, et m'a demandé mon avis sur les stations-service des autoroutes. C'était inattendu, amusant, exaltant.

Mais maintenant, je ne le vois plus. Je vois Asher, qui semble descendu d'une tout autre planète que son frère. Son élégance impressionne au début, puis on se rend vite compte que la célébrité de Lev l'agace, qu'il est suffisant et terriblement susceptible. À moins qu'on lui dise « Quelle idée formidable, Asher, tu es génial ! », il prend tout comme une critique.

(Pendant les réunions, à la moindre phrase banale qu'il profère, Joanne s'exclame : « Quelle idée formidable, Asher, tu es génial ! »)

Bref, avec lui, mieux vaut rester sur ses gardes. C'est pareil avec Joanne qui est une de ses vieilles copines de fac. Elle le suit comme une ombre, tel un homme de main en jupon, prête à débusquer les ennemis de son patron.

— Je suis complètement favorable au programme « bonheur » d'Asher, je m'empresse de déclarer en essayant de paraître sincère. Hier, j'ai assisté à la visioconférence du professeur Sussman. Très novatrice.

La conférence en question (intitulée « La baisse peut se transformer en hausse ! Un voyage vers l'épanouissement personnel ») était obligatoire pour tous les employés. Elle durait deux heures et portait surtout sur le divorce du professeur Sussman et son réveil sexuel qui a suivi, au sein d'une communauté de Croydon. Qu'est-ce que c'était censé nous apprendre ? Aucune idée. Mais comme c'était sur Zoom, j'ai réussi à travailler un peu en même temps.

— Je parle du tableau d'objectifs en ligne, Sasha, précise Joanne en croisant ses bras musclés comme une prof de gym s'apprêtant à coller vingt pompes à une élève récalcitrante. (Va-t-elle me coller vingt pompes ?) Apparemment, tu ne t'es pas connectée depuis dix jours. Est-ce que tu as des souhaits, Sasha ?

Putain ! Ce tableau m'est complètement sorti de la tête.

— Désolée ! Je vais me connecter tout de suite.

— Asher est un patron très attentionné, dit-elle en plissant les yeux. Il tient à ce que chaque employé prenne le temps de réfléchir à ses objectifs et consigne les moments d'épanouissement de sa journée. Tu notes tes moments d'épanouissement ?

Je suis abasourdie. Un moment d'épanouissement... À quoi ça peut bien ressembler ?

— C'est pour ta prise de responsabilité, Sasha. Chez Zoose, nous nous préoccupons de ton bien-être, dit-elle d'un ton accusateur. Mais tu dois aussi prendre soin de toi.

Six mails urgents viennent d'arriver dans ma boîte de réception. Six avec des points d'exclamation rouges ! J'en ai la nausée. Comment est-ce que je pourrais avoir le temps de réfléchir ? Comment me sentir heureuse alors que je suis au bord de la crise de panique ? Comment envisager des objectifs alors que mon seul souhait est de rester à flot et que je me sens sombrer ?

Je respire à fond et me lance :

— En fait, Joanne, mon souci du moment concerne Seamus et Chloé. Quand vont-ils être remplacés ? J'ai posé la question sur le tableau d'objectifs, mais pas de réponse.

Le voilà, le grand sujet. Le vrai problème. Nous ne sommes pas assez nombreux. Chloé est en congé maternité depuis une semaine et Seamus est parti au bout d'un mois de travail, après une engueulade avec Asher. Résultat : tout le monde est surchargé et on ne sait toujours pas quand les deux postes seront pourvus.

— Sasha, j'ai l'impression que tu n'as pas compris le but du tableau d'objectifs. Il n'a rien à voir avec le service des ressources humaines mais concerne les buts et rêves personnels de chacun et chacune.

— Eh bien, mon but et mon rêve sont simples. Il faut qu'on engage deux personnes. On croule sous le travail. J'en ai parlé à Asher plusieurs fois mais jusqu'à maintenant il a esquivé la question. Tu sais comment il...

Je stoppe net avant de lâcher une observation négative qu'elle se fera un plaisir de rapporter et que je serai obligée de rectifier au cours d'un entretien détestable.

— Tu as des tics ? me demande Joanne en m'examinant de près.

— Quoi ? Des tics ? Non, je rétorque en passant la main sur mon visage. Peut-être, en fait.

Elle a ignoré ma remarque sur la surcharge de travail. C'est fou comme certaines personnes se conduisent ! Je regarde subrepticement mon écran – encore un mail de Rob Wilson, avec cette fois quatre points d'exclamation.

— Excuse-moi, Joanne, je dois m'y remettre ! Merci pour la prise de responsabilité. Je me sens beaucoup plus... responsable.

Il faut absolument que j'agisse, je me dis tandis qu'elle s'éloigne et que je recommence à marteler mon clavier. Ce job n'est pas ce qu'il est censé être. Loin de là. J'étais tellement contente quand je l'ai décroché il y a deux ans. Directrice des promotions spéciales chez Zoose. J'ai démarré au pas de course, en me donnant à fond, certaine que j'empruntais un chemin bien tracé vers un horizon plein de promesses. Aujourd'hui je vois surtout un sentier boueux jonché de nids-de-poule.

J'appuie sur la touche « Envoyer » et me frotte le front. Il me faut un café, vite. Je me lève, étire mes bras et m'approche de la fenêtre pour respirer. L'open space est calme aujourd'hui. La moitié de l'équipe est en télétravail. Lina, écouteurs dans les oreilles, tape frénétiquement avec une expression du visage assassine. Pas étonnant que Joanne l'ait laissée tranquille.

Est-ce que je dois quitter Zoose ? Changer de boulot ? Ça demande tellement d'énergie de parcourir les annonces, parler aux chasseurs de têtes, décider d'une stratégie de carrière. Retrouver son CV, le mettre à jour, choisir les bonnes fringues pour les entretiens, qu'il faudra caler pendant ses journées de travail. Paraître vive et énergique alors qu'on panique quand on vous pose plus de deux questions à la suite, sourire gaiement quand on vous fait attendre quarante minutes, le tout en se demandant si le nouveau boulot sera à la hauteur du précédent.

Et je ne parle que d'un essai. Quand ça ne marche pas, il faut recommencer. Cette seule perspective me donne une furieuse envie de me blottir sous ma couette. Actuellement, je ne suis même pas capable de faire les démarches pour le renouvellement de mon passeport. Alors changer ma vie ? N'en parlons pas.

Je m'appuie contre la vitre et regarde en bas. La boîte est installée dans une large rue du nord de Londres, bordée d'affreux immeubles de bureaux des années 1980. En face de nous se trouvent un centre commercial sans intérêt et, curieusement, un couvent dans un bâtiment d'époque victorienne. Sans les allées et venues des religieuses, on ne soupçonnerait pas qu'il s'agit d'un monastère. Ce sont des nonnes d'aujourd'hui, qui portent des jeans sous leur robe et prennent le bus pour se rendre Dieu sait où. Sans doute dans des centres d'hébergement pour sans-abri.

Justement, il y en a deux qui sortent du couvent et se dirigent vers l'arrêt de bus en bavardant avec animation. Je les observe. Leur vie n'a rien à voir avec la mienne. Je parie qu'elles ne reçoivent pas des tonnes de mails. Qu'elles n'ont pas d'ordinateur. Qu'elles ne doivent pas répondre à cent trois messages WhatsApp par soirée. Ni s'excuser à longueur de journée. Ni remplir aucune enquête de satisfaction. Leurs valeurs sont différentes.

Et si je menais une autre vie ? Trouvais un travail différent ? Ou déménageais et changeais complètement d'existence ? Mais pour ça, il faut un élan. Une impulsion. Un signe venu du ciel, peut-être.

En soupirant, je me dirige vers la machine à café. Pour le moment, c'est de l'aide de la caféine que j'ai besoin.

Je sors du bureau à 18 heures, aspirant l'air frais à grandes goulées comme si j'avais passé la journée à suffoquer. Un Prêt à Manger occupe le rez-de-chaussée de l'immeuble et c'est là que je me précipite, comme tous les soirs.

En fait, on peut y acheter tous ses repas, pas seulement les déjeuners. Une fois qu'on le sait, la vie devient acceptable. Ou, tout du moins, plus facile à gérer.

J'ignore quand le fait de cuisiner est devenu une corvée. Ça m'est venu comme ça. Aujourd'hui, je ne peux plus affronter l'idée d'acheter de la nourriture au supermarché. Éplucher, couper, sortir les casseroles, lire une recette et faire la vaisselle me semblent des tâches insurmontables. Comment font les gens pour préparer leur repas tous les soirs ? Alors qu'un wrap aux falafels et au fromage halloumi constitue un délicieux dîner chaud et réconfortant qu'accompagne merveilleusement un verre de vin. Quand on a fini, il n'y a plus qu'à jeter l'emballage dans la poubelle.

J'achète un wrap, une barre chocolatée, une canette de boisson *healthy* et un muesli pour le petit déjeuner ainsi qu'une pomme, mon fruit de la journée. D'accord, je reconnais que je suis un peu loin des cinq fruits et légumes par jour recommandés.

À la caisse, je sors ma carte de crédit et la pose sur la machine pour régler mes achats sans contact, mais rien ne se produit. Le type de Prêt à Manger sourit en me lançant un regard amical.

— Tu achètes les mêmes choses tous les soirs. Wrap, muesli, une boisson, une pomme, une barre chocolatée. Toujours pareil.

— C'est vrai, je réponds, surprise.

— Tu ne cuisines jamais ? Tu ne vas pas au restaurant ?

Je me raidis. Il se prend pour qui, ce gars ? Un inspecteur de la police culinaire ? Je fais un sourire forcé.

— En fait, la plupart du temps, j'ai du boulot à rattraper.

— Je suis une formation pour devenir chef. La bouffe, c'est mon truc. Pour moi, c'est vraiment dommage de manger la même chose tous les jours.

— Moi ça me convient, merci.

Un coup d'œil discret vers la machine m'informe qu'il n'est pas pressé de terminer la transaction.

— Tu sais quelle serait ma soirée idéale ? Eh bien... ce serait une soirée avec toi.

Sa voix basse est séduisante et son regard n'a pas quitté le mien. L'étonnement me fait cligner des yeux. Qu'est-ce qui se passe, au juste ? Est-ce que je lui plais ? Serait-il en train de me draguer ?

J'en ai bien l'impression ! Merde alors !

Je veux bien me mettre aussi en mode flirt, sauf que j'ai complètement oublié comment on fait. Où est l'ancienne Sasha Worth qui serait déjà en train de rire ou de lancer une réplique amusante ? Là, je me sens vide. Je n'ai rien à dire.

— On se baladerait dans Borough Market, dit-il, pas du tout démonté par mon silence. On achèterait des légumes, des herbes, des fromages. Et puis on rentrerait chez moi où je passerais un bon moment à cuisiner, avant de déguster un délicieux dîner et... d'envisager la suite. Il t'inspire quoi, mon petit programme ?

Ses yeux se plissent d'une manière adorable. Je sais quelle réponse il attend de moi. Comment lui dire le fond de ma pensée ?

— Honnêtement ? je dis pour gagner du temps.

— Aussi honnêtement que possible, précise-t-il avec un large sourire. La vérité ne me fait pas peur.

— En fait, cette idée m'épuise d'avance. La cuisine, la préparation, la vaisselle sale, des épluchures de pommes de terre à balayer partout... Non, ce n'est pas pour moi.

Visiblement étonné par ma tirade, il réagit pourtant au quart de tour.

— On peut passer l'épisode cuisine, suggère-t-il.

— Et sauter directement au lit ?

Peut-être, effectivement, aller dans cette direction...

Il est vraiment sympa, ce mec. Je dois me montrer complètement transparente avec lui.

— Bon, le problème, c'est qu'en ce moment le sexe ne m'intéresse pas. Toi, tu as l'air branché sur la question alors que moi, c'est le contraire. Néanmoins, je te remercie pour la proposition.

J'entends une sorte de halètement derrière moi et me retourne. Une femme en manteau violet m'apostrophe :

— Vous êtes dingue ! Moi, je suis partante. Jeune homme, je suis OK pour cuisiner avec vous, ajoute-t-elle sans perdre de temps. *Et* pour le reste. Quand vous voulez. Un mot et j'arrive.

— Moi aussi, j'arrive, intervient un homme plutôt séduisant qui fait la queue à la caisse voisine. Vous êtes bi, non ?

Le caissier a l'air effaré mais il les ignore.

— Tu n'aimes pas le sexe ? me demande-t-il. C'est une histoire de religion ?

— Non, j'ai juste arrêté. J'ai rompu avec quelqu'un l'an dernier et... je ne sais pas, je dis en haussant les épaules. La simple idée du sexe ne me paraît pas engageante.

— Pas *engageante*, ricane-t-il. Je n'en crois pas mes oreilles.

Cet inconnu qui me dit ce que je dois trouver engageant ou pas commence à m'énerver sérieusement.

— Eh bien, c'est la vérité ! je m'exclame avec plus de force que j'en avais l'intention. Qu'est-ce qu'il y a de si bien dans une partie de jambes en l'air ? Franchement, quand on y pense, c'est quoi en fait ?

C'est... c'est... des parties génitales qui se frottent. Qu'on me dise ce qu'il y a de sublime là-dedans !

Silence total dans le magasin. Une vingtaine de personnes me dévisagent.

Bon, il va falloir que je trouve un autre Prêt à Manger pour faire mes courses.

— Je vais payer maintenant, je déclare, les joues brûlantes. Merci !

Sans un mot, le caissier termine la transaction et me tend mes sacs. Puis, croisant mon regard :

— C'est dommage pour une fille comme toi. Vraiment dommage.

Je me sens blessée. Une fille comme moi ? C'est-à-dire ? J'étais quelqu'un qui flirtait, couchait, s'amusait, profitait de la vie. La personne que je suis aujourd'hui ne me ressemble pas. Mais je me sens incapable de changer.

— Oui, j'acquiesce finalement. Tu as raison.

Généralement, j'emporte mon dîner Prêt à Manger dans mon bureau. Mais ce soir, abattue, je décide de rentrer à la maison. En arrivant, je m'affale dans un fauteuil sans enlever mon manteau et ferme les yeux, avec comme chaque soir l'impression d'avoir couru un marathon en traînant un éléphant derrière moi.

Au bout d'un moment, j'ouvre les yeux et contemple les plantes mortes alignées sur le rebord de la fenêtre, que j'ai l'intention de jeter depuis au moins six mois.

Je le ferai un jour. Sans faute. Mais... pas tout de suite.

Finalement, je retire mon manteau, me sers un verre de vin et m'installe sur le canapé, mon repas à mes pieds. Je prends mon téléphone qui vibre et j'ouvre WhatsApp pour suivre la conversation de vieilles copines de fac qui veulent organiser une série de dîners, à tour de rôle, avec un film pour thème. Sympa comme idée, non ?

Sauf qu'il n'est pas question de recevoir qui que ce soit à dîner chez moi. Je serais trop gênée. Mon appart est un véritable foutoir. Où que je regarde, il n'y a que des tâches en souffrance – un pot de peinture qui attend que je sois sûre de la couleur, des élastiques de musculation que j'ai l'intention d'utiliser un jour, des plantes assoiffées, des piles de magazines pas encore lus. C'est ma mère qui m'a offert un abonnement à *Women's Health*. Ma mère qui travaille dans l'immobilier, fait régulièrement du Pilates et arbore un maquillage élaboré dès 7 heures du matin.

Par rapport à elle, je me sens nulle. Comment est-ce qu'elle y arrive ? À mon âge, elle était déjà mariée et préparait des lasagnes tous les soirs pour mon père. Moi, j'ai un boulot, un appartement. Pas d'enfant. Et pourtant la vie me paraît insupportable.

Mon groupe WhatsApp parle maintenant de la dernière série à la mode. Cette fois, j'ai envie de m'en mêler. Je tape :

La série a l'air géniale. Je m'y mets tout de suite.

Mensonge. Je ne vais pas la regarder. Pourquoi ? Impossible à dire. Je souffre peut-être d'un syndrome de ras-le-bol des séries. Ou de ras-le-bol des conversations à propos des séries. Ces discussions qui se répandent au boulot aussi vite que des feux de broussailles. C'est comme si chacun faisait partie d'un club secret et surpassait les autres avec ses analyses d'expert : « Oh, elle est complètement sous-estimée. C'est *shakespearien*. Tu ne l'as pas vue ? Tu dois *absolument* la voir. » Les plus pointus se prennent pour Jed Mercurio, le célèbre scénariste, simplement parce qu'ils savent ce qui se passe dans le sixième épisode. Mon ex, Stuart, était comme ça. « Attends un peu ! déclarait-il avec assurance. Là, tu crois que c'est bon, mais tu vas voir la suite. »

J'ai eu l'habitude de regarder des séries. J'adorais ça. Maintenant, ma cervelle fait grève. Je ne supporte plus la nouveauté. Quand j'ai fini mon wrap, j'allume la télé, fais défiler le programme jusqu'à tomber sur *La Revanche d'une blonde* et j'appuie sur « Play » pour la centième fois. Je regarde ce film tous les soirs et rien ne peut m'en empêcher. Dès que le générique est lancé, je m'enfonce dans le canapé, mords dans ma barre chocolatée, et je laisse défiler les images devant moi. Pendant quelques minutes, je ne fais rien d'autre que contempler un monde de guimauve rose.

Puis, quand Reese Witherspoon apparaît, je reviens à la réalité. Je retrouve mon ordinateur, ouvre ma boîte mail, prends une grande respiration comme si j'allais me mesurer à l'Everest et ouvre le premier message. C'est parti...

Chère Karina, désolée de ne pas vous avoir répondu. Une gorgée de vin et je continue : Veuillez m'excuser...

2

Je me réveille sur le canapé. Mes cheveux sont toujours retenus par un élastique, la télé est allumée et le verre de vin à moitié vide posé par terre exhale une odeur rance, comme un parfum d'ambiance infect. J'ai dû m'endormir en travaillant.

Je change péniblement de position et récupère mon téléphone qui est coincé sous mon omoplate gauche. Des nouveaux messages, mails et notifications s'affichent aussitôt. D'habitude, je les passe en revue, le cœur battant, en me demandant dans quel nouvel enfer je vais plonger. Cette fois, je me retourne sur le dos et fixe le plafond. Une résolution prend forme dans un coin de ma tête. Aujourd'hui, je vais passer à l'action. Sérieusement. Courageusement.

J'applique – avec douze heures de retard – ma crème de nuit Olay, examine mon reflet dans le miroir… L'horreur ! Ma peau pâle, pleine de taches de rousseur, ressemble à du carton. Mes cheveux raides et bruns paraissent ternes. Mes yeux bleu clair sont injectés de sang. J'ai l'air hagard. Pourtant, bizarrement, cette vision me galvanise. Les commentaires du type de Prêt à Manger m'ont plus touchée que je ne le pensais. Il a raison : c'est dommage. Je ne devrais pas être cette fille, ni me trouver dans cette situation. Je ne devrais pas avoir l'air aussi stressée. Et je ne devrais pas quitter mon job parce que mon département est géré en dépit du bon sens.

J'examine mes options rationnellement. J'ai essayé de parler à Asher, ce qui n'a mené à rien. J'ai tenté d'approcher plusieurs autres chefs de service qui m'ont tous conseillé de « parler à Asher ». Je dois donc essayer plus haut, m'adresser directement à Lev. Je n'ai pas son mail personnel. Mais je vais trouver. Oui.

J'arrive au bureau de bonne heure, pleine d'énergie. Je prends l'ascenseur jusqu'au dernier étage où se trouve le bureau de Lev. Ruby, son assistante, est assise derrière son bureau en verre, devant un immense graphique orange qui est l'image de Zoose. D'un point de vue professionnel, cet espace est drôlement bien pensé. Cette boîte comporte tant de côtés formidables… Quel dommage que d'autres soient aussi merdiques !

Il y a aussi une grande photo de Lev, charismatique, avec ses cheveux en bataille et son regard pénétrant. On utilise beaucoup ce portrait, à la fois cool et représentatif, dans les actions marketing. Lev est en couple avec Damian, un créateur de mode. Tous les deux ont toujours l'air de sortir d'une séance de shooting pour *Vogue*.

Mais tout ça n'est qu'apparence. J'ai besoin d'un interlocuteur réel. Et de vraies réponses.

Je prends un ton très neutre pour demander :

— Bonjour, j'aimerais m'entretenir avec Lev, s'il vous plaît. Il est là ?

— Vous avez rendez-vous ? répond-elle, l'œil vissé sur son écran.

— Non.

Je m'oblige à en rester là. Un simple « non », sans explications. Ce genre d'attitude ne me plaît pas franchement, mais j'ai vu sur Instagram que les gens qui réussissent agissent comme ça.

— Pas de rendez-vous ? fait-elle en levant ses sourcils soigneusement épilés.

— Non.

— Eh bien, vous devez en prendre un.

— C'est urgent, j'insiste. Donc il me faut un rendez-vous tout de suite.

— J'ai bien peur que Lev soit absent, lâche Ruby.

Je déteste sa petite expression narquoise. Depuis quand les collaboratrices de cette entreprise sont-elles si prétentieuses ?

Je m'obstine, le plus poliment possible :

— Vous pouvez sûrement me mettre en contact avec lui. Je dois lui faire part d'un problème interne et je ne doute pas qu'il aimerait m'entendre et savoir ce qui se passe. Car, croyez-moi, c'est moche. Vraiment moche. Si j'étais le fondateur et patron de cette boîte, je voudrais être au courant. Je vous demande donc d'avoir l'obligeance de l'appeler et de me le passer.

À ce stade, le vernis d'amabilité a disparu. En fait, j'ai terminé assez sèchement. Mais c'est OK. C'est positif. Je me comporte en vraie professionnelle.

Ruby me dévisage froidement pendant quelques secondes.

— Et vous êtes ?

Elle se fiche de moi ? Elle sait pertinemment qui je suis.

— Sasha Worth, directrice des promotions spéciales.

— Les pro-mo-ti-ons spéciales, articule-t-elle lentement en mâchonnant son stylo publicitaire Zoose. Vous avez essayé de parler à Asher ?

— Oui, à de nombreuses reprises. Rien de concret n'en est sorti.

— À quelqu'un d'autre ?

— Plusieurs personnes qui m'ont toutes renvoyée vers Asher. Mais ça ne sert à rien. Il faut que je m'entretienne avec Lev.

— Il n'est pas disponible.

Comment peut-elle en être sûre ? Elle n'a même pas tenté de le joindre.

— Vous avez essayé de l'appeler ?

Elle lève les yeux au ciel sans dissimuler son exaspération.

— Inutile puisque je vous dis qu'il n'est pas disponible.

Une sensation étrange s'empare de moi. Les bruits des bureaux voisins m'agressent. Ma respiration s'accélère. J'ai l'impression de ne plus me contrôler.

— Écoutez, il doit bien y avoir quelqu'un à qui parler dans cette entreprise ! Vous allez trouver cette personne. Immédiatement. Car j'ai un problème qu'Asher n'a pas résolu. Pas plus que les autres auxquels je me suis adressée, d'ailleurs. J'en perds la boule. Oui, la boule. Et je vous annonce que ma sexualité est au niveau zéro, j'ajoute d'une voix qui grimpe dans les aigus. Vous trouvez ça normal à trente-trois ans ?

Ruby ouvre de grands yeux. Je l'imagine déjà raconter notre conversation à ses copains ce soir, devant un verre. Mais je m'en fiche. Je m'en fiche éperdument.

— Bon, fait-elle. Je vais voir ce que je peux faire.

Elle tape vivement quelque chose sur son clavier, s'arrête pour enregistrer, et me regarde enfin avec un sourire glacial.

— Quelqu'un va venir vous parler. Vous voulez vous asseoir en attendant ?

J'ai la tête qui tourne. Je me pose sur le canapé le plus proche, recouvert d'un tissu imprimé rétro orange et vert. Sur la table basse se trouvent un bol d'amuse-gueules végétariens, des magazines de tech et une bouteille en papier recyclé d'une nouvelle marque d'eau filtrée. Je me souviens de m'être assise à ce même endroit avant mon entretien d'embauche. D'avoir vérifié ma tenue. D'avoir passé en revue toutes les raisons qui me poussaient à entrer dans cette start-up si dynamique.

— Sasha ? Qu'est-ce qui se passe ?

La voix stridente et familière me glace. C'est Joanne que Ruby a convoquée ? J'ai du mal à la regarder quand elle s'installe à côté de moi dans son habituel duo blazer-jean.

— Ruby me dit que tu es un peu trop émotive, me lance-t-elle en secouant la tête d'un air réprobateur. Tu n'arrives pas à gérer tes émotions ? Tu perds ton sang-froid ? Comme tu le sais, Sasha, je t'ai avertie sur les conséquences de ton manque d'intérêt pour la qualité de vie au travail. C'est à toi de te livrer à une introspection.

Je reste sans voix pendant quelques secondes. Elle sous-entend que je suis fautive ? Je m'en étrangle de rage.

— Ce n'est pas le sujet, je réponds, la voix tremblante. C'est une question de personnel, d'échec de management...

Joanne me coupe sèchement :

— Je te suggère de régler les problèmes spécifiques à ton département avec Asher, qui est ton supérieur. En attendant, je te fais part d'une nouvelle : Lina ne travaille plus pour Zoose (sourire polaire). Le département marketing va donc devoir se serrer les coudes. Si tu pouvais prendre en charge ses activités, provisoirement seulement, ça nous aiderait. Évidemment, dans la mesure où Asher doit gérer ce problème en priorité, tes difficultés sont à mettre entre parenthèses.

Je rêve !

— Lina est partie ?

— Elle a envoyé un mail ce matin pour nous informer qu'elle ne reviendrait pas.

— Elle a *quitté* la boîte, comme ça ?

— Asher est sous le choc. Entre toi et moi, c'est un manque de respect total. Et je ne m'étendrai pas sur la teneur provocante de son mail.

Je l'écoute à peine tant mes pensées se bousculent dans ma tête. Lina est partie. Elle en a eu ras le bol et elle a donné sa démission. Et moi, je dois récupérer son travail ? En plus de tout le reste ? Je vais m'écrouler. Je ne peux pas. Et je ne veux pas. Mais vers qui me tourner ? À qui puis-je parler ? La situation vire au cauchemar. Cette boîte est un enfer sans issue de secours.

Soudain, une évidence s'impose : je dois faire comme Lina et me tirer. Maintenant. Tout de suite. Mais en prenant quelques précautions. Pas de mouvement brusque pour éviter les réactions de Joanne. Elle serait bien capable de me clouer au sol.

— Je dois aller aux toilettes, j'annonce d'une voix artificielle en prenant mon sac. Je reviens dans, disons, trois minutes.

En essayant de marcher normalement, je me dirige vers les toilettes. Je pousse la porte en regardant autour de moi pour m'assurer que personne ne m'épie. Puis je file vers l'escalier que je descends tel l'éclair, le cœur battant furieusement. Arrivée dans la rue, je m'immobilise pendant quelques secondes.

Je suis partie !

Et maintenant ? Où vais-je aller bosser ? Est-ce que j'aurai une recommandation des ressources humaines ? Et s'ils refusent ? Si je ne peux plus travailler ?

La peur me serre le cœur. Qu'est-ce que j'ai fait ? Il faudrait peut-être que je retourne à mon bureau, mais j'en suis incapable.

Je reste paralysée pendant quelques minutes. Rien ne va. Ma vision se trouble. Je sens ma tension monter. Je vais rentrer chez moi. Dans cet appartement en désordre et déprimant. Comme ma vie, en fait : déprimante, désordonnée.

La vérité s'impose brutalement : je ne peux plus vivre, l'existence m'est insupportable. Si je prends en compte ce simple fait, tout sera plus facile. Je veux laisser tomber. Mais quoi exactement ? Le boulot ? Mon existence ? Non. J'aime être en vie. Simplement, pas de cette façon.

Mon téléphone annonce l'arrivée d'un message que je lis par réflexe. C'est Joanne.

Sasha, tu es passée où ?

Paniquée, je lève les yeux vers les fenêtres du bureau avant de m'éloigner. Je ne sais pas quoi faire.
Je reste plantée dans la rue. Les vapeurs d'essence des bus me font tousser et, soudain, mon regard se pose sur le couvent. Une éclaircie apparaît dans le brouillard qui obscurcit ma cervelle. Une sorte d'appel.
Au fait, c'est quoi, l'emploi du temps d'une nonne ? La fiche de poste ? Elles doivent passer leur temps à prier, tricoter des chandails pour les pauvres, et se coucher à 18 heures, chacune dans sa petite cellule toute simple. Elles chantent forcément des psaumes – je peux apprendre. Comme je peux apprendre à me mettre une cornette sur la tête.
Une vie modeste et saine, oui. Raisonnable. Pourquoi n'y ai-je pas pensé avant ? Et si c'était mon destin ? Je ressens soudain un merveilleux soulagement, si intense que je suis presque prise de vertige. J'ai trouvé ma vocation. Finalement.
Plus sereine et déterminée que je ne l'ai été depuis des années, je traverse la rue. Arrivée devant la grande porte en bois, j'appuie sur la sonnette indiquant « bureau » et attends.
— Bonjour, je dis simplement à la sœur âgée qui m'ouvre. Je voudrais intégrer votre communauté.

Bon. Loin de moi l'idée de critiquer, mais je dois admettre que la réaction des religieuses m'a déçue. On aurait pu croire que, les postulantes ne se bousculant pas, elles m'accueilleraient à bras ouverts, en chantant « alléluia » à pleins poumons. Eh bien, pas du tout ! Sœur Agnès, une nonne senior en pantalon de velours côtelé, pull-over et coiffe, m'a fait entrer dans son bureau et, après m'avoir offert un café instantané (plutôt que la décoction d'herbes à laquelle je m'attendais), m'a posé un tas de questions. Sur moi, sur mon boulot. Sur la façon dont j'ai découvert le couvent.

Pourquoi cette curiosité ? On devrait pouvoir entrer au couvent comme dans la Légion étrangère. Pas de questions. Une tenue à enfiler et hop !

— Vous avez un poste chez Zoose et vous n'y êtes pas heureuse ? demande-t-elle.

— Je travaillais là-bas jusqu'à il y a environ une demi-heure, je précise.

— Une demi-heure ? Que s'est-il passé il y a une demi-heure ?

— Je me suis aperçue que j'aspirais à la vie que vous menez ici, je réponds avec un geste de la main englobant la petite pièce dans laquelle nous nous trouvons. Une existence sobre. Dans le dénuement et le célibat. Sans mails, sans téléphone, sans sexe. Surtout sans sexe, j'insiste. Sur ce sujet, vous n'avez pas à vous inquiéter. Ma libido est au point zéro. Certainement à un niveau plus bas que la vôtre.

À ce moment, je pars d'un grand rire strident avant de réaliser que sœur Agnès ne partage pas mon hilarité et qu'elle n'a pas l'air de s'amuser.

C'est probablement mal vu de parler de la vie sexuelle des nonnes, je me dis après coup. Tant pis ! J'apprendrai le protocole en temps voulu.

— Nous recevons et envoyons des mails, m'informe-t-elle en me lançant un drôle de regard. Et nous utilisons des iPhone. Qui est le prêtre de votre paroisse ?

— Vous utilisez des iPhone ? Mais ça semble contre-nature !

— Qui est votre prêtre ? répète-t-elle. Votre église est-elle dans le quartier ?

— Eh bien, je n'ai pas de prêtre car, voyez-vous, je ne suis pas vraiment catholique. Pour le moment en tout cas. Mais je vais le devenir. Quand je serai religieuse. Bien entendu.

Sœur Agnès attrape son téléphone fixe en soupirant. Elle compose un numéro, murmure quelque chose qui ressemble à « On en a une autre » et me regarde.

— Si vous souhaitez explorer la vie religieuse, je vous suggère de commencer par fréquenter une église. Vous trouverez en ligne la liste des paroisses catholiques proches de votre domicile. Je vous remercie pour l'intérêt que vous manifestez à l'égard de notre couvent. Que Dieu vous bénisse !

Je me rends compte avec un temps de retard qu'elle me congédie. Sans même un « Vous pouvez essayer pendant un jour ou deux ». Encore moins un « Veuillez remplir ce formulaire ».

— S'il vous plaît, admettez-moi dans votre communauté.

À ma grande horreur, des larmes ruissellent sur mes joues.

— Ma vie part un peu en vrille ces temps-ci. Je tricoterai des pulls. Je chanterai des psaumes. Je balayerai le sol. Tout ce qu'il faudra. Je vous en prie.

Sœur Agnès reste silencieuse. Puis elle soupire, cette fois plus gentiment.

— Et si vous alliez vous asseoir tranquillement dans la chapelle ? suggère-t-elle. Vous pourriez demander à une amie de venir vous chercher pour vous ramener chez vous. Vous me paraissez un peu... surmenée.

— Mes amies sont toutes au travail, je ne veux pas les déranger. Mais je vais passer un petit moment dans la chapelle. Merci.

Je suis docilement sœur Agnès dans la petite chapelle sombre et silencieuse ornée d'une grande croix en argent. Je m'assieds et contemple les vitraux, un peu perdue. Que vais-je devenir si je ne rejoins pas une communauté de nonnes ?

Cherche-toi un autre job, me souffle une petite voix. *Reprends ta vie en main.*

Je suis fatiguée. Totalement épuisée. J'ai l'impression d'effleurer la surface de ma vie, sans pouvoir y plonger. Si seulement je n'étais pas tout le temps crevée...

— ... très bizarre !

Oh, cette intonation stridente ! Je me recroqueville sur mon banc. Non ! C'est une hallucination auditive !

— Je vous remercie de nous avoir contactés, sœur Agnès.

C'est elle ! C'est Joanne. Sa voix se rapproche. J'entends le bruit de ses pas.

— Je peux vous assurer que, chez Zoose, nous donnons la priorité au bien-être. Je suis donc surprise que nos collaborateurs connaissent des moments de détresse...

Quelle traîtresse, cette bonne sœur ! Moi qui pensais qu'un couvent était un sanctuaire inviolable ! Je me lève, cherchant désespérément à fuir, mais je ne vois aucune issue. Dans la panique, au moment où sœur Agnès et Joanne font leur apparition, telles deux gardiennes de prison, je me cache derrière une statue de la Vierge Marie. Manœuvre facilitée par l'obscurité relative des lieux. Je rentre le ventre, retiens ma respiration.

— Sasha, on te voit. Tu n'es pas dans ton état normal. Pourquoi tu ne reviendrais pas au bureau pour que nous parlions ?

— Sûrement pas ! je lance en émergeant de mon abri. Au fait, merci beaucoup pour votre aide, ma sœur !

Quand je me précipite vers la sortie en passant devant elle, Joanne m'agrippe le bras.

— Sasha, ton équilibre doit être ta priorité, dit-elle gentiment, en enfonçant ses doigts si profondément dans ma chair que je vais forcément avoir un bleu. Nous nous soucions beaucoup de ton bien-être mais, de ton côté, tu dois prendre soin de toi. Accompagne-moi au bureau. Nous examinerons ensemble les attendus de ton tableau d'objectifs.

— Lâche-moi !

Je me dégage et me rue vers un couloir lambrissé de bois dans l'espoir de quitter cette chapelle au plus vite.

— Attrapez-la ! Cette fille est déséquilibrée, crie Joanne à une religieuse qui, après une seconde d'étonnement, tente en vain de saisir ma manche.

La situation est surréaliste ! En tout cas, c'est la dernière fois que je me réfugie dans un couvent.

Une poussée d'adrénaline aidant, j'atteins la porte principale, l'ouvre et me retrouve dans la rue. Juste avant de piquer un sprint, je me retourne. Horreur ! Sœur Agnès me poursuit, son voile flottant derrière elle comme la cape d'un superhéros de bande dessinée.

— Arrêtez ! Nous voulons seulement vous aider !
— Ça m'étonnerait ! je crie.

Plus loin sur le trottoir, un groupe de gens agglutinés devant un arrêt de bus me bloque le passage.

— Excusez-moi, pardon, je lance, à bout de souffle, en essayant de ne pas trébucher sur leurs pieds et leurs paquets. Désolée…
— Stop ! s'écrie sœur Agnès. Revenez !

Elle est en train de me rattraper. Je continue de me frayer un passage à coups de :

— S'il vous plaît ! Laissez-moi passer. Il faut que j'échappe à cette bonne sœur.

Un grand baraqué en jean me regarde, puis jette un coup d'œil à ma poursuivante avant de lui barrer la route avec son bras.

— Laissez-la tranquille ! Elle a changé d'avis. Elle ne veut pas entrer dans les ordres. Ah là là ! Ces cinglées de bigotes ! Allez, ma belle, fiche le camp, cours !
— Oui, cours, m'encourage une fille en riant. Cours pour ta vie !

Courir pour ma vie. Le cœur battant à toute allure, je reprends me course folle sur le trottoir avec un seul but : fuir. J'ignore où je vais, mais je m'échappe.

Et puis, soudain, tout devient noir.

3

Quelle humiliation ! Quand votre mère, alors qu'elle est occupée à faire visiter une maison de quatre chambres à Bracknell, doit s'interrompre parce que vous avez pété un câble au boulot et foncé droit dans un mur en briques…

Je jure que ce mur s'est matérialisé sans crier gare. Je jure que ce coin n'était pas là avant. Je cavalais comme si j'étais poursuivie par une meute de bêtes sauvages et tout à coup je me suis retrouvée par terre, le visage ensanglanté, entourée de gens qui m'observaient.

Cinq heures ont passé. Je suis sortie des urgences, le front encore endolori. J'ai aussi eu une conversation téléphonique avec ma généraliste, à qui j'ai raconté toute l'histoire. Elle m'a écoutée attentivement puis m'a posé quantité de questions sur mon humeur, mes réflexions et la qualité de mon sommeil. « Vous devriez prendre du repos », m'a-t-elle dit, et elle m'a signé un arrêt de travail pour trois semaines. Je vais toucher une semaine de salaire : ça, c'est la bonne nouvelle.

Mais après ? Je regarde tristement ma mère et ma tante Pam qui sont venues me chercher à l'hôpital et me ramènent chez moi en Uber. C'est la double peine. Le cauchemar si je retourne chez Zoose. Le cauchemar si je donne ma démission comme Lina.

Une fois à la maison, maman pose sa main fraîche sur la mienne.

— Tu fais un burn-out, ma chérie. Tu dois privilégier ta santé mentale. Ne prends aucune décision concernant ton job. Repose-toi, détends-toi. Tu te soucieras du reste quand tu iras mieux.

Elle s'assied et, tout en ajustant le pantalon de son tailleur très pro, regarde sa montre Apple. Ma mère travaille dans l'immobilier depuis la mort de papa. Cette profession, qui comporte son lot de cancans, lui va comme un gant. « Les vendeurs ont dépensé mille livres pour les crédences de la cuisine. » Ou : « Le couple d'acheteurs veut absolument une chambre à coucher équipée d'une isolation acoustique. » Elle est payée pour rapporter des conversations de cet acabit. À mon avis, si c'était gratuit, elle le ferait quand même avec plaisir.

— J'ai bavardé avec la docteure de l'hôpital, poursuit-elle. Une femme très fine. D'après elle, tu as besoin d'un vrai repos. Tout ça, c'est la faute des réseaux sociaux, ajoute-t-elle tristement.

— Les réseaux sociaux ? Mais je ne les consulte presque jamais. Pas le temps pour ça.

— La pression des temps modernes, insiste-t-elle. Instagram, TikTok.

— J'ajouterai juste un mot, intervient Pam en apportant trois tasses de thé. *Ménopause.*

Je rêve ! Depuis peu, Pam est coach, spécialisée dans les problèmes liés à la ménopause. D'où son obsession pour le sujet.

J'objecte poliment :

— Je ne crois pas, tante Pam. J'ai seulement trente-trois ans.

— Pas de déni, mon chou. Tu es peut-être en pré-ménopause. Tu as des bouffées de chaleur ?

— Non, mais je te remercie de te soucier de ma température corporelle chaque fois que tu me vois.

— La température corporelle, c'est mon dada, mon chou, s'enthousiasme-t-elle. Parce que personne ne parle de ménopause. C'est encore un sujet tabou !

Elle regarde tout autour de la pièce comme si elle était déçue que le canapé lui-même ne montre pas de symptômes.

— Dans le cas de Sasha, je ne pense pas que la ménopause soit en cause, Pam, avance maman. Repos et relaxation : voilà ce qu'il te faut, ma chérie. Tu peux venir t'installer chez moi, mais ma salle de bains est en travaux et c'est un peu bruyant. Sinon, ta tante t'invite chez elle, si tu ne crains pas les perroquets. N'est-ce pas, Pam ?

— Les perroquets risquent de perturber mon repos, je réplique.

— Je suis sûre que Kirsten peut te...

— Non, mauvaise idée !

Ma sœur a un enfant en bas âge et un bébé. En plus, sa belle-mère est installée pour un petit moment dans la chambre d'amis, le temps que son chauffage soit réparé. Bref, il n'y a plus de place.

— Je n'ai pas besoin de m'installer ailleurs. Rester ici me convient très bien, avec détente et repos au programme.

— Hum, fait ma mère en jetant un coup d'œil dubitatif à mon appartement. C'est vraiment reposant ?

Nous contemplons sans un mot mon salon peu accueillant. Comme pour marquer un point, le fracas d'un camion nous parvient de la rue, une feuille morte tombe d'une plante. Mon téléphone vibre au fond de ma poche. C'est Kirsten.

— Coucou ! Comment vas-tu ? je dis en me réfugiant dans l'entrée.

— Sasha, qu'est-ce qui t'arrive, bordel ? Tu as percuté un mur en briques ?

Elle est sur haut-parleur. Je l'imagine dans sa petite cuisine impeccable, habillée du pull torsadé que je lui ai offert pour Noël, tenant sur ses genoux son bébé gigoteur tout en donnant à Coco des tranches de pommes.

— Je ne l'ai pas fait exprès, j'explique, sur la défensive. C'est juste que le mur est apparu d'un coup et...

— Les murs n'apparaissent pas soudainement.

— Celui-là, si.

— Tu as pris quelque chose ?

— Pas du tout, je rétorque avec d'autant plus de véhémence que les médecins m'ont eux aussi soupçonnée d'être droguée. J'étais simplement... distraite.

— Maman dit que tu es en arrêt de maladie pour cause de stress. À Noël, je t'ai trouvée très nerveuse, et c'était il y a des semaines. Tu disais que tu avais besoin de vacances.

— Oui, j'ai trois semaines d'arrêt. Comment vont Ben et Coco ?

Elle ignore ma tentative de diversion.

— Foncer dans un mur n'est pas une bonne idée, tu sais. Tu courais comme une dératée vers où, au fait ?

— J'étais poursuivie par une bonne sœur.
— Une bonne sœur ? Quel genre ?
— Le genre habituel. Avec une cornette, une croix. Toute la panoplie. Je pensais entrer dans les ordres mais ma démarche a tourné au désastre.

Cet épisode me semble irréel.

— Tu pensais entrer dans les ordres ?

Son éclat de rire résonne dans mes oreilles.

— D'accord, ça a l'air idiot. Mais ça me semblait la façon la plus simple de m'en sortir.

Le silence s'installe sur la ligne, seulement troublé par le fredonnement de Coco qui interprète sa version d'une comptine.

— Sasha, je me fais du souci pour toi. Qu'est-ce que tu entends par « la façon la plus simple de m'en sortir » ?

— Je sais à quoi tu penses. Mais non, je jure que je n'avais pas l'intention de faire *ça*, je déclare la main sur le cœur parce que, en fait, je ne sais pas quel était le fond de ma pensée il y a quelques heures. Parfois, la vie semble… impossible.

— Oh ! Sasha.

La voix de Kirsten est chargée de tendresse, comme si elle me faisait un câlin par téléphone. Mes yeux se remplissent de larmes. J'essaye de me reprendre.

— Désolée. Le couvent n'est pas une solution, je le sais. J'ai trois semaines de repos devant moi.

— Tu vas rester chez toi à ne rien faire ?

— Je ne sais pas encore. Pam m'a offert l'hospitalité, j'annonce avant que ma sœur propose de me caser tant bien que mal dans sa maison.

— Pam est là ? Elle a déjà pris des nouvelles de tes bouffées de chaleur ?

Visiblement, elle fait tout pour me remonter le moral.

— Bien sûr !

— Elle ne peut pas s'en empêcher. Quand j'attendais Ben et que j'avais des nausées matinales, elle affirmait : « Ce doit être la ménopause, Kirsten. N'exclus pas cette possibilité. »

Difficile de ne pas pouffer de rire et pourtant, une larme roule sur ma joue. Je suis une vraie loque !

Depuis le salon, maman m'appelle.

— Sasha, j'ai la réponse ! La solution parfaite.

— J'ai entendu, murmure Kirsten dans le téléphone. Envoie-moi par SMS la solution parfaite quand elle te l'aura donnée. Mais si elle te conseille d'acheter un P2 à Bracknell, oublie !

Je souris car notre mère veut toujours nous convaincre de chasser les bonnes affaires immobilières.

— Sasha, ne prends pas la situation à la légère, d'accord ? Tu as vraiment besoin de repos. Pas de mails, pas de stress. Remets-toi sur les rails. Sinon…

Nouveau silence, un peu pesant cette fois. Je devine ce qu'elle sous-entend.

— Kirsten, je vais suivre ton conseil. Promis, juré.

— OK, parce que je ne te rendrai pas visite au couvent. Et que ce n'est pas là que tu risques de rencontrer le capitaine von Trapp ou un autre de tes fantasmes.

— Tu te trompes ! Je suis certaine qu'il était là-bas, caché dans la cave.

— Sasha ! s'impatiente maman.

— Allez, va écouter le plan de maman. Et prends bien soin de toi.

Dans le salon, ma mère fixe l'écran de son portable avec un petit sourire aux lèvres, l'air détendue. Je me demande quelle peut bien être sa solution parfaite.

— À combien de jours de congé tu as droit ? demande-t-elle.

— Des tonnes. Il m'en reste plein de l'an dernier.

Depuis plus d'un an, je ne me suis pas arrêtée plus de quelques jours. J'ai fini par découvrir un secret que personne ne veut reconnaître : les vacances, c'est un mythe. Elles sont pires que la vie normale, dans la mesure où on doit toujours consulter ses mails, mais sur une chaise longue inconfortable et non installée à un bureau. On distingue à peine son écran à cause du soleil. On passe son temps à chercher un coin d'ombre, ou un réseau assez fiable pour mener une conversation banale avec un collègue du travail.

Autre option : programmer un message d'absence, puis couper radicalement avec sa vie professionnelle, profiter à fond de ses loisirs en remettant les choses à faire à la rentrée. Dans ce cas, au retour, on retrouve une quantité de travail si énorme qu'il faut bosser jusqu'à 2 heures du matin pendant une semaine et qu'on se maudit de s'être absentée quarante-huit heures.

Là, je parle d'expérience. Mais peut-être que d'autres personnes se débrouillent mieux.

— Sasha, je sais exactement où tu dois aller.

Maman a l'air très contente d'elle.

— Où ça ?

— J'ai vérifié et ils ont des disponibilités. On aurait dû y penser tout de suite.

— *Où ?*

Elle marque une pause avant de dire simplement :

— Rilston Bay.

Deux mots qui ont un effet magique.

C'est comme si le soleil venait tout à coup d'effleurer ma peau. Je suis caressée par une sensation de chaleur, de lumière et d'euphorie. J'avais presque oublié son existence. Rilston Bay. La mer. L'immense ciel. Le sable sous mes pieds nus. Le premier aperçu enchanteur de la plage depuis le train. Les vagues ourlées de mousse, brillant sous la lumière du soleil brûlant. La clameur stridente des mouettes…

Attends ! Mais on est en février !

Rilston Bay en hiver ? Je peux à peine me l'imaginer. D'un autre côté, comment abandonner le projet maintenant que maman en a parlé ? L'idée me fend le cœur.

— Ils ont des disponibilités, répète ma mère. Tu peux t'y rendre en train, comme on le faisait toujours. Départ demain ?

— Il y a des chambres libres chez Mme Heath ?

Pendant treize années de suite, nous avons séjourné dans la maison d'hôtes de Mme Heath. Je me souviens encore de l'odeur du linoléum de l'escalier, des tableaux de coquillages dans notre chambre, des couvertures crochetées sur nos lits. De la petite remise où nous rangions nos seaux et nos pelles le soir. Et du petit jardin avec sa grotte aux fées.

— Mme Heath est morte il y a quelques années, m'annonce maman. Tu vas descendre à l'hôtel. Au Rilston.

Elle plaisante ?

Nous n'y avons jamais logé. Pas notre genre. Dans cet établissement, une certaine tenue vestimentaire était requise, un dîner dansant avait lieu une fois par semaine, on mettait à la disposition des clients un chauffeur qui les promenait en ville. Sa localisation, sur la plage, était unique. À la différence de la maison de Mme Heath qu'on atteignait après quinze minutes de marche sur des chemins pavés de galets.

Une fois dans l'été, nous nous mettions sur notre trente et un pour aller au Rilston à l'heure de l'apéritif. En entrant dans le hall, avec ses canapés et ses grands lustres, ma sœur et moi avions la délicieuse sensation d'être des grandes personnes. Papa et maman buvaient leur verre au bar tandis que nous sirotions un Coca agrémenté d'une rondelle de citron tout en rigolant et piochant dans les plats en argent qui débordaient de chips. Le luxe absolu ! Une fois, nous étions restés pour dîner, mais il n'y avait que des plats compliqués au menu et, comme l'avait dit papa, ça coûtait un bras. L'année suivante, nous nous étions contentés d'un verre. Un verre était suffisant. Plus que satisfaisant.

C'est pour tout cela que l'idée de séjourner dans cet hôtel me donne des frissons. Maman me montre la page de l'hôtel sur l'écran de son téléphone. Elle ne plaisante pas. Et je lis dans ses yeux le plaisir que lui procure une bonne négociation.

— Les prix sont très raisonnables. Évidemment, c'est hors saison. Et on m'a dit que le Rilston avait un peu décliné. Il vit sur sa gloire passée. Donc, je t'ai obtenu un bon tarif, ma chérie. Profite de ton séjour au maximum. Remets-toi sur pied. Tu décideras *ensuite* de ce que tu veux faire.

J'ouvre la bouche pour lui dire que tout ça semble radical, avant de me raviser. En vérité, je meurs d'envie de partir, de retrouver cette vue, de respirer l'air de la mer. Rilston Bay représente une partie de ma vie que j'ai mise entre parenthèses depuis… ? Depuis combien de temps ? Depuis le moment où la maladie de mon père a été diagnostiquée. Beaucoup de choses ont changé après ça. Par exemple, nous ne sommes plus retournés à Rilston Bay. Ce qui veut dire que je n'y ai plus mis les pieds depuis peut-être vingt ans…

— Le bon air de la mer va te retaper, dit ma mère. L'atmosphère calme.

— L'ozone, ajoute Pam. Le bruit des vagues.

— Les longues marches, la nourriture saine…

— Les séances de natation, renchérit Pam. C'est excellent, que tu sois en préménopause ou en pleine ménopause.

— Mais l'eau n'est pas un peu froide en février ? je demande.

— L'eau froide est bonne pour l'organisme, affirme ma tante. Plus c'est froid, plus le choc est bénéfique.

— Il n'y aura pas de surveillance sur la plage, prévient maman. Je te demande de ne pas dépasser les bouées, Sasha.

— Elle ne nagera pas aussi loin ! rétorque Pam. Elle va juste se tremper. Tu as une combinaison, mon chou ?

— Voici le programme que tu dois suivre. Étape par étape, annonce maman.

Elle me montre une image sur son iPhone. Une femme aux bras musclés, portant une combinaison isotherme noire, me regarde droit dans les yeux avec un sourire contagieux. Ses cheveux mouillés sont plaqués sur ses joues humides. Elle est plantée sur le sable d'une plage qui pourrait facilement être celle de Rilston Bay. Elle tient d'un côté la main d'un maître-nageur, de l'autre un smoothie vert. À ses pieds, on peut lire : *Se sentir bien dans sa peau en vingt étapes.*

— C'est une super application, triomphe maman. Tu n'as plus qu'à la télécharger et à te trouver quelques affaires. Tu as un tapis de yoga ?

Je l'écoute à peine, toute mon attention est concentrée sur la fille de la photo. En super forme, elle rayonne. J'ai tellement envie de lui ressembler que j'en ai presque mal. Comment y arriver ? S'il faut plonger dans l'eau glacée, je suis partante. Je parcours en vitesse le programme, en sautant d'un passage à l'autre.

Jus de noni… s'exprimer… cent squats… coups de talon…

Jus de noni ? Coups de talon ? La signification de certains passages m'échappe mais je trouverai. Cette liste est la solution à mes problèmes. Le chemin qui va me sortir de moi-même. Je vais aller à Rilston Bay. Suivre les vingt mesures du programme. Et revenir en pleine forme.

4

Le programme ne comprend que vingt mesures et j'ai déjà commencé la première. Étape n° 1 : *Adoptez une attitude positive.* À peine ces mots ont-ils commencé à tourner dans ma tête que la réponse jaillit spontanément. *Oui, je vais adopter une attitude positive. Regardez-moi !*

Je marche à grandes enjambées sur le quai de la gare de Paddington, tout en tirant ma valise derrière moi, et je me parle à moi-même, si fort que les gens qui m'entourent doivent entendre le fond de ma pensée. *Je peux le faire. Il suffit de suivre les étapes. C'est simple.* Les accroches me viennent à l'esprit, toutes plus inspirantes les unes que les autres. J'ai l'impression d'être un post Instagram sur pattes. J'ai imprimé la photo de mon modèle, la Fille en Combi, téléchargé le programme complet de l'appli et emporté mon *bullet journal,* avec surligneurs et stickers. J'y suis à fond.

Il y a seulement deux jours, je fonçais droit dans le mur. Aujourd'hui, je me sens différente. Pas vraiment détendue – comment être zen avant un trajet en train de six heures ? – mais plus dans cet état d'exaltation bizarre. Une lueur est apparue à l'horizon. Et si je reste concentrée sur le programme, je retrouverai toute mon énergie.

Je dois prendre ce très long train – vingt voitures – jusqu'à Campion Sands, où je changerai pour terminer le trajet sur des voies secondaires, dans une petite rame brinquebalante. Une des choses, parmi des millions d'autres, que je préfère là-bas, c'est la minuscule gare où je m'arrête. Et cette voie entre Rilston Bay et Campion Sands, à flanc de falaise ! On peut la voir depuis la plage et faire de grands gestes aux passagers du train.

Rien que de penser à la plage me remplit de bonheur. C'est incroyable mais vrai : dans très peu de temps, j'y serai. En plein hiver, d'accord, mais quand même.

— Sasha !

Ma mère déboule sur le quai avec deux sacs de voyage, un cylindre en mousse bleu et un hula hoop rose. Quand elle m'a annoncé qu'elle viendrait me dire au revoir, j'ai cru qu'elle blaguait.

— Tu es venue, maman !

— Bien sûr !

Malgré sa voix enjouée, quand elle m'embrasse, je vois qu'elle est anxieuse.

— Je voulais m'assurer que tu avais tout ce qu'il te fallait. Le tapis de yoga ? La combinaison ?

— Oui, je confirme en tapotant ma valise.

— Tiens, je t'ai apporté un hula hoop lesté, dit-elle en me passant le cerceau rose. Tu aurais regretté de ne pas en avoir.

— Maman, je sais que l'exercice avec le hula hoop fait partie de la vingtième étape, mais j'avais l'intention de sauter cette séquence.

— Si tu suis le programme, autant le faire rigoureusement, ma chérie. Et voilà ton tapis de mousse. Essentiel !

Je me retrouve à jongler maladroitement avec les deux accessoires.

— J'ai aussi pensé à te prendre un peignoir de bain et quelques amandes pour tes snacks, ajoute-t-elle en fourrant l'anse d'un énorme sac dans ma main libre. Oh, j'allais oublier ça.

Elle me tend un sac en papier de la boutique de la National Gallery.

— Tout ce qu'il faut pour peindre des aquarelles : pinceaux, carnet, etc. C'est une partie de la quinzième étape. *Trouvez votre moi créatif.* J'ai ajouté un livre d'art pour l'inspiration. Rilston figure sur la couverture. Tu pourras représenter la plage.

Quel bazar ! Je suis submergée. Je m'imagine soudain en combinaison isotherme, le hula hoop tournoyant autour des hanches, en train de peindre la plage tout en mâchonnant des amandes.

— Merci, maman, j'arrive à articuler. C'est formidable, mais vraiment, tu n'aurais pas dû.

— Au contraire, ça me fait plaisir ! J'ai appelé les gens de l'hôtel pour les mettre au courant de ton état.

— Tu as fait ça ?

— Ne t'inquiète pas. J'ai fait preuve de discrétion. J'ai prétendu être ton assistante personnelle.

— Oh non !

— Et pourquoi pas ? Vu ton poste, tu as forcément une assistante personnelle. C'est normal. D'ailleurs, on devrait toutes en avoir une.

Je pense à Tania, mon « assistante » chez Zoose, qui bossait depuis la France pour deux chefs à la fois et qui répondait à tous mes mails par : « Pouvez-vous être plus claire ? » En bref, la fonction d'assistante ne correspondait en rien au travail qu'elle fournissait.

— Tu leur as raconté quoi au juste ?

— Que tu étais en pause bien-être et que tu avais besoin d'une nourriture saine. Ils te prépareront chaque jour un smoothie vert dont je leur ai donné la recette, trouvée sur une appli. Ils vont commander du chou kale spécialement pour toi. Et j'ai confirmé que tu voulais une chambre avec vue sur la mer, précise-t-elle avant que je puisse lui rappeler que je déteste le chou kale. Pas question qu'on te mette sur le côté. J'ai été très ferme là-dessus. « J'espère que vous respecterez vos engagements », j'ai dit à l'employée. Ah, et il n'y a plus de cabanons de plage. De toute façon, ils n'étaient pas ouverts pendant l'hiver.

— Comment ça ?

— Ils étaient devenus inhabitables, paraît-il. Ils en construisent de nouveaux.

C'est difficile à avaler. Les cabanes de plage de Rilston étaient célèbres, emblématiques du lieu. En y repensant maintenant, elles n'avaient rien de spécial – huit grandes cabanes en bois –, mais elles se trouvaient sur la plage. Le luxe. Elles faisaient beaucoup parler les enfants. *La location coûte une fortune. Elles sont retenues des années à l'avance. Le Premier ministre est venu en vacances dans celle-ci.*

Avec Kirsten, on avait l'habitude de s'approcher pour observer les locataires allongés sur leurs chaises longues, profitant de la vue. Selon une sorte de règle tacite, on ne passait pas sur le sable devant les pavillons. C'était comme s'ils avaient leur bout de plage privée. Je me disais toujours que, quand je serais grande, je viendrais dans un de ces cabanons moi aussi. Mais tout ça m'est bien sûr sorti de la tête.

— Quoi qu'il en soit, poursuit maman, si tu as besoin de me joindre, envoie-moi un SMS. Je suis Erin, ton assistante personnelle. Erin St Clair. Je suis très contente de cette trouvaille.

C'est trop drôle. En même temps, je refoule mes larmes. Maman est formidable, elle a pensé à tout – elle a juste oublié que je détestais le chou kale.

— Merci pour tout, maman.

— Ma Sasha… fait-elle en me caressant la joue. Tu n'es pas toi-même, hein ? Tu vas te retaper, tu crois ? Je peux t'accompagner si tu veux.

— Non, ça va aller. Tu ne peux pas manquer ta conférence.

Chaque année, ma mère assiste à la même conférence sur la propriété privée, où elle revoit d'anciens collègues. Elle en revient avec un lot de potins professionnels et une lueur d'enthousiasme dans le regard. Je ne vais certainement pas lui demander de s'en priver.

Elle semble pourtant toujours tiraillée.

— Au moins, tu vas dans un endroit que tu connais.

— Oui, Rilston Bay, c'est comme la maison.

— Je trouve touchant que tu y retournes, dit-elle avec l'expression douce qu'elle a chaque fois qu'elle évoque le passé, ce qui n'est pas si fréquent.

— C'étaient des vacances réussies, n'est-ce pas ?

— Les meilleures du monde !

Après la mort de papa, nous sommes reparties en vacances, mais jamais deux fois au même endroit. Nous avons essayé le Norfolk, l'Espagne et même les États-Unis quand maman a été promue. C'était super, mais rien n'a jamais remplacé Rilston Bay dans nos cœurs.

Et on ne voulait pas y retourner sans papa. C'était toujours trop tôt. Jusqu'à maintenant, vingt ans après.

— Passe un excellent séjour, ma chérie, me glisse maman en m'embrassant. Fini le stress, Sasha. Profite de tes jours de repos.

Je profite du repos. Pendant à peu près une demi-heure. Je suis arrivée à charger ma valise, le hula hoop, le tapis roulé et les sacs de voyage dans le wagon – d'accord, en deux fois ! Par bonheur, le train est presque vide. Installée dans un carré famille, avec un café et un croissant, j'observe Londres qui défile, avec l'impression qu'un peu de mon stress s'efface à mesure de l'avancée du train. Adieu, pollution, bruit, agitation… Je vous quitte.

J'essaye de me concentrer sur mon projet bien-être, mais une question n'arrête pas de me revenir à l'esprit : pourquoi Asher nous a-t-il fait participer à ces ateliers sur le langage pro ? Quelle perte de temps ! Nous faire rédiger chaque mois deux rapports dans deux formats différents, ça sert à quoi ? Et parlons un peu des décisions pourries de l'équipe de Craig, parce que je peux vous raconter exactement ce qui s'est passé : c'était…

« Mesdames et messieurs… »

L'annonce me ramène dans l'instant présent. Merde ! Je fais fausse route. Je dois arrêter de penser au boulot. Adieu, Zoose ! Il faut que je t'oublie. Mais ça ne marche pas : c'est comme si le boulot me suivait partout.

J'ouvre l'appli « En vingt étapes » et fais défiler les chapitres, à la recherche d'un conseil, jusqu'à trouver la section « méditation ».

Écrivez noir sur blanc vos problèmes et soucis. Ne filtrez rien, écrivez comme ça vous vient. Remerciez ensuite votre cerveau pour ce qu'il vous a dicté et oubliez.

Bonne idée. J'attrape un stylo, vais à la fin de mon *bullet journal* et commence à rédiger avec énergie.

Une demi-heure plus tard, la crampe de l'écrivain m'oblige à lever le nez. Qu'est-ce qui s'est passé ? Stupéfaite, je feuillette les pages que je viens de noircir. J'ignorais que j'avais autant de trucs à dire sur Zoose. J'ignorais que j'étais enragée à ce point.

C'est sans doute une bonne façon de purger toutes les pensées négatives qui encombraient ma tête. Désormais, place à l'optimisme !

Merci, mon cerveau, pour ce que tu m'as dicté ! Maintenant, on passe à autre chose, d'accord ?

Au début du *bullet journal*, j'inscris en gros caractères : « Cure anti-burn-out en vingt étapes », puis je décore la page à l'aide de mes différents stylos gel. Le temps d'ajouter quelques stickers, nous arrivons à la gare de Reading où plusieurs passagers montent. La plupart jettent un coup d'œil à mon hula hoop rose et s'éloignent vers le fond du wagon. Je les comprends. Nullement découragé, un homme âgé en veste jaune vient s'asseoir juste en face de moi, ignorant les places libres de l'autre côté du couloir.

— Vous allez chercher le calme ? dit-il.

Et merde. Je suis tombée sur un bavard. Sans surprise, une fois qu'un contrôleur a vérifié nos tickets et m'a renseignée sur la correspondance à Campion Sands, il se penche au-dessus de la tablette, l'œil brillant :

— Vous allez jusqu'à Rilston Bay ? Vous aurez besoin d'un coup de main pour transporter vos affaires d'un train à un autre. Heureusement pour vous, je descends aussi à Campion Sands, je pourrai vous aider.

Je lui adresse un sourire plein de gratitude, en espérant exprimer ainsi mon désir de silence. Hélas, le message lui échappe totalement.

— Vous vivez à Rilston ?

— Non, je vais y rester quelques jours.

— Je n'ai pas l'impression de vous avoir vue là-bas. Vous connaissez déjà ?

— Quand j'étais enfant, j'y passais mes vacances d'été.

— Alors, vous vous souvenez sûrement de moi ! Je suis Keith Hardy. Mais j'ai un autre nom. Mr Poppit. BONJOUR, LES ENFANTS ! s'écrie-t-il soudain d'une voix stridente, faisant sursauter tout le wagon. Mr Poppit, avec ma grande marionnette rouge et mon chapeau rayé. Je tiens un stand sur la plage chaque été. Vous vous rappelez certainement les représentations de Mr Poppit.

Oui, vaguement. Mais dans mon souvenir, ses marionnettes étaient épouvantables. Je n'assistais sûrement pas à son spectacle.

— Peut-être. Je me souviens surtout de Terry qui s'occupait de la cabane de surf.

— Bien sûr ! Qui ne se souvient pas de Terry ? acquiesce-t-il, la mine moins réjouie.

Tout me revient. Deux boutiques-écoles de surf se côtoyaient sur la plage. On disait que la concurrence entre elles était féroce et qu'il fallait choisir son camp. Un genre de Montaigu et Capulet. Donc, il y avait le Surf Shack, tenu par Terry, et le Surftime, tenu par Pete. Les habitués préféraient le Surf Shack car Terry était un prof de surf hors pair, avec une personnalité extraordinaire. Dans la vie, il y a des gens qui dépassent les autres. On ne peut que reconnaître leur supériorité.

Terry avait blanchi prématurément, mais il était doté d'un corps robuste, d'une paire d'yeux bleus pétillants, et il nous connaissait tous. Pete était sympa aussi, mais ce n'était pas pareil. J'entends encore la voix autoritaire de Terry, rendue rauque par des années de conseils criés dans le vent. En fait, ses encouragements me reviennent encore en tête assez souvent. « Ne t'inquiète pas, disait-il à un enfant pris d'angoisse. Pourquoi tu crains la mer ? Elle n'a pas peur de toi, tu sais. »

Des souvenirs refont surface. L'obscurité après l'éclat de la plage. L'odeur du néoprène. Les surfeurs en short coloré, ou en combinaison ouverte sur le torse, qui traînaient sur le ponton et se racontaient des histoires de vagues. Notre agacement à l'idée de rater les meilleures quand nous faisions la queue pour prendre un bodyboard. Rilston est connu pour la force de sa houle en hiver mais les petites vagues d'été étaient parfaites pour nous, les enfants, qui apprenions à nous tenir sur une planche. Sandra, la femme de Terry, nous inscrivait sur un registre, avec une lenteur désespérante et un souci du détail exaspérant. Tous les jours, on devait lui épeler les mêmes réponses que la veille.

— Terry tient toujours la boutique ? je m'empresse de demander. Il donne encore des cours de surf ?

Serais-je capable de monter sur une planche ? Je n'ai pas pratiqué depuis des années. Ça pourrait devenir une étape supplémentaire de mon programme…

— Non, il a pris sa retraite et il a vendu. Le Surf Shack a un nouveau propriétaire. Vous allez à Rilston pour le surf ? dit-il en regardant avec curiosité mon hula hoop.

— Pas vraiment. Je m'accorde des vacances. J'ai besoin de repos et de calme. Et de faire un peu de yoga.

— Repos et calme, répète-t-il avec une lueur amusée dans le regard. En février, vous ne risquez pas d'en manquer. Rilston est désert à cette période de l'année. Les maisons d'hôtes sont fermées, la plage est vide. C'est la saison morte.

— La solitude ne me fait pas peur. Ces temps-ci, j'ai été terriblement sous pression. J'ai simplement envie d'une pause, de bien-être et de tranquillité. Pour me remettre les idées en place.

Keith approuve, puis il me tend un sac en papier :

— Est-ce qu'un *scotch egg*[1] vous ferait plaisir ? ajoute-t-il en me tendant un sac en papier.

Je décline poliment.

— Vous alliez souvent à Rilston Bay quand vous étiez enfant ? reprend-il.

— Chaque été jusqu'à mes treize ans. La dernière fois, c'était il y a vingt ans.

Vingt ans déjà ? En le disant, ça me semble impossible.

— Vous étiez là, l'année de l'accident de canoë ? me demande Keith avec un regain d'animation.

— Oui. Un garçon a failli se noyer.

— Un vrai scandale, cette histoire ! s'exclame-t-il avant de mordre dans son *scotch egg*. Personne n'est mort mais, à mon avis, la catastrophe a été évitée de justesse.

— Oui. Enfin, c'était il y a longtemps.

---

1. Œuf dur entouré de chair à saucisse, pané et frit.

Plus très à l'aise pour continuer à remplir mon *bullet journal*, j'attrape le livre sur les peintures de plage que ma mère m'a donné, en espérant clore la conversation. Mais Keith se penche, l'air de vouloir partager une confidence.

— Vous savez que c'était la faute de Pete ?

— Je n'ai qu'un très vague souvenir. On nous a demandé de sortir de l'eau. Et nous sommes allés au bowling.

— Ah ! Il y a eu une grande enquête. Pete a dû payer une amende. Cette histoire l'a ruiné, précise-t-il avec délectation. Il a fermé boutique et il est parti. Un nouveau couple a pris sa place, mais ils n'ont jamais réussi. Les Sully, vous vous rappelez ?

— Non, c'était notre dernière année là-bas.

L'accident de canoë a eu lieu la semaine où le diagnostic de papa est tombé. En fait, nous étions sur le retour quand le médecin a appelé. Kirsten a entendu nos parents parler et…

Je ferme les yeux, submergée par un chagrin qui remonte à la surface. Personne n'était responsable, bien sûr, mais recevoir la nouvelle qui a transformé notre vie pour toujours au milieu d'une station-service n'a fait qu'ajouter à la douleur. J'ai effacé de ma mémoire beaucoup de souvenirs de cette horrible semaine.

— Comme je vous l'ai dit, je veux juste être tranquille, en paix.

— Bien sûr ! Rilston Bay est l'endroit idéal pour ça. Au fait, vous étiez là, l'année des méduses venimeuses ? Encore une sale affaire. Trois enfants hospitalisés en urgence et les garde-côtes sur la sellette… C'est vrai qu'ils n'avaient pas donné l'alerte.

Des méduses venimeuses… Il ne manquait plus que ça !

— Non, je réplique. Je n'en ai aucun souvenir.

— Et le grand scandale de la nourriture périmée ? demande-t-il, plein d'espoir. Le nombre de gens qui ont été malades, cette semaine-là ! On nous a dit onze, mais les médecins du coin étaient formels, ils étaient au moins vingt-trois. Et tout ça pour des sandwichs aux crevettes avariés. C'était peut-être la mayonnaise... Les œufs, c'est mortel, conclut-il en mordant de nouveau dans le sien.

Pitié ! Les bavardages de ce type sont insupportables. Il est toxique. En fait, il est nocif pour tous les passagers du wagon. Sur notre droite, une femme affiche un air consterné. C'est le moment de raconter un bobard :

— Je dois absolument écouter un podcast pour mon travail, je lance en montrant mon portable.

— Surtout, ne vous gênez pas, répond Keith, la bouche pleine. Je suis ravi de parler avec vous. Oh, mais c'est *Amours de jeunesse* !

— Pardon ?

— *Amours de jeunesse*, insiste-t-il en désignant la couverture de mon livre. Par Mavis Adler. À Rilston Bay.

Le tableau représente un couple d'adolescents en train de s'embrasser. Il est assez connu et figure sur des affiches et des cartes postales. En fait, j'avais oublié que la toile de fond était Rilston Bay.

— Vous allez peut-être trouver un amoureux, persévère le bavard impénitent. À moins que vous n'ayez déjà quelqu'un.

— Non, personne, je dis en cherchant mes écouteurs. Mais rencontrer l'amour en morte-saison me semble improbable.

— Il ne faut jurer de rien. Vous séjournez chez des amis ?

— Non, au Rilston, je réponds automatiquement, en le regrettant tout de suite.

— Au Rilston ! répète-t-il, hilare. Au Rilston !

Sa réaction me hérisse. Il veut dire quoi, au juste ?

— Oui, je confirme. Au Rilston.

— Je ne savais pas qu'ils prenaient encore des clients. Surtout à cette époque de l'année. Vous avez vu *Shining* ?

Je n'ai qu'une envie : que cet horrible pot de colle la boucle enfin !

— J'aime être tranquille. La solitude va beaucoup me plaire.

J'ai trouvé mes écouteurs. Soulagée, je les enfonce dans mes oreilles mais, imperturbable, Keith continue à jacasser.

— L'hôtel est complètement en chantier. En pleine démolition avant d'être reconstruit.

— Je ne suis pas au courant, je dis en cherchant de la musique douce sur Spotify.

— La cuisine est toujours ouverte ?

Un signal d'alerte clignote dans ma tête.

— Bien sûr ! Ils ne laisseraient pas leurs clients sans nourriture, quand même !

— J'ai entendu dire qu'un incendie avait ravagé les cuisines... Une bien sale histoire, fait-il avec un claquement de langue. Vous n'êtes pas au courant ?

— Absolument pas. C'est agréable de bavarder avec vous, mais je dois vraiment...

Par chance, nous arrivons à une gare et je peux faire mine d'observer les nouveaux passagers. Une jeune femme et une petite fille avec des parkas roses assorties.

Un vieux monsieur. Un type avec un sac à dos et une planche de surf.

Un type au physique marquant.

Canon, en fait. Il doit faire de la gym faciale pour avoir un visage aussi bien dessiné. Des pommettes saillantes, la mâchoire carrée, une barbe de trois jours... et des yeux sombres, un regard intense.

Le train s'ébranle. Je le regarde du coin de l'œil choisir sa place, hisser souplement son sac à dos jusqu'au rack à bagages, installer sa planche contre le siège qui lui fait face. Le duo mère-fille a des places côte à côte. La petite commence immédiatement à se promener dans le couloir. Je ne suis pas du genre maternel, mais elle est trop chou avec sa salopette matelassée, ses bottes décorées de coccinelles et ses couettes blondes. Pourvu qu'elle vienne dans ma direction. Non ! Elle va tapoter la planche de surf avec ses mains couvertes de fossettes. La mère lance un sourire au beau gosse.

— À cet âge-là, on est plein de curiosité, dit-elle. Ma fille s'intéresse à tout.

— D'accord, répond-il.

Drôle de réaction, me dis-je. Il aurait pu trouver un commentaire gentil sur l'adorable gamine et ses petits doigts dodus. Son expression ne dit pas non plus « quelle délicieuse enfant ! » comme la mère s'y attendait. Il semble tendu. De mauvaise humeur.

La fillette se met à tambouriner sur la planche et manifeste sa joie bruyamment. La femme assise à ma droite croise mon regard en souriant.

— Regardez-moi ça ! s'exclame Keith qui a tourné la tête pour observer les pitreries de la gamine. Elle sera surfeuse un jour, dit-il à la mère. Vous allez où, madame ?

— Près de Campion Sands. C'est la première fois que Bryony va à la mer, alors je lui ai acheté un seau et une pelle. Ce n'est pas la saison idéale pour les pâtés de sable, mais elle va s'amuser.

Tous les gens du wagon regardent l'adorable Bryony avec le même sourire indulgent. Tous, sauf le propriétaire de la planche. Apparemment, il n'apprécie pas. Il a même l'air exaspéré. Il serre les poings. Psychorigide ?

— C'est vraiment pénible, explose-t-il. Vous ne pouvez pas arrêter ça et la faire sortir ?

— La faire sortir ? s'indigne la mère. Il me semble que le train est un transport public.

— Il me semble qu'il s'agit de ma planche, répond-il du tac au tac. Pouvez-vous au moins la surveiller ?

— Elle ne fait rien de mal, j'objecte. Ce n'est qu'une planche de surf, pas *La Joconde*. C'est quoi, votre problème ?

Le type me regarde comme s'il venait de me remarquer. Ai-je touché un point sensible ? Ce doit être le genre de mec qui n'aime pas être contredit en public, parce qu'il prend un air sauvage assez inquiétant.

Le silence se fait soudain. Même Bryony suspend ses gestes, consciente du changement d'atmosphère. Brusquement, le type se lève, attrape son sac à dos et s'adresse à elle.

— Si tu veux bien m'excuser, ironise-t-il en glissant sa planche sous son bras.

La petite, au bord des larmes, proteste en voyant partir son instrument, mais le type n'éprouve manifestement aucune empathie. Il a plutôt l'air dégoûté.

— À vous de jouer ! lance-t-il à la mère, avant de changer de wagon.

Pendant un moment, personne ne semble savoir comment réagir. Puis la mère de Bryony exprime sa colère :

— Eh ben ! Quel mal élevé ! Viens ici, mon trésor. Je vais te donner un biscuit.

Elle tend les bras à la gamine en pleurs qui pointe tristement du doigt l'endroit où la planche était posée.

— Paaaatie ! murmure-t-elle.

— Oui, elle est partie. Bon débarras ! Il n'était pas drôle, ce jouet. Viens t'amuser avec Ted-Ted, mon trésor.

Je regarde Bryony se consoler en grignotant un biscuit. Et que vois-je du coin de l'œil ? Keith, qui s'apprête visiblement à exprimer son opinion sur l'épisode qui vient d'avoir lieu, agrémentée d'environ une cinquantaine d'anecdotes. Je parie que ça peut durer au moins une demi-heure.

Vite, je lance ma playlist relaxante et je désigne mes oreilles pour lui faire comprendre (j'espère) que je ne l'entends plus. Puis je me cale contre mon dossier, ferme les yeux et laisse la musique m'envahir. La voix de Keith, en mode feutré, m'arrive par intermittence, mais je me garde bien d'ouvrir les yeux. Bientôt, je me rends compte que j'ai les poings serrés. J'ouvre les mains, respire lentement, essaye de me détendre. Pourquoi suis-je aussi nerveuse ?

En fait, c'est sûrement un signal. En ce moment, je suis incapable de supporter les inconnus, surtout s'ils sont mal disposés, a fortiori s'ils se baladent avec une foutue planche de surf. Quel soulagement à l'idée que l'hôtel soit vide ! Je compte sur une absence totale de contacts pendant mon séjour au Rilston.

5

Dieu merci, en gardant mes écouteurs vissés dans les oreilles, j'échappe au bavardage de Keith jusqu'à l'arrivée à Campion Sands. Pas contrarié pour un sou, il m'aide gentiment à transporter ma valise, mes sacs, mon tapis en mousse et mon hula hoop dans le train suivant.

— Je passerai vous voir ! m'informe-t-il gaiement en descendant du wagon. Je vais souvent à Rilston Bay. On pourrait boire un verre un de ces jours. Et, puisque vous semblez intéressée, je vous raconterai plus d'histoires sur le coin.

Plantée dans le couloir, je me force à me montrer enthousiaste :

— C'est très gentil, mais je ne suis pas certaine d'avoir le temps : je risque d'être très occupée avec... le yoga.

— Bien sûr ! Comment allez-vous faire à l'arrivée, avec votre bazar ? L'hôtel vous envoie une voiture ?

— Pas besoin ! Je vais marcher. C'est seulement en bas de la côte.

— Marcher ? Chargée comme vous êtes ?

Je vois bien qu'il a raison.

— J'appelle Herbert, poursuit-il, en composant un numéro sur son téléphone avant que je puisse répondre. C'est le bagagiste de l'hôtel. Il va vous aider. Je connais tout le monde là-bas... Herbert ? C'est Keith. Je suis avec une jeune femme qui va séjourner chez vous et qui a besoin d'aide pour transporter ses bagages...

Il écoute pendant un instant, puis m'interroge :

— C'est vous qui avez demandé le chou kale ?

Mon Dieu !

— Oui, c'est moi, je dis en piquant un fard. Mais ça n'a pas d'importance si...

Keith me coupe et lance triomphalement dans le téléphone :

— C'est bien elle ! Tu vas la chercher à la gare ? Tu es vraiment un brave type, Herbert. On se voit bientôt devant une bière.

Il raccroche et se tourne vers moi, l'air radieux.

— Je suis content d'avoir appelé. La voiture de l'hôtel est hors service, mais il viendra lui-même vous aider.

— C'est vraiment gentil de votre part, merci beaucoup.

J'ai soudain des remords de l'avoir évité au cours des cinq dernières heures.

— Je vous souhaite de bonnes vacances. Oh, attendez ! Vous ne m'avez pas dit comment vous vous appelez !

Il part d'un rire innocent, comme si c'était juste un oubli de ma part et non un acte délibéré. Ne pas lui répondre serait carrément grossier.

— Je m'appelle Sasha.

— Bon séjour à Rilston Bay, Sasha !

Il s'éloigne tandis que les portes se ferment et que le train s'ébranle. Je vais m'asseoir dans le wagon désert. Le temps a changé. Une petite pluie fine couvre les fenêtres. Je presse le front contre la vitre pour apercevoir la baie dès que possible. Entre Kirsten et moi, c'était toujours à qui verrait la plage en premier. Toute l'année, nous attendions ce concours avec impatience. Après tout ce temps, j'ai du mal à croire que je serai arrivée à destination dans seulement quelques minutes. Je bouillonne d'impatience et d'anxiété. Et si Rilston me décevait ?

Non, impossible !

Une voix enregistrée annonce : « Nous arrivons bientôt à Rilston Bay. » Je retiens ma respiration et scrute le paysage quand on aborde le virage.

Voici le point de vue qui m'a remplie de bonheur pendant mon enfance. La grande étendue de sable. Les rochers, les vagues. Rien n'a changé. La mer est couleur acier, le ciel morne, mais j'éprouve toujours le même désir urgent de me précipiter vers le rivage pour sentir le sable sous mes pieds. C'était là, sur la plage, que les vacances commençaient vraiment.

Je me sens toute légère quand le train stoppe dans la minuscule gare. Je décharge mes bagages sur le quai et envoie un SMS à maman et à Kirsten : Bien arrivée ! Bisous. Puis je regarde autour de moi, à la recherche de mon porteur. Personne. Je me débrouille pour trimballer mes affaires jusqu'au parking. Il est vide. Comme le kiosque de la billetterie. Les mouettes tournoient au-dessus de ma tête en criant. Une brise froide souffle sur mon visage.

Sur la seule et unique route qui monte de l'hôtel à la gare, j'aperçois quelqu'un qui marche dans ma direction. Un homme mince, en caban bleu marine, la tête couronnée de cheveux blancs. Il avance lentement. Vraiment *très* lentement. Il s'arrête de temps en temps pour souffler, appuyé à un lampadaire, un mur ou n'importe quoi qui puisse le soutenir. Il ne me quitte pas des yeux et, quand il est plus proche, il me salue de la main.

Minute. C'est *lui*, le bagagiste ?

Un peu inquiète, je vais à sa rencontre. Il a l'air d'avoir cent trois ans, avec ses rides profondes, son souffle court et sa démarche hésitante, pour ne pas dire vacillante. Il porte un badge épinglé sur son caban : *Rilston Hôtel. Herbert.*

Pitié !

— Tout va bien ? je demande.

— Mademoiselle Worth ? Bienvenue à Rilston Bay. Je suis Herbert.

Il fait une pause, pendant laquelle je me demande s'il va s'endormir pour de bon, puis revient à lui :

— Je suis venu vous aider à porter vos bagages.

Vraiment ?

— Vous ne voulez pas vous reposer un moment ? Je peux aller vous chercher une chaise, ou un petit remontant…

— Non ! Non, merci, murmure-t-il. Occupons-nous de vos bagages.

Je le devance. Pas question qu'il porte quoi que ce soit de lourd, sous peine de faire le chemin à genoux.

— Je vais prendre la valise et les sacs, je suggère en attrapant leurs poignées. Et aussi le hula hoop. Vous voulez bien vous charger du tapis de yoga ?

Le tapis de mousse ne pèse rien. Parfait pour lui. Il acquiesce d'un mouvement de tête, coince la mousse sous son bras et fait quelques pas... avant de chanceler.

— Un problème, Herbert ? je demande en le retenant in extremis.

— Si ça ne vous ennuie pas, je vais m'appuyer sur vous pendant un moment, dit-il après réflexion. Un moment seulement.

— Aucun souci.

Je transfère tout mon fourbi du même côté pour libérer mon bras et, à petits pas, nous voilà partis à l'assaut de la colline. Quand l'hôtel apparaît, je n'arrive plus à marcher droit, car Herbert pèse de plus en plus sur mon bras. La tête penchée, les yeux clos... Est-ce qu'il dort ? Le moment est surréaliste. Je porte mes bagages *et* le porteur de bagages. Mais passons. Devant la façade blanche du Rilston, je me sens transportée de joie. Tout me revient en mémoire : les piliers, le gravier, la rocaille qui orne la pelouse. Je serai bientôt dans le grand hall si familier, dans ma chambre avec vue sur mer, au-dessus de la plage. J'ai tellement hâte !

— Herbert, on est arrivés !

Il ouvre les yeux, se redresse et, d'un pas incertain, va ouvrir une des grandes portes de verre.

— Bienvenue au Rilston ! s'exclame-t-il.

— Merci, je réponds en faisant entrer tant bien que mal mon bazar dans le hall.

Oh my God ! Que... Qu'est-il arrivé à cet endroit ?

— Bienvenue au Rilston !

Cette fois, cela vient d'une jolie jeune femme très souriante qui se tient derrière le comptoir en acajou de la réception. Difficile de lui rendre son sourire tant le spectacle que j'ai sous les yeux me sidère.

Le hall était une sorte de paradis au luxe suranné. Canapés de velours, fauteuils recouverts de chintz, une ruche d'employés s'affairant dans tous les sens. Les porteurs en uniforme, le concierge en costume, les serveurs offrant des boissons et, si je me rappelle bien, une dame d'un certain âge en tailleur bleu ciel, chargée de la satisfaction des clients. Je la vois encore avec ses perles et son expression charmante. « Tout va bien ? Puis-je vous faire apporter une autre boisson ? » demandait-elle à chacun.

Il y avait toujours un énorme bouquet sur la table centrale. Les lustres brillaient de mille feux, des messieurs en veste sport commandaient des gins tonic. Alors que maintenant…

Je peux dire que j'ai du mal à en croire mes yeux. Toujours le même tapis bleu, mais la grande table et ses fleurs ont disparu. Au-dessus de moi, le lustre a perdu la moitié de ses ampoules et gagné une bonne couche de poussière. À la place des canapés et des fauteuils, des vieux meubles dépareillés. Il y a des chaises de salle à manger, une armoire, une essoreuse qui porte encore son étiquette de prix. Sur un piano à queue délabré, un écriteau indique : GRATUIT. Plus de personnel affairé non plus, ni bien sûr de charmante dame en tailleur bleu ciel. Par contre, un Herbert blanc comme un linge est affalé sur une chaise.

— Herbert, ça va ? s'écrie la réceptionniste tout en tapant sur le clavier de son ordinateur.

Avec sa tresse sophistiquée et son ombre à paupières nacrée, elle n'a sûrement pas plus de vingt-trois ans.

— Herbert devient tout bizarre quand il doit porter des bagages, me confie-t-elle quand je m'approche de la réception. Mais il adore ça.

— Vraiment ? En fait, c'est moi qui ai presque tout porté.

— Comme tout le monde, réplique-t-elle gaiement tout en continuant à taper.

Une plaque sur le mur indique : *Meilleur hôtel de luxe 1973*.

Finalement, elle daigne m'accorder son attention.

— Alors, vous êtes la cliente qui a commandé du chou kale ? Sasha Worth. Je vois que vous êtes là pour une « pause santé ». Nous avons un système de notes qui assure à chacun de nos clients un séjour personnalisé. Simon, notre directeur, a parlé avec votre assistante.

— Oui, avec Erin.

— Simon a inscrit cinq étoiles après votre nom, précise-t-elle en écarquillant les yeux. Le top de notre classement ! Vous êtes célèbre ?

Misère... Qu'est-ce que maman a bien pu raconter ?

— Non. Je ne suis pas célèbre.

— Mais vous êtes quelqu'un d'important ?

— Non. Et franchement, je n'ai pas besoin d'un traitement de faveur.

— On ne change rien, insiste-t-elle. Vous avez un statut cinq étoiles, alors profitez-en. Voilà votre clé. Chambre 28. Côté mer.

Elle me tend un lourd porte-clés en bois où pend une clé de sûreté plate.

— Herbert fait une petite sieste, ne le dérangeons pas. Vous allez prendre l'escalier pendant que je monterai vos bagages par l'ascenseur. Passez derrière l'essoreuse, d'accord ? Nous organisons une brocante éphémère, n'hésitez pas si vous avez quelque chose à vendre !

Elle me regarde avec espoir, comme si j'allais déclarer : « Oui, justement, je suis venue avec un buffet. »

— Eh bien, je n'ai pas d'antiquités avec moi...

— Bien sûr, comme la plupart des clients, dit-elle en tapant sur son clavier.

Précise-t-elle « pas d'antiquités » à côté de mon nom ? Attendez. Elle a dit « la plupart des clients » ?

— Au fait, je m'appelle Cassidy, ajoute-t-elle en désignant son badge indiquant « Hôtel Rilston – Catherine ». J'utilise celui-ci en attendant que le mien arrive, mais ça fait quand même une initiale correcte ! Bon, je vous rejoins à la chambre 28. Très facile à trouver. En haut des marches, vous prenez à gauche dans le couloir et vous passez par une porte à double panneau. Ensuite, vous revenez sur vos pas. Vous voyez ?

— Oui, merci, je dis, prise d'un léger vertige.

— Ce n'est pas terminé, s'amuse-t-elle. Après ça, vous descendez trois marches. *N'ouvrez pas* la première porte que vous voyez – elle ne mène nulle part. Poussez la seconde, traversez la bibliothèque et ce sera à gauche.

Je suis complètement perdue. Des marches ? Une porte à double panneau ? Faire demi-tour ?

— Merci. Pas de problème !

— À tout de suite alors !

Figée sur place, je regarde Cassidy qui fait rouler ma valise derrière l'essoreuse. Ce n'est pas du tout ce à quoi je m'attendais.

Qu'importe. Maintenant que j'y suis, j'y reste !

Mourant d'envie de voir la mer, je grimpe l'escalier dont les marches craquent, je longe un interminable couloir au papier peint délavé, décoré de vieilles aquarelles éclairées par des spots. Quand il n'est pas criblé de trous, le tapis bleu roi gondole. Chaque latte de parquet grince sur mon passage. Aucun signe de vie. Aucun bruit sauf celui de mes pas et le craquement du bois. Je pense au film *Shining* – merci, Keith –, puis je me secoue. Bientôt, j'aurai sous les yeux le spectacle des vagues. Et rien que pour ça, je peux tout endurer.

Donc, après avoir rebroussé chemin, monté et descendu des marches, essayé plusieurs portes et traversé la bibliothèque trois fois, je trouve finalement la chambre 28. Cassidy m'y attend, debout près d'un lit double recouvert d'une courtepointe imprimée de fleurs orange très années 1970 et assortie aux rideaux fermés. La pièce est grande mais ne contient en fait de meubles qu'une lourde armoire en pin verni d'une curieuse teinte terre cuite, avec coiffeuse intégrée. Sur les murs, un papier peint vinyle à motifs, dont la couleur crème d'autrefois a viré en un jaune peu appétissant.

— Voilà votre chambre, annonce Cassidy. Catégorie luxe, avec une salle de bains comportant baignoire et douche. Enfin, mieux vaut ne pas utiliser la douche ! Elle est capricieuse.

Je jette un coup d'œil à la pièce intégralement vintage. Des carreaux vert et marron, certains représentant des animaux de la forêt. Des blaireaux, des renards et des écureuils me fixent de leurs petits yeux perçants...

— Eh bien, ces carreaux sont... !

— Originaux, conclut Cassidy. Ici, vous trouverez de quoi vous préparer une boisson chaude.

Elle pointe du doigt une bouilloire beige d'un autre âge, posée sur la coiffeuse, à côté d'une tasse et sa soucoupe et d'un panier plein de sachets.

— Il y a du thé, du café, de la crème et du ketchup.
— Du ketchup ?
— Tous nos clients raffolent du ketchup, dit-elle gaiement. C'est drôle, hein ? Et voici votre coiffeuse...

Elle essaye d'ouvrir le tiroir, mais sans succès. L'humidité a sans doute fait gonfler le bois. Après plusieurs tentatives, elle abandonne.

— Vous n'aurez qu'à étaler vos petites affaires sur le dessus. Il y a plein de place. Si vous avez besoin d'un sèche-cheveux, demandez à la réception celui qui est réservé aux clientes. Ah ! Avez-vous téléchargé notre application ?
— Quelle application ?
— Oh, Simon tient absolument à ce que vous l'ayez. Si vous me passez votre portable, je me charge de l'installer.

Légèrement étourdie, je le lui tends. Un seul sèche-cheveux à la disposition de la clientèle mais une appli ? C'est le monde à l'envers.

— Voilà, vous êtes désormais inscrite au tirage au sort. Tous les mois, une collation complète est offerte au gagnant : un thé et deux scones, aux raisins ou nature.

Quand elle me rend mon téléphone, je vois que trois notifications de l'hôtel Rilston s'affichent déjà.

Vous venez d'arriver à l'hôtel Rilston. Bienvenue ! Nous espérons que vous apprécierez votre séjour.

Bravo ! Vous êtes inscrite à notre tirage au sort !

Nous vous rappelons que le petit déjeuner est servi entre 7 et 10 heures.

— Que puis-je vous dire d'autre ? reprend Cassidy. Le petit déjeuner est à 8 heures... Si vous désirez un croissant, dites-le-nous en avance...

— Attendez, l'application m'informe que le service du petit déjeuner commence à 7 heures.

— Ah oui ? dit Cassidy en riant et en levant les yeux au ciel. Franchement, cette appli raconte n'importe quoi. Faites voir ? Oui, n'en tenez pas compte.

Je regarde autour de moi et remarque la pauvre lumière provenant de l'unique suspension, la descente de lit rapiécée, la presse à pantalons poussée dans un coin. Ce n'est pas la plus belle chambre du monde. Puis je me réprimande en silence : Sasha, tu n'es pas là pour la chambre. Tu es venue pour la vue sur la mer. Allez, sois positive !

— Très bien. Est-il possible d'ouvrir les rideaux ?
— Bien sûr !

Elle s'approche de la fenêtre, me sourit et d'un grand geste tire un rideau puis l'autre.

— Et voilà !

Quoiiiii ? J'hallucine ?

Trop choquée pour proférer un mot, je considère le spectacle qui s'offre à mes yeux. Les fenêtres sont condamnées. De haut en bas. On ne voit qu'une seule chose : des planches en bois. J'ai fait six heures de train pour contempler des planches de bois ?

— Ce n'est pas une vue sur la mer, j'arrive finalement à articuler.

— Non, ce sont des échafaudages. Vous ne les avez pas remarqués en venant ? Ah, c'est parce que vous êtes arrivée de l'autre côté.

Elle éclate de rire avant de poursuivre :

— Pas étonnant que vous soyez surprise. Vous vous attendiez à voir la mer et, quand j'ai tiré les rideaux, vous avez eu une vue sur les échafaudages. Ah ! Ah ! J'ai hâte de raconter ça à Herbert.

Je tremble de rage. C'est sûr, je vais exploser. La vue sur la mer devait être la réponse à tous mes maux. Le ciel, les mouettes, le bruit apaisant des vagues. Mais ce n'est qu'un mirage.

— En fait, ma... mon assistante a réservé une chambre avec vue sur la mer. *Vue sur la mer*, d'accord ? Et ce n'est pas le cas de celle-ci.

— C'est une chambre *côté* mer, corrige Cassidy. Elle est bien située face à la mer, même si vous ne la voyez pas. Vous vouliez la voir ?

— Exactement !

Elle se mordille la lèvre, sort son téléphone et compose un numéro en me demandant de patienter.

— Simon ? fait-elle en baissant la voix. Ta cliente VIP est avec moi. Tu sais, la personne du chou kale. Elle veut voir la mer de sa chambre. Oui, un peu énervée. Tu crois que je peux enlever un bout de l'échafaudage ?

Elle écoute son interlocuteur et, après un instant, son visage s'éclaire.

— D'accord. Certainement. J'avais oublié. Je m'en occupe tout de suite. Salut, Simon !

Elle raccroche et fait mine de se frapper le front.

— Ce que je suis bête ! J'étais censée vous le dire, mais ça m'est sorti de la tête.

Elle fait défiler ses mails sur son téléphone, prend une inspiration et, sur un ton solennel, commence à lire : « Chère cliente, cher client, nous nous excusons pour l'absence de visibilité sur la mer depuis les chambres. En dédommagement, nous mettons à votre disposition une cabane de plage pendant la journée, ce qui vous permettra de profiter de l'unique et magnifique panorama sur Rilston Bay. »

— Une cabane de plage ? Je croyais qu'elles étaient inhabitables.

— Il est impossible d'y dormir, mais elles ne présentent aucun danger. Nous proposons donc à une sélection de clients d'utiliser huit d'entre elles pendant la journée. Vous pouvez vous y asseoir à l'abri, jouir de la vue à votre aise.

Je digère l'information.

— J'ai compris. Combien de clients séjournent à l'hôtel en ce moment ?

— Un *assez petit* nombre, répond évasivement Cassidy.

— Combien, précisément ?

— Seulement vous et les Bergen. Un charmant couple de Suisses. La plage ne les intéresse pas, ils jouent au golf. Par conséquent, la seule personne à profiter d'une cabane de plage sera... eh bien... ce sera tout simplement vous.

Tout simplement moi.

En arrivant sur la plage quinze minutes plus tard, la clé de ma cabane serrée dans la main, je me trouve dans une sorte d'état d'apesanteur. J'y suis enfin !

Je foule le sable de Rilston Bay. Après toutes ces années, je suis de retour. Seule. Ce qui n'est pas surprenant : la lumière de l'après-midi décline et le temps est en train de changer. Les vagues se brisent sur le sable, le vent rabat mes cheveux sur mon visage, des gouttes de pluie piquent ma peau.

Mais je suis là !

J'écarte les bras avant de tourner sur moi-même sur le sable, savourant ma solitude, l'étendue de la plage, le temps, l'immensité du ciel, le cri des mouettes… Tout est tellement différent de Londres. Du bureau. Des soixante-cinq mails urgents toutes les heures.

. J'avance vers le rivage. Les profondes empreintes que laissent mes baskets sur le sable se remplissent bientôt d'eau. Mes chaussettes sont déjà trempées mais tant pis. Je suis *là*. Je respire l'air salé à pleins poumons, me laissant submerger par les sons et les sensations.

Comme je m'y attendais, l'euphorie me gagne. Totalement. Absolument. C'est sublime. Tout ce à quoi je rêvais. Et puis, très vite, je me sens bizarre. Un peu tendue. J'ai une drôle d'impression difficile à cerner. La solitude a des vertus libératrices, mais c'est aussi oppressant. Le bruit du ressac est presque trop fort. Il me semble que je respire trop vite. Je dois me calmer. Suis-je donc incapable de me relaxer même quand je suis sur une plage ?

Je fais de grands pas pour échapper à ce trouble, mais ça ne marche pas. Je me sens à la fois grisée et au bord des larmes, heureuse et paniquée. C'est comme si je venais de laisser tomber un poids que j'ignorais porter. Ce n'est pas si simple de se détendre. Je passe du relâchement à la paralysie. On dirait qu'une partie de moi a du mal à se débarrasser d'une charge, mais est-ce pour me protéger ou parce que je suis incapable de me sentir légère ?

J'ai un petit instant de découragement. En fait, je ne sais pas ce que j'espérais.

Pour me distraire, j'observe les alentours. Les rochers, la falaise, les cabanes, l'hôtel et les rangées de maisons qui les surplombent. De ce côté de la plage, tout est exactement pareil que dans mon souvenir. Plus loin, il y a les loueurs de planches de surf, les cafés, les baraques des vendeurs de glaces… Mais ce que j'aime vraiment, moi, ce sont des plaisirs simples : la mer, le sable, les rochers, les cabanes.

Je me dirige vers ces cabanes, contemplant leurs façades délabrées avec mélancolie. La peinture s'écaille, le bois gondole, quelques fenêtres sont cassées. Une terrasse est complètement effondrée. Les pavillons des « millionnaires » ressemblent maintenant à des paillotes fatiguées. Mais on s'en fiche, non ? Voilà la cabane numéro 1, la mienne. Je décide de m'abriter un instant de la pluie à l'intérieur.

Je pousse de toutes mes forces sur la porte qui, à ma quatrième tentative, s'ouvre enfin brusquement, manquant me faire tomber. Je fais quelques pas sur le plancher grinçant pour évaluer la situation.

OK. Je vois ce que Cassidy voulait dire. La cabane n'est pas habitable, mais elle a dû être superbe en son temps. Il reste quelques meubles : une chaise en bois, un sofa au tissu fané, deux lampes. Un radiateur que je mets immédiatement en marche. Dans la petite cuisine équipée, les appareils ont été retirés. Un écriteau fixé sur l'escalier qui mène à l'étage indique : DÉFENSE D'ENTRER.

Je me pose avec précaution sur le bord du canapé. Aucun nuage de poussière ne s'en dégage. En fait, il a l'air très propre. Une fois assise, je vois la mer à travers la baie vitrée. La vue que j'attendais ! Enfin !

Des larmes chaudes commencent à couler sur mes joues et je décide de ne pas les chasser, de ne pas résister. Je dois me laisser aller. Pleurer me fera du bien. C'est comme si des semaines, des mois, des années de tension s'écoulaient. Et personne ne peut me voir ou m'entendre.

Je me souviens de maman, après la mort de mon père. Dans la cuisine, elle affichait toujours un grand sourire mais son visage était mouillé. « J'ai les yeux qui coulent », prétendait-elle.

À mon tour d'avoir « les yeux qui coulent ». Ma tête coule, aussi. Et mon corps. J'essuie mon visage à plusieurs reprises, mais les larmes continuent à ruisseler. À chaque sanglot, mon estomac se contracte.

Je n'ai pas de Kleenex sur moi, je déniche un paquet de rouleaux de papier de toilette. Je me mouche cinq, dix, quinze fois, en envoyant à mesure les boules de papier dans la boîte en carton qui fait office de poubelle. Une question en passant : pendant combien de temps un être humain peut-il pleurer ? Et si je n'arrivais plus à m'arrêter ? *Une femme dérangée pleure pendant une année entière. Les médecins en perdent leur latin. La société Kleenex envoie des dons généreux.*

Mais personne ne pleure éternellement. Mes larmes finissent par se tarir et mes sanglots par s'apaiser, me laissant épuisée. Allongée sur le canapé, je fixe d'un regard absent le plafond lambrissé. J'ai l'impression de ne plus pouvoir bouger. Ni maintenant ni jamais. Comme si mes membres étaient épinglés sur le canapé. Ou que j'étais une statue de marbre dans un caveau.

Est-ce une réaction à retardement ? Je viens de vivre une semaine plutôt chaotique. Il y a encore quelques jours, j'étais au boulot à Londres, en pleine action, et me voilà dans une cabane délabrée, sur une plage déserte, sans savoir si je suis en état de marche ou hors service.

J'observe le plafond pendant un long moment, jusqu'à ce que ma vision se trouble et que la nuit tombe. Un système d'éclairage automatique installé à l'extérieur inonde de lumière le chemin de planches. Il est temps de se remuer, sauf que mes jambes sont engourdies.

Puis-je bouger ? Oui, tu peux. Allez, Sasha !

Avec un effort surhumain, je m'extirpe du canapé. Je me sens mieux tout à coup. Plus légère. Plus lucide. J'ai tissé un lien avec la cabane, gardienne de mes secrets. C'est là que je vais m'occuper de moi. Vingt étapes pour aller mieux. Je commence le programme demain. J'ai vraiment hâte.

6

Je me réveille le lendemain dans une chambre glacée. À moitié dans les vapes, je sors du lit, trottine vers la fenêtre, tire les rideaux pour voir le temps qu'il fait... L'échafaudage. J'avais oublié.

Tournant le dos à cette vision si peu sympathique, je passe dans la salle de bains et... Ahhh ! J'avais aussi oublié les créatures aux yeux de fouine. Je parie que ce blaireau rêve d'enfoncer ses petites dents pointues dans ma chair. Je vais devoir me laver les dents en fermant les yeux.

Je m'habille en prenant grand soin de ne pas regarder vers la fenêtre ou la salle de bains. J'ai décidé de me concentrer sur la fille en combinaison de plongée. La fille de l'appli. J'ai accroché son image à un clou planté dans le mur. Non, je ne suis pas obsédée, mais cette fille m'inspire. Elle semble si forte et pleine d'énergie, si dynamique... Bientôt, je serai comme elle.

Hier, en mangeant mon dîner dans ma chambre, j'ai étudié de près les vingt étapes. L'appli recommande d'en travailler une par jour, mais j'imagine que ce conseil est destiné aux gens qui suivent le programme pendant leur temps libre. Moi, je suis en immersion totale. Alors aujourd'hui, je vais démarrer avec cinq étapes. On verra ensuite. J'ai tout noté dans mon *bullet journal*.

« Premier jour : Baignade sauvage. Connexion à la terre. Cent squats enchaînés. Définition des aspirations. Communion avec la nature. »

Ma nouvelle vie commence aujourd'hui. C'est parti !

Pour être honnête, je pensais être plus en forme ce matin. Hier, je me voyais sautant de mon lit pour me précipiter à la plage, alors que je me sens plus comme…

Retourne au lit, me souffle une petite voix que j'ignore : ça ne fait pas partie du plan. J'ai probablement besoin d'un petit déjeuner.

Mon téléphone vibre. Maman ou Kirsten ? Perdu, c'est le Rilston. Encore un message ?

Nous sommes fiers d'annoncer que Mike Strangeways, notre prestidigitateur en résidence, nous régalera de ses tours de magie dans le hall à l'heure du déjeuner. Venez passer un moment super distrayant !

Je lève les yeux au ciel. D'abord parce que je ne vois pas ce que le moment aura de « super distrayant ». Ensuite, parce que c'est la cinquième notification depuis ce matin.

Après :

Partant pour un moment de fun sur la plage ? Tous les mercredis, les cocktails sont à moitié prix.

À l'attention de tous : exercice d'évacuation en cas d'incendie ce matin à 10 heures.

Vous avez des commentaires sur votre séjour ? Notre sympathique équipe est à votre écoute.

Waouf ! Waouf ! Les chiens sont les bienvenus au Rilston. Pour plus de détails, composez le 067.

Et ce n'est pas fini. Une autre s'affiche à l'instant :

Une information amusante. Le Rilston était la résidence secondaire de la famille Carroday jusqu'en 1895.

Une information amusante ? J'aurais dit inutile. Ennuyeuse. Et qui ne sert qu'à encombrer mon téléphone.

De nouveau, je me rappelle à l'ordre. *Sois positive !* Je fourre mon téléphone dans ma poche, respire un bon coup et emprunte l'escalier.

Le petit déjeuner est servi dans l'immense salle à manger : grandes fenêtres, hautes colonnes, kilomètres de moquette imprimée mais seulement une dizaine de tables bizarrement espacées. Le serveur qui m'accueille est maigre, avec un visage solennel. Vu son aspect juvénile, il n'a sans doute pas besoin de se raser. Il me conduit vers une petite table en retrait, me verse un verre d'eau et disparaît à toute vitesse. Si je suis la seule pensionnaire, pourquoi m'avoir collée dans ce recoin ? Je pourrais m'asseoir à n'importe quelle table de mon choix. Et c'est exactement ce que je vais faire.

Mon verre d'eau à la main, je me dirige vers une grande table proche de la baie vitrée. Je m'assieds, pose mon verre, et je me penche pour profiter de la vue. Soudain, la table s'effondre. Et moi avec.

Je ne peux pas m'empêcher de pousser un cri. Dans la seconde qui suit, le serveur et Cassidy galopent vers moi.

— Nicolai ! s'écrie Cassidy tout en me dégageant de la nappe dans laquelle je suis empêtrée. Pourquoi avez-vous installé notre cliente à une des tables bancales ? Ce n'est pas vraiment une table, me confie-t-elle. Comme nous avons peu de meubles à notre disposition, nous trouvons des astuces. Ici, c'est une planche posée sur deux porte-serviettes, précise-t-elle en réajustant la nappe par-dessus. C'est malin, hein ? On dirait vraiment une table.

— Et si vous avez besoin de l'utiliser ?

— Oh, ça n'arrive jamais, je vous rassure. Simon est-il venu vous voir ? Il veut vous parler du chou kale. Ah, le voilà !

Un homme dans les quarante ans à la chevelure clairsemée vient vers moi. Il a l'air harassé. Il s'essuie la main sur son costume marron, puis me la tend et se présente.

— Sasha Worth ? Je suis Simon Palmer, le directeur.

Je lui serre la main sans enthousiasme en me demandant ce qu'il a bien pu essuyer sur son costume.

— Je veux vous présenter nos excuses. Malgré tous nos efforts, nous n'avons pas encore pu nous procurer le chou kale bio requis par votre assistante. Nous espérons en recevoir aujourd'hui. Bien sûr, le petit déjeuner de ce matin vous sera offert en compensation.

— Ne vous inquiétez pas. Ce n'est pas grave du tout.

— À nos yeux, c'est un vrai problème. La qualité des services fournis par le Rilston s'en trouve entachée. J'ai manqué à la promesse faite à votre assistante. Nous avons également du mal à trouver des baies de goji et… quoi d'autre, Cassidy ?

— Du jus frais de noni, pouffe la réceptionniste. Désolée pour cette réaction pas du tout professionnelle.

— Oui, le jus de noni. Croyez bien que ce manquement me navre. Mais je vous fournirai ce jus coûte que coûte, même si je dois le presser moi-même.

— Euh, merci, je parviens à dire malgré mon embarras.

— À part ça, votre séjour est-il agréable ? Vous êtes en pause santé, si j'ai bien compris. Justement Nicolai vous apporte un smoothie bio. Au lieu de chou kale, nous avons utilisé des petits pois.

Des petits pois ?

Le serveur arrive avec un verre rempli d'une mixture verte, qu'il pose sur la petite table du coin sous l'œil perplexe de Cassidy.

— Vous voulez peut-être des œufs au bacon ? suggère-t-elle. Ou des pancakes ?

— Bien sûr que non, intervient Simon avant que je puisse répondre. Faites marcher votre cervelle, Cassidy ! Notre cliente est ici en pause santé. Elle préfère évidemment une assiette de melon accompagnée d'une tisane.

J'acquiesce, à regret parce que je meurs d'envie d'avaler quelques pancakes, mais c'est trop tard pour l'admettre.

— Une assiette de melon et une tisane, répète Cassidy alors que mon téléphone vibre.

Par réflexe, je le consulte. Surprise ! Une nouvelle info du Rilston.

Tentée par la valse, le cha-cha-cha, le rock ou le madison ? Nigel et Debs, nos danseurs en résidence, vous attendent pour un cours gratuit de dix minutes.

— Merci pour le cours de danse, monsieur Palmer. Malheureusement, aujourd'hui, je n'ai pas le temps.

Comme il n'a pas l'air de comprendre à quoi je fais allusion, je précise en regardant mon écran :

— Je parle du cours de danse gratuit de Nigel et Debs.

Simon et Cassidy échangent un regard effaré.

— L'appli débloque en permanence ! s'exclame Cassidy. Vous voyez, Simon ? Je vous l'avais dit. En fait, nous n'avons jamais offert de cours de danse, m'explique-t-elle. Nigel et Debs n'existent même pas. C'était juste un exemple de proposition dont le technicien n'a jamais pu se débarrasser.

— Quels autres messages avez-vous reçus ? demande Simon, l'air vraiment embêté.

— Attendez. Voilà : apparemment Mike Strangeways présente des tours de magie ce soir dans le hall d'entrée.

Cassidy hoquette tandis que le manager, consterné, se décompose.

— Le prestidigitateur a été renvoyé il y a un an pour… comportement équivoque, dit-il enfin avec une certaine gêne.

— Il est allé un peu trop loin avec sa baguette magique, si vous voyez ce que je veux dire, précise Cassidy en me décochant un clin d'œil. Ah, ce Mike !

— Cassidy ! s'exclame le manager. Mademoiselle Worth, je suis désolée que ce nom soit apparu sur votre téléphone. Cette… prestation contrevient absolument aux critères de qualité en vigueur à l'hôtel Rilston. Nous sommes en dessous de tout. Cassidy, soyez gentille de faire livrer tout de suite à notre cliente un bouquet de fleurs en manière de compensation.

— Bien sûr, dit cette dernière en sortant carnet et stylo avec un air affairé. Quel est le budget ? Et quel message dois-je écrire ? « Avec nos sentiments désolés », comme l'autre fois ?

Simon se contente de me dévisager, en attendant que Cassidy mesure l'ampleur de sa gaffe.

— Compris ! fait-elle en éloignant le carnet de mon champ de vision comme s'il contenait des secrets d'État. Je m'en occupe immédiatement, Simon.

Je me mords les lèvres pour ne pas rire.

— Il n'y a pas de mal ! j'assure. Vous n'avez pas besoin de m'envoyer des fleurs. Mais vous devriez mettre à jour votre appli.

À cet instant précis, une autre notification s'affiche sur mon écran.

— Regardez, encore une.

Noël a lieu dans une semaine. Venez à la réception goûter à nos mince-pies festives.

Vu sa tête, j'aurais dû m'abstenir de lui montrer le message.

Je déguste mon assiette de melon, avec pour toute compagnie Nicolai qui, planté de l'autre côté de la pièce, m'observe en silence. Où sont les Bergen ? Peut-être prennent-ils leur petit déjeuner dans leur chambre.

On entend clairement le moindre tintement de ma fourchette contre la porcelaine et mes bruits de déglutition. Chaque fois que je porte le verre à mes lèvres, Nicolai se précipite pour me verser de l'eau en murmurant un « madame » cérémonieux. Finalement, je n'ose plus boire. Et c'est avec soulagement que je me lève après une dernière gorgée de tisane de menthe au goût de moisi (depuis combien de temps ce sachet traînait dans le tiroir ?).

Je remonte péniblement dans ma chambre, flagada. Je m'assieds sur mon lit en essayant de retrouver un peu d'enthousiasme avant de rassembler ma combinaison isotherme, mon tapis de yoga, mon hula hoop, mon iPad et mon matériel de peinture. Je descends et fais une pause dans le hall pour scruter le ciel à travers la porte d'entrée. Il fait gris et l'air semble chargé d'humidité.

— Rebonjour ! lance Cassidy depuis le comptoir de la réception où elle est occupée à coudre à la machine un morceau de tissu jaune. Vous allez à la plage ?

— Oui, je vais probablement y passer une bonne partie de la journée.

— Vous pratiquez le yoga ?

Je tâche de me montrer hyper impliquée :

— Oui, yoga, méditation, marche sur le sable, entre autres activités de bien-être.

— Formidable ! s'exclame Cassidy, visiblement impressionnée. Alors vous ne prendrez pas la collation prévue dans le salon à 11 heures ? Nous servirons du café et des biscuits.

Voilà que, soudainement, je ne rêve que d'une collation avec un café et une assiette de biscuits. Je ne peux pourtant pas laisser tomber mes résolutions aussi vite…

— Non, merci, je dis avec un sourire forcé. Mon emploi du temps est trop serré.

— Bien sûr. Mais dites-moi, c'est quoi, cet engin ? On dirait un hula hoop.

— C'est un matériel d'exercice.

Et pour changer de sujet, je demande :

— Vous faites quoi avec cette machine à coudre ?

— Un petit boulot pour gagner un peu d'argent en plus. Je fabrique des sous-vêtements personnalisés sur commande.

Elle soulève le morceau de tissu jaune : c'est un string, avec le mot « Veinard ! » brodé en rose.

— Vous pouvez choisir n'importe quel slogan. Jusqu'à cinq mots. Si vous voulez, je vous en fabrique un. Ma meilleure vente, c'est « Le paradis » avec une flèche qui pointe vers le bas. Vous êtes intéressée ?

Une image se forme dans mon esprit, que je repousse aussitôt. Je m'imagine avec un de ces strings. En fait de paradis, le mien devrait indiquer « zone sinistrée ».

— Vous avez l'air très occupée, je dis pour éviter de répondre à sa proposition.

— Je m'en sors bien, dit-elle en exhibant une poignée de strings multicolores. Mais je n'ose pas vous dire ce que je dois broder pour des clients, parfois. Certains, je ne peux pas les fabriquer à la maison. Ma grand-mère en aurait une attaque. Elle est très croyante. Oh ! regardez celui-là. Il est sympa.

Elle me montre un string turquoise qui dit carrément : B... moi.

— Assez classe, je trouve. Vous en pensez quoi ?

— Euh...

Heureusement, son téléphone sonne, et elle répond en faisant tournoyer le string autour de son index :

— Bonjour, ici le Rilston. Non, ça, c'est l'autre Rilston, dans le Perthshire. OK. Bon séjour !

Elle raccroche et je décide de lui poser la question qui me trotte dans la tête depuis mon arrivée :

— Cassidy, quelle est la situation de l'hôtel ? L'établissement est vide, la plupart du mobilier a disparu et – je regarde autour de moi en me demandant comment exprimer le fond de ma pensée avec tact – il ne ressemble en rien à ce qu'il était autrefois. Il ne va pas… ?

Je n'arrive pas à prononcer le terrible terme de « faillite ».

— Eh bien, les finances sont catastrophiques. Le personnel est extrêmement réduit. Effectif minimum, comme on dit. Mais on fait le maximum !

Voilà l'explication.

— Nous avons besoin d'investisseurs pour pouvoir réhabiliter les cabanes de plage. Leur rénovation est prioritaire, avant celle de l'hôtel. Elles s'appelleront « Studios Plein Ciel » et elles seront entièrement vitrées, avec des jacuzzis sur les decks.

— Ce sera très différent, en effet.

— Vous devriez voir les plans de l'architecte. Étonnants ! Simon va organiser une réception pour les investisseurs, ajoute-t-elle en commençant une nouvelle broderie. Enfin, les investisseurs éventuels. C'est pourquoi il est si stressé.

— Effectivement, il semble assez nerveux.

— Il prend les choses trop sérieusement, le pauvre ! Tenez, on a eu un incendie récemment et je lui disais :

« Calmez-vous, Simon, ce n'est qu'un feu ! » Et lui répétait : « Ce genre d'incident ne devrait pas se produire. » Un vrai perfectionniste, notre directeur... Au fait, vous êtes invitée à la réception. J'imprimerai le carton quand j'aurai fini ce modèle.

— Moi ? Mais je ne vais pas investir.

— On invite aussi les clients, pour remplir. Venez ! Il y aura du champagne. Ah mais, c'est vrai, vous ne buvez pas de champagne. Notre chef Leslie se fera un plaisir de vous préparer un délicieux cocktail à base de chou kale.

— Super ! Je viendrai peut-être. À tout à l'heure.

La plage est vide. Je reste sur le sable durant quelques minutes, à admirer le vaste ciel, puis je rejoins ma cabane. Je laisse tomber tout mon fourbi avant de m'avachir sur le canapé, et je regarde la mer, pour me vider la tête.

Après un moment, je me redresse. Il est temps de s'y mettre. Je sors le *bullet journal* de mon sac à dos et consulte le programme du jour.

Jour 1 : Baignade sauvage.

Parfait. J'ai hâte de me plonger dans l'eau glacée. Rectification : dans l'eau vivifiante.

Je contemple la mer houleuse en imaginant y entrer. Me baigner dedans. En février. Mes yeux font le va-et-vient entre ma combinaison impeccable et sèche, et les vagues qui s'écrasent derrière la fenêtre. Les cris des mouettes qui virevoltent dans le ciel sont plaintifs, inquiétants. On est loin de l'atmosphère solaire de mon enfance.

La combi est à portée de main et me changer ne prendra pas cinq minutes. Il faut seulement que je me bouge. Lève-toi, Sasha ! Mets-toi en tenue !

Remue-toi !

Les minutes passent, mais rien. C'est bizarre, quand même, parce que la baignade sauvage me tente beaucoup. Énormément, même.

Il me vient une explication : j'ai peut-être besoin d'agir en douceur, de m'acclimater. Aller tâter l'eau avant d'enfiler la combi et me jeter à la mer. Voilà ce que je vais faire.

J'avance vers l'écume, je sens un petit vent piquant souffler sur mes joues. Puis le soleil perce à travers les nuages et, tout à coup, je me sens de nouveau pleine d'optimisme. La mer scintille et se teinte de bleu par endroits. Le déferlement des vagues semble plus accueillant.

En plus, avec la combinaison, l'eau ne sera pas si…

Gelée !

Je retire vivement ma main en étouffant un cri. C'est une plaisanterie ou quoi ? L'eau est si froide qu'elle me brûle. C'est vicieux. Criminel, même. Aucune chance que je me baigne, combi isolante ou pas. Je recule de quelques pas et fixe les vagues, furieuse. Comment « m'acclimater » alors que trois secondes dans l'eau suffisent à me causer des engelures au stade terminal ? Comment font les gens ?

Tandis que les sensations reviennent peu à peu dans ma main, je réalise que mon équipement n'est pas au point. Je devrais avoir des gants imperméables, des bottes, une capuche. Et peut-être six autres combis à enfiler l'une sur l'autre. Ou, mieux encore, je devrais prendre un vol vers les Caraïbes. Là-bas, il ferait chaud, je serais face à un immense océan tiède et caressant, et pas au bord d'une mer britannique repoussante.

Sous le coup de la consternation, je ne remarque pas la grosse vague qui arrive. Je saute en arrière, mais trop tard. L'eau pénètre dans mes baskets. Quel enfer ! Maintenant, mes pieds aussi vont geler.

Je m'entends jurer à haute voix :

— Fous le camp, saleté de vague. Tu es trop froide !

Plantée sur le sable, à bonne distance du rivage, j'observe le ressac. Son effet est censé être apaisant. Pourtant, je ne sens aucun réconfort. Je suis frigorifiée, d'une humeur de dogue. Sans parler de mon sentiment d'échec, car je parie que dans cette situation, la Fille en Combi de l'appli danserait dans les vagues avec les phoques en se moquant du froid comme la fabuleuse déesse qu'elle est.

Je croise les bras en ronchonnant. Quand a-t-on inventé la cure par baignade sauvage, au fait ? Et pourquoi les choses simples doivent-elles se transformer en challenges et demander tant d'efforts ? Je m'accroupis sur le sable, je m'assieds, puis je m'allonge et je ferme les yeux.

Je suis tellement fatiguée... épuisée... abattue... à bout et bonne à rien. Le bruit des vagues et des mouettes ne forme plus qu'une rumeur indistincte. Ma position est loin d'être confortable mais je n'ai pas la force de bouger. Si j'ai des crampes, tant pis ! Si la mer m'entraîne au loin, tant pis !

Je reste là pendant presque une heure, pas endormie mais incapable de faire un mouvement. Quand des larmes se mettent à couler sur mes joues, il me paraît insurmontable de lever la main pour les essuyer. Je ne peux rien faire. Je suis sans énergie, sans volonté. Je ne suis rien.

Finalement, j'arrive à remuer les jambes. Je suis désorientée, j'ai les idées embrouillées. Et honte de ne rien avoir accompli. Je me frotte plusieurs fois le visage pour reprendre mes esprits et m'oblige à me lever.

De retour dans ma cabane, je consulte l'application du programme en vingt étapes. Allez, Sasha, pas question d'abandonner après un ratage. Je passe à la connexion avec la terre, quoi que cela puisse être.

Quand votre voûte plantaire est en contact direct avec la terre, vous bénéficiez de l'énergie électrique naturelle de la terre. Votre degré de stress va baisser, votre système circulatoire va s'améliorer et votre équilibre sera restauré.

Facile.
Je retire mes baskets et mes chaussettes trempées, et je sors prudemment. Le sable est mouillé, mais je marche en me forçant à penser positif. Mon cerveau, lui, n'a qu'une litanie à me servir : *Pieds froids, pieds froids, pieds froids.* Apparemment, l'énergie électrique de la terre n'est pas au rendez-vous. Mon niveau de stress monte au lieu de descendre. Et mes orteils menacent de virer au bleu d'un instant à l'autre.

Bilan de l'activité de connexion à la terre : nul ! Place à la nouvelle étape.

Dans la cabane, je relis mon *bullet journal*, puis j'attrape le tapis de yoga et enfile des claquettes. J'ai besoin de me dépenser et les cent squats tombent à pic.

Un exercice dont je comprenne le sens, qui me rendra fière… et qui me réchauffera peut-être.

Tout en m'installant sur la plage, je visualise la Fille en Combi. Dans la vidéo qui accompagne cette étape, on la voit dérouler son tapis sur une langue de sable propre et sec. Elle porte une brassière turquoise assortie à son legging. Sa queue-de-cheval brille dans le soleil. Et elle enchaîne les flexions sans effort apparent.

Pas tout à fait comme moi. Il faut dire que le vent s'engouffre sous mon tapis, ce qui complique *considérablement* mes mouvements. Après cinq squats, je dois m'arrêter parce qu'il s'est coincé derrière mes genoux. Je pose des cailloux sur les quatre coins et je reprends. Pour stopper de nouveau cinq squats plus tard, la brise ayant ruiné mon installation. C'est sans espoir. Ce tapis est un empêcheur de squatter tranquille. Je commence à le rouler quand une bourrasque l'emporte plus loin sur la plage.

— Reviens, espèce d'imbécile ! je crie en lui courant après, en essayant de ne pas glisser sur mes claquettes.

Dans un geste désespéré, je parviens enfin à plaquer le tapis au sol. Dos au vent, j'en fais une grosse saucisse, le fourre sous mon bras et me tourne face à la mer. OK. Je vais recommencer.

Le tapis sous le bras, je réussis trois flexions, plus lentement cette fois. Puis, après une pause, une quatrième. Ensuite, j'arrête, j'ai trop mal aux jambes. Les muscles de mes cuisses se rebellent.

Qui j'essaye d'impressionner ? Impossible pour moi de faire ces cent squats. Je ne ressens pas une once de l'énergie dispensée par la terre. Quant à la baignade sauvage... Cette seule idée me fait frissonner. En bref, je totalise trois échecs.

Alors que, d'humeur morose, je repars vers la cabane, j'aperçois au loin quelqu'un qui vient dans ma direction. Une silhouette solitaire aux contours imprécis qui avance avec difficulté sur le sable, à la Lawrence d'Arabie. En regardant plus attentivement, je reconnais la démarche traînante, la forme d'un manteau. Serait-ce Herbert ?

Oui. C'est lui. Et cela va lui prendre six semaines avant de me rejoindre.

Serrant mon tapis, je me précipite à sa rencontre.

— Bonjour, Herbert ! Vous allez bien ?

Il reprend sa respiration pendant quelques instants, puis, d'une voix caverneuse que le vent rend presque inaudible, déclare :

— La direction souhaite vous informer que, malheureusement, le service sur la plage ne fonctionne pas.

— Très bien. Mais, à vrai dire, j'ignorais qu'il y avait un service sur la plage.

A-t-il vraiment parcouru tout ce chemin pour m'informer de ça ?

Herbert examine maintenant un morceau de papier qu'il vient de sortir de la poche de son manteau. J'ai l'impression que dix bonnes minutes s'écoulent avant qu'il prenne la parole :

— En outre, je dois vous dire que le chou kale bio n'est toujours pas arrivé. Néanmoins, le chef Leslie vous a préparé une salade qui, il l'espère, vous plaira.

— Merci beaucoup, c'est parfait.

Herbert hoche la tête et tourne les talons pour attaquer le long et difficile parcours de retour. Nom de Dieu !

Et s'il tombait ? Si un coup de vent le renversait ? Il est si frêle... Je le visualise, étalé de tout son long, le visage dans le sable, remuant inutilement les bras et les jambes comme un hanneton sur le dos.

— Et si je vous accompagnais, Herbert ? Cela me permettrait de déjeuner de bonne heure. Je suis affamée, en fait. Vous êtes d'accord ? j'ajoute avec un geste d'encouragement.

— Si ça ne vous ennuie pas, je pourrais m'appuyer sur votre bras un moment ? Un moment seulement.

Je le porte quasiment jusqu'à l'hôtel, l'escorte dans le hall et l'installe avec précaution dans un grand fauteuil à oreilles tapissé de tissu brun et mis en vente au prix de quarante-cinq livres. Personne derrière le comptoir de la réception. Est-ce raisonnable de le laisser seul ? Oui, sans doute : il ronfle déjà gentiment.

Je ne peux pas me résoudre à regagner ma chambre avec vue sur les planches et, après mon petit déjeuner ultraléger, je me sens affamée. Je file directement dans la salle à manger où une seule table est dressée.

— Madame !

C'est Nicolai, planté près de la fenêtre tel un pilier. Il accourt pour tirer ma chaise et secoue avec force gesticulations une serviette amidonnée avant de l'étaler soigneusement sur mes genoux. Il verse de l'eau dans mon verre, réajuste la position de mes couverts et arrange le tombé de la nappe à plusieurs reprises.

— Madame souhaite-t-elle une salade ? propose-t-il après un temps d'hésitation.

Pitié ! Non, madame ne veut pas de salade. Madame a l'estomac dans les talons. Mais, avec tout le mal que le personnel de l'hôtel se donne, je m'interdis de protester.

— Merveilleux, je m'exclame avec un sourire. Merci !

Il revient deux minutes plus tard avec un plat décoré de cercles multicolores. Des tranches de carotte rôties, de betterave et de tomate sont disposées au hasard. L'ensemble est très joli. Je verse la vinaigrette servie à part dans un petit broc, pique dans l'assortiment et commence à mâcher. Et mâcher.

J'aime les salades. Vraiment. Mais ces légumes ramollis et gluants forment une sorte de pâte collante que je n'arrive pas à avaler. Nicolai ne me quitte pas des yeux. Il vient remplir mon verre et arranger la nappe, à grand renfort de respectueux « madame » chaque fois que je prends une gorgée d'eau. Tu parles d'un repas décontracté !

Pour finir, je repose mon couteau et ma fourchette, et pousse un soupir de soulagement. À sa manière, Nicolai souffle aussi. Je suis sûre que ce déjeuner a été une épreuve pour tous les deux.

Je constate aussi que je viens d'absorber environ deux dizaines de calories. Je suis toujours affamée.

— Comment était votre salade ? demande Cassidy qui vient de surgir dans la salle à manger. Les ingrédients sont tous naturels, vous savez.

— Délicieuse, merci, je lance avec un sourire forcé.

— Je vais le dire au chef Leslie. Il sera ravi. Sa mère s'est abîmé la hanche en tombant, l'autre jour, il a besoin d'entendre des compliments. Je suppose que vous ne voulez pas de dessert, mais y a-t-il quelque chose qui vous ferait plaisir ?

Je sais exactement, précisément, ce que je désire du fond du cœur. Un wrap aux falafels et halloumi, une barre au chocolat, une pomme, un muesli et un soda.

— Y aurait-il par hasard un Prêt à Manger dans les parages ? je demande, l'air de ne pas y toucher.

— Oh, je crois que le plus proche est... à Exeter, peut-être. Pourquoi... ?

Je trouve vite une excuse pour ne pas la laisser finir :

— Je posais cette question en espérant qu'il n'y en aurait *pas*. Toutes ces chaînes de magasins partout, c'est terrible.

— Je suis d'accord ! Ce qui me rappelle...

Cassidy me tend un tract sur lequel est imprimé « Sauvons nos grottes ! » en expliquant :

— Les grottes de Stenbottom risquent de fermer si on ne manifeste pas notre soutien. Ce serait bien que vous appuyiez cette cause.

Les grottes de Stenbottom ! Une vague de nostalgie me submerge. On y allait tous les ans. Je me souviens que j'enfilais un casque avant de grimper aux échelles en fer. À l'aide d'une torche électrique, j'éclairais une série d'obscurs espaces humides et leurs stalagmites (ou étaient-ce des stalactites ?). Chaque été, on se torturait pour choisir la pierre qui viendrait enrichir notre collection de « bijoux ». Je dois encore en avoir deux qui traînent quelque part.

— Ils organisent en ce moment un spectacle son et lumière, m'informe Cassidy. Je réserve pour vous ?

— Absolument ! N'importe quand.

— Formidable ! dit-elle en applaudissant. Je vais prévenir Neil. C'est le responsable. Il va être content. Comment c'était, à la cabane, ce matin ?

— Épatant. Parfait.

— Yoga ?

Pourvu qu'elle ne m'ait pas vue allongée sur la plage pendant tout ce temps !

— Yoga, méditation, je confirme en agitant les mains. Toutes sortes d'activités de pleine conscience.

— Merveilleux ! Je me demandais… Vous comptez sortir cet après-midi ? Il y a des travaux à l'étage au-dessus de votre chambre et un peu de bruit est à craindre entre 14 et 17 heures. Marteau et perceuse, précise-t-elle en consultant son téléphone. Et aussi découpe à la scie. Si vous aviez prévu de faire une sieste ou…

Marteau, perceuse, scie…

— Pas de problème, je serai sur la plage.

7

Retour sur la plage donc, l'après-midi. Et prête pour la session de « définition des aspirations ». J'ai déjà lu des trucs sur ce sujet et franchement, ça n'est pas très inspirant. Mais je vais quand même essayer.

Je prends un crayon et un bloc de papier dans mon sac à dos, et m'avance sur le sable. Je sens tout de suite un mieux. Le vent est un peu tombé. La température a légèrement augmenté. Je sais exactement où je vais m'asseoir. Sur un gros rocher, à côté de la rangée de cabanes. Pendant nos vacances, cet endroit était toujours pris d'assaut par les enfants des cabanes, et nous avions la curieuse impression qu'il leur appartenait.

Aujourd'hui, il est à moi. C'est mon rocher.

Je me hisse sur la surface plate, à environ un mètre cinquante du sol, et me niche dans un creux, le dos contre une paroi solide polie par le temps. Ce rocher est extraordinaire, ça se sent tout de suite. Il est aussi confortable qu'un fauteuil. Je me love avec bonheur dans ses courbes accueillantes, en soupirant. J'ai même de la place pour allonger mes jambes. Je pourrais rester ici tout l'après-midi. Je *vais* rester ici tout l'après-midi.

Bon. Place à la définition des aspirations.

Sur l'appli, j'épluche les détails du chapitre. Le principe est le suivant : vous dites à l'univers ce que vous désirez, après quoi l'univers vous le donne. Un bon deal, je trouve. L'appli insiste sur le fait qu'on doit être précis en établissant la liste de nos aspirations. *Décrivez clairement et en détail ce que vous souhaitez que la vie vous apporte et visualisez vos options.*

Qu'est-ce que je voudrais que la vie m'apporte ?

Misère ! Mon esprit fait des bonds, sautant d'un épisode désagréable ou douloureux de ma vie à un autre. Est-ce que je peux écrire « Je souhaite une vie différente » ? Non, ce n'est pas assez explicite. Il pourrait m'arriver encore pire. Par exemple, être coincée sur une île déserte, criant à l'univers : « C'est une erreur ! Cette vie ne me convient pas du tout ! »

Définir ses aspirations comporte des risques, alors il faut être précis. Imaginons que l'univers soit dyslexique. Qu'au lieu d'une « belle âme », on m'envoie un « bel âne ». Note à moi-même : *écrire lisiblement.*

L'appli conseille en dernier : *Si vous vous sentez bloquée, laissez votre âme s'exprimer. Posez votre crayon sur la feuille et écrivez les premiers mots qui vous viennent à l'esprit.*

OK. Je jette un regard vers la mer, puis je commence à noter. « Un wrap aux falafels et halloumi. »

Non ! Ça n'a rien à voir avec une définition des aspirations. C'est une commande pour le déjeuner. Gênée, je déchire la page en espérant que l'univers n'a pas eu le temps de lire. Bon. Je retente, sérieusement cette fois-ci.

Crayon sur la page. Regard vers la mer. Et un gros effort pour ne pas penser aux barres chocolatées. Je dois me concentrer sur des aspirations plus profondes.

Je note : « Relations sexuelles. » C'est sidérant. Je n'avais absolument pas l'intention d'écrire ces mots. Pourquoi je m'aventurerais sur ce terrain ? Et d'ailleurs, ai-je envie de faire l'amour ?

Non ! Pas du tout. Et c'est bien le problème. Que m'est-il arrivé ? J'adorais coucher avec Stuart. Pendant un moment, au moins. Et puis, j'ai cessé peu à peu. On n'arrêtait pas de se chamailler, ce qui n'est pas très propice aux parties de jambes en l'air. Ou peut-être était-ce parce qu'on en manquait qu'on se disputait ? Il ne me reste que des souvenirs confus. Quoi qu'il en soit, à présent, je suis vide. Engourdie. Mon corps est anesthésié. Je croise un super mec dans le métro ? Pas de réaction. Je me fais draguer au Prêt à Manger ? Pas de réaction. Je regarde des scènes de sexe à la télé ? Pas de réaction. Cette activité me semble étrange et inutile, alors qu'à une époque je considérais que c'était la chose la plus délectable au monde.

Donc, ce n'est pas que je veuille avoir des relations sexuelles. Je veux *vouloir* des relations sexuelles. Je veux les désirer. Réveiller cet appétit.

Kirsten m'a conseillé de consulter un médecin. Comme si j'allais encombrer une salle d'attente déjà pleine pour demander : « Docteur, soyez gentil de me prescrire une pilule qui me redonnera envie de faire l'amour. » De toute façon, j'étais tellement débordée entre les réunions et les mails que c'était presque un soulagement de ne pas devoir jongler entre boulot et rendez-vous galants. J'ai juste mis de côté le problème en pensant que ça passerait.

Mais si ça n'arrivait pas ? Si l'univers pouvait m'aider ?

Vu comme ça, je n'ai rien à perdre.

Je barre « relations sexuelles » pour le remplacer par « désir sexuel ». Et pour être encore plus claire, j'inscris « libido ». De quelle autre manière je pourrais communiquer mon souhait ? Parce que maintenant que j'y suis, autant aller au fond des choses. C'est même une priorité. Après réflexion, j'ajoute quelques mots encore plus explicites :

« Appétit sexuel. Fantaisies sexuelles. Soif de relations sexuelles. »

D'accord, mais à quoi servira cet appétit sexuel s'il n'y a personne avec qui l'assouvir ? Je ferais mieux de le dire aussi à l'univers.

« Un mec. »

Sois plus précise, Sasha !

« Un mec avec une bite. »

Je me relis en mâchonnant mon crayon. Est-ce suffisant ? Le moindre détail doit être mentionné, pour ne pas donner à l'univers l'occasion de vous taquiner : « Ah ! Ah ! Elle n'a pas dit *quel genre* de mec. Ni *quel genre* de bite. »

Alors je précise : « Un homme sexy avec une bite en pleine forme. Gros modèle de préférence. »

Attention quand même, si j'ai l'air trop vorace, l'univers risque de me punir. Ai-je d'ailleurs été suffisamment polie ? Je gomme « Gros modèle de préférence » et inscris à la place : « N'importe quelle taille, merci ! »

Avec un pincement de regret, je me demande si c'est vraiment tout ce que je souhaite dans la vie. C'est purement égoïste. Ça manque de noblesse d'esprit. Je pourrais demander « la paix dans le monde », par exemple. J'ajoute ça vite fait.

Tout à coup, je me sens mal à l'aise. Ce truc est idiot. Je plie la feuille et la fourre dans la poche de mon sweat. J'en ai terminé avec les aspirations, je vais passer à la méditation ! Concentrée sur le rivage, je contemple le ressac, je respire, je sens toute la beauté de ce monde…

Et putain, j'ai une de ces faims ! On ne peut pas vivre uniquement de melon et de salade ! Les gargouillis de mon estomac couvrent quasiment le son des vagues.

Je pourrais commander à l'hôtel un goûter complet pour quatre, mais je serais obligée d'avaler chaque bouchée sous l'œil vigilant de Nicolai et de supporter les commentaires de Cassidy. *Un goûter complet ? Et la pause santé, alors ?*

Sans parler des bruits de marteau, de perceuse et de scie électrique…

OK. J'ai une idée.

Pleine de détermination, je quitte mon rocher et me dirige vers la cabane pour récupérer mon sac à dos et les vingt livres qui s'y trouvent. J'avais prévu une expédition au village. Je vais m'offrir un festin.

C'est bizarre de me promener dans le village. Je reconnais ses rues étroites, ses adorables cottages au toit pentu, ses boutiques et ses cafés, mais tout est pour ainsi dire complètement mort. Vide et triste. Dans mes souvenirs, le village débordait d'animation, de musique.

Les touristes déambulaient partout. Des jouets gonflables et des filets de pêche étaient en vente à chaque coin de rue. Les surfeurs transportaient leur planche, les enfants pleuraient quand ils faisaient tomber leur glace, les pères buvaient une bière en terrasse. Tant de piétons encombraient les rues que les voitures avançaient à touche-touche sous le soleil ardent.

Aujourd'hui, pas de soleil ardent, pas de touristes. Rien. Les boutiques sont vides et il pleuviote. Tout me semble lugubre dans la lumière hivernale, comme ce rideau propret qui pendouille, détaché de sa tringle, derrière une fenêtre…

Pour mon malheur, le White Hart est fermé. Je m'y voyais déjà, avec un paquet de chips ! Papa adorait cette ancienne auberge relais reconvertie en pub. Je passe lentement devant et je le revois, accoudé au bar en train de déguster sa bière, à sa façon si particulière. La tête pleine de souvenirs, je reste plantée là un moment avant de me secouer. Ma priorité, c'est manger.

Le vieux magasin de bonbons est toujours à la même place mais, à ma grande déception, un écriteau sur la porte indique : FERMÉ POUR LA SAISON D'HIVER. Et je n'ai pas plus de chance avec le salon de thé. C'est insensé ! Où vais-je m'offrir mon festin ?

L'atmosphère du village a changé pour devenir plus bobo. Il suffit de voir les innombrables galeries d'art dans la rue que j'emprunte. Une est consacrée aux aquarelles maritimes, une autre exhibe des sculptures en verre et… divine surprise, un salon de thé ouvert. Je presse le pas et bondis quasiment à l'intérieur. Enveloppée par les effluves de cannelle, je passe en revue les gâteaux sous leur cloche de verre. Une tarte

Bakewell à la framboise et frangipane, de gros buns recouverts de glaçage, des scones au fromage, des beignets, des brownies...

— S'il vous plaît ?

Il me faut un moment pour répondre à la jeune fille qui se trouve derrière le comptoir.

— Oh ! Bonjour !

— Pardon de vous demander ça, mais... c'est vous, la cliente du Rilston passionnée de chou kale ?

Passionnée de chou kale ?

— Je suis Bea, une amie de Cassidy, reprend la barista. Elle m'a parlé de vous. Je trouve votre style de vie formidable, tellement équilibré ! Salade, chou kale et yoga sur la plage toute la journée... Dites-moi, le jus de noni, ça sert à quoi ?

Oh, ce fichu jus de noni. Je n'en ai pas la moindre idée.

— Il a de nombreux bienfaits, je réponds vaguement. Des tas d'avantages.

— Les bienfaits du noni ! reprend-elle en pouffant. Excusez-moi. C'est juste que Cassidy et moi, ce qu'on appelle noni, c'est... enfin, vous voyez... dit-elle avec un coup d'œil appuyé à son bas-ventre, puis elle ajoute, au cas où je n'aurais pas compris : Cette partie privée.

— D'accord.

— Passons ! Dites-moi : que puis-je vous servir ?

À cet instant, le carillon de la porte retentit et une fille en anorak entre.

— Salut, Paula ! C'est la cliente qui aime le chou kale, lui dit-elle en me montrant du doigt.

Et à moi :

— En fait, nous n'avons rien de particulièrement bon pour la santé. Je ne vois pas ce que vous allez pouvoir choisir.

— Pourquoi pas les scones à l'épeautre sans gluten ? suggère la dénommée Paula en enlevant son anorak.

— Ils ne sont pas sans gluten, réplique Bea.

— En tout cas, ils sont sans quelque chose. Vous êtes végane ?

— Elle surveille ce qu'elle mange, répond Bea à ma place. Ah, je sais ! Je peux vous préparer une assiette de simple salade verte pour deux livres cinquante, ça vous va ?

Super. Comment je vais oser commander six beignets et une tarte framboise-frangipane, maintenant ? C'est impossible, ou bien il va falloir gérer le scandale qui suivra.

— Je prendrai juste de l'eau minérale, s'il vous plaît, je dis après une pause.

— Bien sûr ! Je n'y avais pas pensé. Voilà une bouteille. J'espère que vous arriverez à trouver du jus de noni ! me lance-t-elle au moment où je passe la porte.

Une fois dehors, je respire. La blague a assez duré. J'ai besoin de nourriture, et donc d'un endroit où personne ne me reconnaîtra. Courbant les épaules, je traverse tout le village, des charmants cottages jusqu'aux blocs d'immeubles moins charmants, aux garages et aux pavillons délabrés. Je me souviens vaguement qu'il y avait une épicerie dans les parages. Oui, elle est toujours là.

La petite boutique est sombre et tenue par un type mutique en tee-shirt marron. Pas de produits frais ici, seulement du préemballé, sous blister, en paquet ou en bocal. C'est parfait ! J'attrape trois paquets de chips, des biscuits au chocolat, un sachet de cacahuètes salées, une bouteille de vin et un pot de glace format maxi. J'ajoute plusieurs magazines people, un Mars et je vais à la caisse. Le type jette un œil à mes achats, lève les sourcils, hausse les épaules, et il s'occupe de scanner les articles. Je fourre tout ce que je peux dans mon sac à dos et le reste dans un sachet en plastique. Tout ira bien à condition que je ne croise personne.

Je paye en liquide. Quand il me rend la monnaie, le vendeur ouvre finalement la bouche :

— Je n'ai rien vu. Et je ne dirai rien à personne, m'assure-t-il avec gravité. Votre sélection est autrement meilleure que le chou kale !

C'est pas vrai ! Tout le monde est donc au courant ?

Avec l'impression d'être démasquée, je me rue sous le crachin, mon sac de délices serré sous le bras. Dès que je peux, je coupe à travers le parking et me dirige vers les dunes. Autour de ces hautes buttes sablonneuses, recouvertes d'herbe à leur sommet, serpentent des chemins escarpés. Ils me protégeront de tout regard curieux.

Je me souviens qu'on pouvait passer des heures dans ces dunes, quand j'étais enfant. On jouait à cache-cache, on dévalait les pentes, on s'installait sur les crêtes et on se lançait dans de grandes conversations sur la vie tout en arrachant des brins d'herbe. Je prends un chemin que je connais bien et j'éprouve la même impatience qu'autrefois, à l'idée que, dans quelques minutes, je déboucherai sur la plage, face à la mer.

Soudain, je me fige. Je viens d'entendre une voix masculine qui me semble familière.

« Cher sir Edwin, j'aimerais m'excuser de mon comportement de la semaine dernière. »

Cette voix sèche, teintée d'impatience, je l'ai déjà entendue.

Je réfléchis à toute vitesse et... Voilà, c'est le type du train, le propriétaire de la planche de surf. Il emploie le même ton sarcastique et nerveux. Il a beau dire, il n'a vraiment pas l'air de regretter quoi que ce soit.

« Je n'aurais pas dû hausser le ton au cours de la réunion du département, bien que vous soyez un type arrogant, complaisant et foutrement... »

Il s'arrête au milieu de sa phrase et pousse un grand soupir. Je suis bien d'accord avec lui : il peut mieux faire en matière d'excuses.

« Je n'aurais pas dû hausser le ton au cours de la réunion du département. Et je n'aurais pas dû non plus fracasser ma tasse de café sur la table de conférence, geste qui a endommagé les documents de travail. Je vous respecte infiniment et ne peux qu'exprimer ma consternation face à mon attitude. Je vais me mettre en arrêt de travail pendant quelque temps, afin d'améliorer mon comportement. En vous renouvelant mes excuses, j'espère vous voir au bureau à mon retour. Bien à vous, Finn Birchall. »

Il ne dit plus rien. Que faire ? Le souffle court, mes victuailles toujours serrées contre moi, je me plaque contre la dune comme si je pouvais me fondre en elle. Pas question de me trouver en présence de qui que ce soit, encore moins d'un homme en colère. Je ferais peut-être mieux de rebrousser chemin.

« Cher Alan, je voudrais m'excuser pour mon attitude de la semaine dernière. Je n'aurais pas dû donner un coup de pied à la machine à café en votre présence ni menacer de la détruire à coups de marteau. »

Quoi ?

« Je suis désolé de vous avoir énervé et vous demande de me pardonner. Pendant quelque temps, je vais m'absenter afin de travailler sur mon comportement. En vous présentant encore une fois mes excuses, j'espère vous voir au bureau à mon retour. Bien à vous, Finn Birchall. »

Je sais que je ne devrais pas écouter, mais je suis fascinée.

Tout doucement, j'avance sur ce chemin que je connais sur le bout des pieds. Il y a une courbe un peu plus loin, et un petit creux où on s'asseyait quand nous étions enfants. Je parie qu'il est là.

Un instant plus tard, je l'aperçois. J'avais raison : c'est bien le gars du train. Grand, les cheveux bruns, adossé au rocher, il s'enregistre sur son téléphone. Comme il se tient de profil, je ne vois que ses larges épaules sanglées dans une veste North Face, une partie de son oreille, ses mains sur le téléphone et sa mâchoire carrée recouverte d'une barbe de trois jours. Il relit son texte et recommencer à dicter.

Je me fige.

« Chère Marjorie, je voudrais m'excuser pour mon attitude de la semaine dernière. Je n'aurais pas dû m'énerver au sujet du ficus du bureau qui perdait ses feuilles dans mon déjeuner ni menacer de le massacrer à la tronçonneuse. »

La main sur la bouche, j'étouffe un rire.

Le mec se passe la main dans les cheveux, comme pour rassembler ses idées. Une main puissante que j'imagine en train de fracasser sa tasse sur la table de conférence ou de scier le tronc d'un ficus. Je me demande dans quoi il bosse. Un boulot avec des clients. Et des collègues. Que le bon Dieu les protège !

« Je comprends que, adorant ce ficus, vous ayez été choquée par mon langage, poursuit-il. Je vais m'absenter pendant un moment afin de travailler sur mon comportement. En vous présentant une fois encore mes excuses, j'espère vous voir au bureau à mon retour. Bien à vous, Finn Birchall. »

Il considère son téléphone, puis le range dans sa poche. De ce que je peux voir, son visage semble crispé. Le silence est tel que je m'empêche de respirer. Puis il se redresse comme pour partir. Alerte rouge. Merde ! Merde ! Et s'il me repérait ? Il serait capable de faire pire que fracasser sa tasse de café sur une table. A-t-il une tronçonneuse sur lui ?

À la vitesse de l'éclair, je descends le versant de la dune vers un autre trou creusé dans le sable. Je suis bientôt hors de vue, dissimulée entre deux dunes et hors d'haleine. Où est-il ? Je l'ignore et je m'en moque. L'important, c'est qu'il ne m'ait pas vue l'écouter.

Après un moment passé dans ma cachette, je descends vers la plage en prenant un air tout à fait naturel. À marée basse, le rivage semble encore plus immense. Je commence à marcher en direction des cabanes, complètement à l'opposé, en m'obligeant à regarder droit devant moi.

Bon, pas de problème. Il a dû partir de l'autre côté.

J'atteins la cabane sans avoir vu âme qui vive, ferme la porte, m'affale sur le canapé et j'attaque. Cette première bouchée croustillante, grasse et salée... c'est un rêve. Je savoure jusqu'à la dernière chips du paquet, puis je passe aux cacahuètes. Du solide. De la vraie nourriture. J'avais vraiment faim.

Je finis par avoir très soif, aussi. Dommage que je n'aie pas de pomme. Mais j'ai mieux : une bouteille de vin. Je remplis un mug qui porte le nom de l'hôtel, retourne sur le canapé et ouvre un magazine. Après une grande gorgée, je me détends. Et voilà !

La deuxième gorgée passe moins bien. Il pique un peu, ce vin, je trouve. C'est presque agressif. Sur l'étiquette, il est écrit « Vin blanc », sans autre précision. Aucune importance. Je n'ai pas besoin d'informations superflues et inutiles. C'est du vin. Point final.

Je mets au point un nouveau programme en cinq étapes pour l'après-midi. 1 : Boire du vin. 2 : Manger des chips. 3 : Déguster de la glace. 4 : Lire des articles sur des célébrités. 5 : Recommencer au point 1.

Pas sûre que cela me procure le même genre de bien-être que le programme initial, mais je ne doute pas d'atteindre ainsi mon « moi heureux ». L'appli, elle, attendra bien un petit moment. Ou l'éternité.

À 17 heures, j'ai avalé un pot de glace géant, bu la moitié de la bouteille de vin et lu tous les magazines. Les dents attaquées par le sucre, je fixe, ahurie, les seins refaits à neuf des filles célèbres. Mon cerveau est embrumé par l'alcool et, tout en ressentant une sorte d'euphorie, j'ai le sentiment d'avoir pollué mon corps en le gavant d'une année entière de malbouffe. Est-ce que c'est si grave ? Il commence à faire sombre, mais si je m'endors sur ce canapé, j'aurai fini ma nuit à 3 heures du matin. Non. Il faut que je me lève. Demain, je reprendrai le programme. Je ferai des squats et je mangerai des pousses de soja. Demain, parce qu'à cet instant précis je n'ai envie que d'une chose : dormir soixante-douze heures d'affilée.

À mon retour à l'hôtel, je trouve le hall en pleine effervescence. Nicolai déplace les vieux fauteuils sous les ordres de Cassidy tandis qu'Herbert déambule avec un cor d'harmonie en cuivre qui a l'air de dater de 1843.

— Nous organisons un petit spectacle, m'informe Cassidy. Une animation à l'intention des clients. C'est programmé pour la semaine prochaine, mais la répétition a lieu ce soir. Herbert jouera du cor et Nicolai va réciter des poèmes en polonais, qu'il traduira ensuite. Vous avez passé une bonne journée ? ajoute-t-elle. Vous descendrez dîner dans la salle à manger un peu plus tard ?

— Non, ce soir je préfère dîner dans ma chambre. Merci.

— Très bien. Le chef Leslie a créé un plat spécial pour vous. Un blanc de poulet poché servi avec des épinards cuits à la vapeur et quelques biscottes en accompagnement. Sans beurre, bien sûr.

— Merveilleux ! je m'exclame, et je suis sincère.

Après mon gavage au sucre de l'après-midi, ces ingrédients nature seront les bienvenus.

— Seriez-vous tentée par une petite gourmandise exceptionnelle ? Une coupe de glace peut-être ?

La seule idée du pot entier que je me suis enfilé me donne mal au cœur.

— Non, merci, pas de glace.

— Pas même une boule ?

— Pas même une boule.

— Quelle discipline ! Je vous admire. Votre alimentation tellement saine me fait honte. Oh, bonsoir, monsieur Birchall !

Birchall ? Minute, ce nom me dit quelque chose. Oh ! Pitié !

Je lève le nez vers l'homme qui vient de descendre l'escalier. Le mec qui rêve de démolir une machine à café à coups de marteau et de découper un ficus en rondelles à la tronçonneuse. Celui-là même qui fait pleurer les petites filles. Avec sa tête antipathique et son air arrogant.

— Mademoiselle Worth, s'écrie le manager qui vient de débouler dans le hall, la mine toujours aussi fatiguée. Je vous dois mille excuses. Vous me voyez absolument navré.

— Pour quelle raison ?

— Le chou kale livré ce matin était abîmé. Le chef Leslie l'a remplacé par des épinards. Naturellement, nous prenons votre dîner à notre charge.

Je suis partagée entre deux réactions : éclater de rire ou lui dire gentiment de se détendre. Comment espère-t-il gagner de l'argent s'il m'offre tous mes repas ?

— Pas de dîner gratuit, je vous en prie ! J'adore les épinards.

— J'apprécie votre gentillesse, mademoiselle Worth, mais cette situation contrevient aux critères de qualité en vigueur au Rilston. Nous n'avons pas été à la hauteur de nos exigences de qualité. Votre assistante s'est montrée très précise quant à votre régime personnalisé : chou kale bio, baies de goji et jus de noni.

— Waouh ! s'exclame Finn Birchall. Un vrai festin en perspective !

Planté au bas des marches, il attend en pianotant sur la rampe que Nicolai lui cède le passage. Mais de quoi il se mêle, ce type ?

— Les festins ne font pas partie du programme alimentaire de mademoiselle Worth, le renseigne Cassidy. Elle ne se permet même pas un biscuit. Elle est tellement sage... Mon amie Bea, du salon de thé, m'a dit qu'elle n'avait pris qu'une bouteille d'eau minérale. Nicolai, écartez-vous du chemin, laissez passer M. Birchall. Mettez ce fauteuil n'importe où. En quoi puis-je vous être utile, monsieur Birchall ?

— Je ne sais pas si vous pourrez répondre à ma commande personnalisée... dit-il. Je voudrais un double whisky avec glaçons.

Il se fiche de moi ? Je l'observe, et il soutient mon regard sans broncher.

— Tout de suite ! répond Cassidy, ignorant apparemment l'ironie de la demande.

— Je m'en occupe, intervient le manager. Je vais vous servir moi-même. J'espère que votre séjour vous donne entière satisfaction, malgré le fait que votre chambre ait auparavant servi de cave à fromages. Je vous renouvelle nos excuses pour le désagrément. Cette erreur contrevient aux critères de qualité en vigueur au Rilston.

Je retiens un sourire et il me semble détecter une lueur d'amusement dans les yeux de Finn Birchall.

Non, j'ai dû rêver !

— Laissez-moi faire les présentations, déclare Cassidy tandis que Simon se précipite vers le bar. Sasha Worth, Finn Birchall. Vous avez tous les deux la jouissance d'une cabane de plage.

Le choc !

— Oui, vous êtes les seuls clients à les utiliser. C'est sympa, non ?

Sympa ? La lose, oui ! J'avais la plage pour moi toute seule. C'était divin. Et voilà que M. le Colérique débarque... Je suis dépitée et, vu sa tête, je parie qu'il pense la même chose.

— Voulez-vous que je vous attribue deux cabanes côte à côte ? suggère joyeusement Cassidy. Vous seriez voisins.

— Non ! je réplique aussitôt.

— Non ! s'écrie Birchall en même temps.

Sur ce point au moins, nous sommes en phase.

— Si ce n'est pas trop compliqué, ce serait mieux de... je commence.

— Elle a raison, ce serait beaucoup mieux, renchérit-il.

— J'imagine que vous serez très occupée, avec le yoga et tout le reste, dit Cassidy comme si cette idée lui venait subitement à l'esprit.

Et de préciser à l'intention du vil personnage :

— Mlle Worth est ici pour une pause bien-être. Nous n'avons jamais reçu de cliente aussi attachée aux principes de santé. Elle privilégie les salades et pratique toutes sortes d'activités en pleine conscience.

Finn Birchall a l'air totalement horrifié quand il lance :

— Magnifique !

— Je ne vous le fais pas dire ! je réplique.

Ce mec est vraiment odieux.

— Il est normal que vous souhaitiez bénéficier d'un espace personnel, enchaîne Cassidy. Je vous donne donc la cabane numéro 8, monsieur Birchall. C'est à l'extrémité de la rangée. Six cabanes inoccupées vous séparent de celle de Mlle Worth.

— Ce sera parfait !

Son ton me hérisse. Tout son comportement, en fait. De toute façon, je ne veux pas non plus l'avoir comme voisin.

— Parfait pour moi aussi, je dis. Plus que parfait, même.

La réceptionniste, qui a suivi notre échange avec perplexité, tend à Finn Birchall la clé de sa cabane.

— Voilà. Pas de problème de promiscuité à redouter. Notre bonne vieille plage est immense. Je vous assure que vous ne vous croiserez même pas.

8

Je me réveille le lendemain avec le cerveau en ébullition. Mais rien de positif en vue. Rien qui concerne le bien-être ou la pleine conscience. Des pensées liées au boulot tournent en rond dans ma tête. Sans me laisser un moment de paix.

Plus je suis loin de Zoose, plus il me semble clair que le département marketing est mal dirigé. Asher ressemble à un gosse qui tire des feux d'artifice. Il aime ce qui brille mais n'a aucune vision à long terme. Pas de cohérence. Pas d'envergure. Pas de sens.

Et Lev, dans tout ça ? On ne peut pas se tenir éloigné de sa base et espérer qu'une boîte prospère. Le patron doit avoir une stratégie, une présence, de la poigne...

Mon cœur bat à toute allure. Je suis déjà en train d'imaginer mon retour au bureau dans trois semaines, avec un curieux mélange de peur et de frustration. Bref, je suis loin de me relaxer et de me rétablir.

Franchement.

J'ouvre mon *bullet journal* vers la fin, je retrouve les notes que j'ai prises dans le train et j'écris à la suite. C'est assez libérateur. Un peu comme mettre noir sur blanc toutes les raisons qui vous font détester votre ex avant de jeter la feuille à la poubelle. Moi, je goupille un nouvel organigramme et j'établis la structure du département marketing telle qu'elle devrait être, à grand renfort de notes dans la marge.

« Les liens entre les équipes sont trop lâches et donc rien ne fonctionne. Les départements ne semblent pas accepter le fait qu'ils travaillent pour la même organisation. Le personnel de soutien ne soutient rien du tout. Les lignes d'assistance n'assistent pas. »

Il faut que je me calme, je pense en me relisant. Je m'oblige à remercier mon cerveau pour ces idées, puis je lui explique que je n'ai plus besoin de lui maintenant. On va s'arrêter là.

Ça ne marche pas. Du tout. Je pourrais écrire encore un millier de mots sur le sujet. Il faut trouver autre chose.

Je contemple la Fille en Combinaison pour stimuler l'inspiration. A-t-elle un job ? Est-elle furieuse contre son patron ? Rencontre-t-elle les mêmes difficultés ? Au fond, peut-être que son job consiste uniquement à être superbe avec une planche dans les bras. Peut-être que son seul problème est de trouver la combi qui mettra en valeur sa silhouette sensationnelle…

OK. Stop ! Je risque de rester assise ici toute la journée à ruminer des pensées négatives. Critiquer la Fille en Combi ne va rien résoudre. Ce n'est pas sa faute si elle est super heureuse. Je me remotive pour revenir au début du *bullet journal*, loin des notes négatives sur mon travail et plus près de la partie optimiste qui contient mes résolutions joliment décorées.

Je vais inscrire les cinq étapes du jour. Allez, Sasha, vas-y !

1. Faire de la méditation.

Oui ! C'est une bonne façon de commencer. Je vais m'asseoir sur le rocher, fixer la mer et laisser le son des vagues calmer mon esprit en surchauffe.

2. Faire cent squats.

Pas question d'abandonner. Je peux en faire quelques-uns.

3. Communier avec la nature.

Apparemment, cette entente booste le système immunitaire.

4. Danser comme si personne ne regardait.

Activité qui, apparemment, booste également le système immunitaire. (Je me demande ce qui ne booste pas le système immunitaire. Réponse : une demi-bouteille de vin blanc dégueu et un pot de glace.)

5. Se promener le long du rivage.

J'ai fait une grande balade hier, mais je ne suis pas certaine que la marche « découverte des aliments transformés sucrés » figure dans les préconisations de la Fille en Combi. L'étape est donc à reprendre.

Je souligne chaque entrée d'un trait ferme et commence à sélectionner les stickers que je vais ajouter. C'est à ce moment-là que mon téléphone sonne.

— Bonjour, maman ! Je suis en train de remplir mon *bullet journal*.

— Un bon point pour toi, chérie. Tu te sens mieux ? Moins stressée ?

Je pense à mes gribouillis fiévreux sur Zoose, aux battements frénétiques de mon cœur, à mon envie d'engueuler tout le monde. Hum ! Non, on ne peut pas dire que je me sente mieux.

— Oui, absolument, je réponds.

— Formidable. Tu es allée sur la plage ? Tu suis les étapes de l'application ?

Là, une petite mise au point s'impose :

— En quelque sorte, oui. À ma manière.

Maman commence alors à débiter à toute vitesse :

— Parce que j'ai lu ce matin un article intéressant dans mon magazine de santé. Sais-tu quel est l'élément le plus déterminant du bien-être ? L'intestin. Il paraît que 90 % des cas de burn-out sont dus au mauvais état de l'intestin.

Malgré l'aplomb avec lequel elle assène cette information, je m'interroge. D'où sort ce pourcentage ? Qui a mené cette étude ? Le résultat semble improbable. Mais avant que je puisse contester sa statistique, maman reprend :

— Ne t'inquiète pas. Tout est sous contrôle. J'ai appelé la réception pour leur dire que tu avais un besoin urgent de kéfir et de chou fermenté.

Du chou fermenté ? Quelle abomination !

— J'ai parlé à une fille très serviable, continue ma mère. Elle m'a promis de s'en procurer au plus vite. Je lui ai parlé aussi de réflexologie et elle va se renseigner. Ils ont l'air très bien, au Rilston ! Rien ne semble trop compliqué pour eux. Au fait, je n'ai pas demandé : ils t'ont bien donné une chambre avec vue sur la mer ?

Je contemple ma fenêtre condamnée par des planches.

— Oui. Oui, tout va bien. Ils m'ont même envoyé des fleurs, je dis en regardant le bouquet arrivé hier soir avec le message suivant : « Mille excuses pour cet accueil de qualité inférieure que nous déplorons vivement. »

— Magnifique ! Bon, je dois y aller, chérie. Ah, j'ai eu une conversation avec Dinah.

Pardon ?

Dinah est ma plus vieille amie, même si je n'ai pas eu de contacts avec elle depuis ce qui semble des siècles. C'est une fille pleine de vie. Elle a étudié le droit pour être avocate, et finalement elle est devenue doula – ou, d'après la définition officielle de la profession, accompagnante à la naissance. Je l'adore mais, ces derniers temps, je l'ai évitée. Je n'avais ni l'énergie de paraître en forme, ni l'envie de sangloter sur son épaule. J'imagine que c'est pour ça qu'on se replie sur soi-même.

— Je voulais te faire un petit cadeau surprise et j'ai pensé qu'elle pourrait m'aider à choisir. On s'est décidées pour de l'huile de bain parfumée à la lavande. Oh, maintenant, ce n'est plus une surprise… Passons. Tu sais que Dinah ignorait tout de tes problèmes ? Il a fallu que je la mette au courant.

— Je sais. Je devais la contacter.

— Chérie, se cacher ne sert à rien. Les amis ne demandent qu'à aider.

— Je sais. Au revoir, maman !

En raccrochant, j'ai les larmes aux yeux. Pourquoi n'ai-je pas parlé à Dinah ? Ou à d'autres amies, d'ailleurs ? Parce que… j'ai honte, je pense. Elles peuvent affronter la vie. Moi, j'en suis incapable.

Il y a quand même un objectif que je suis en mesure d'atteindre, et tout de suite. J'ai besoin de me nourrir.

Je m'arrête sur le seuil de la salle à manger, soudain crispée parce que Finn Birchall est là.

— Bonjour, dit-il sèchement.

— Bonjour, je réponds sur le même ton.

— Bonjour ! lance Cassidy. J'espère que vous avez bien dormi. Comme vous désirez tous les deux bénéficier d'un espace personnel, je vous ai prévu des tables séparées.

Elle m'emmène à l'autre bout de la salle à manger. Pour lui rendre justice, elle m'a placée le plus loin possible de Birchall. Deux clients uniques assis à des kilomètres l'un de l'autre. Quel spectacle ridicule nous devons offrir !

— Merci, c'est très gentil, je lui dis en souriant.

— J'ai eu votre assistante Erin ce matin au téléphone. Elle commence de bonne heure. Vous la faites travailler dur.

— Elle est pleine d'énergie.

— J'ai noté ses demandes, fait Cassidy en fronçant des sourcils inquiets, mais je me demande quelle sorte de kéfir vous voulez.

Oh non ! Maman voulait sûrement bien faire, mais je ne connais rien au kéfir. Pour moi, c'est juste du yaourt liquide.

— N'importe quelle sorte fera l'affaire, j'affirme en m'efforçant de paraître bien informée. Bio, évidemment.

— Évidemment. Pour le chou fermenté, cela risque de prendre un petit peu de temps. Mais il y a une bonne nouvelle : le chou kale est là, et le chef Leslie confectionne votre smoothie spécial en ce moment même. Bourré de vitamines. Très vert et bien épais.

— Miam ! J'ai hâte de le déguster !

— Erin a dit que vous réclamiez les services d'un réflexologue. Je vais vous trouver quelqu'un. C'est dommage parce que nous avons une spécialiste tout l'été, une praticienne tout à fait holistique, mais elle travaille dans un Burger King d'Exeter pendant la saison d'hiver. Monsieur Birchall, que puis-je faire pour vous ? crie-t-elle à travers la pièce en le voyant lever la main.

— Suis-je autorisé à faire ma demande directement ou dois-je charger mon assistant personnelle de téléphoner à la réception ? Je ne voudrais pas déroger au fonctionnement habituel de cet hôtel...

Je rougis jusqu'à la racine des cheveux. OK. Je vois quel genre de personne j'ai l'air d'être. Pendant un quart de seconde, je suis tentée d'expliquer que ce n'était pas mon assistante personnelle au téléphone, mais ma mère. Cela étant, je n'ai pas à me justifier. Nous vivons dans un pays libre. Je peux avoir une assistante personnelle si j'en ai envie.

— Dites-moi de quoi il s'agit, monsieur Birchall, répond Cassidy qui n'a visiblement pas saisi le sarcasme. Je suis là pour vous servir.

— J'aimerais un café noir, s'il vous plaît.

Puis, jetant un bref regard dans ma direction :

— Mais je dois demander à un membre de mon personnel d'envoyer un mail à un membre de votre personnel à ce sujet. Peut-être devrais-je inclure mon responsable des ressources humaines dans cette boucle.

Hyper drôle, ce mec !

— Oh non, demandez-moi directement. Vos désirs seront des ordres. Votre café arrive immédiatement. Et Nicolai se tient à votre disposition pour la suite de la commande.

Je me redresse et, ignorant ostensiblement le sieur Birchall, j'avale mon eau. Bientôt, Nicolai m'apporte le menu et, sur un plateau d'argent, un verre rempli d'une substance d'un vert affreux à l'odeur d'algue.

— Le smoothie au chou kale, annonce-t-il avec fierté.

Mon estomac fait des bonds. Ce truc a l'air aussi imbuvable qu'innommable.

— Merci, je parviens à dire tandis que Nicolai ouvre la carte pour moi et pointe le doigt sur une ligne.

— Madame prendra l'assiette de melon comme hier ?

Comme il est plus facile de dire oui, j'acquiesce en souriant.

— Le smoothie est-il à votre goût ? fait-il avec un geste vers la mixture visqueuse.

Impossible d'y échapper.

Je prends une gorgée et ravale mon envie de vomir. On dirait un concentré de marécage. Pas besoin d'être experte en saveur marécageuse pour reconnaître le goût.

— Divin, je dis avec un sourire forcé. Remerciez le chef de ma part.

Satisfait, Nicolai se dirige vers Finn Birchall de l'autre côté de la salle à manger.

— Petit déjeuner, monsieur ?

— Oui, je vous prie. Deux œufs au plat avec bacon, des toasts avec beurre et marmelade, du jus d'orange et des pancakes. Et du sirop d'érable, ajoute-t-il en regardant Nicolai noter la commande. Vous mettrez aussi un autre café noir.

L'énoncé de la commande déclenche une série de gargouillis dans mon estomac. Mais pas question de montrer que je suis affamée.

— Un smoothie au chou kale, monsieur ? interroge Nicolai. C'est très naturel, excellent pour la santé.
— Sans façon ! rétorque Birchall avec une grimace de dégoût.

En guise de provocation, j'avale une autre gorgée du smoothie... que je manque de recracher. Mais qu'est-ce qu'il y a dans ce truc infect ?

Nicolai file dans les cuisines et le silence retombe. J'essaye de me détendre, mais la présence de ce Finn Birchall m'exaspère. Parce qu'il n'arrête pas de pianoter sur la table ? Parce qu'il a cet air mauvais ? Quel est le problème ?

Il est tendu. Et moi aussi, du coup. Je préférais quand il n'y avait que moi et Nicolai avec ses « madame » inquiets toutes les trois secondes.

Quand ce dernier réapparaît, je pousse un soupir de soulagement. Il pose devant moi une assiette de melon puis repart chercher le festin grandiose qui fait office de petit déjeuner à Finn Birchall.

C'est trop pour moi. Je ne tiendrai pas le coup. Toutes ces assiettes, les odeurs... Bacon, œufs, toasts, pancakes... Des pancakes chauds qui dégoulinent de sirop d'érable et vous remplissent l'estomac... Une tuerie !

Si je continue à le regarder manger, je vais m'évanouir. Je termine en vitesse ma pauvre assiette de melon et ma tisane, et je reste en arrêt au moment de passer au smoothie, habitée par une sorte de terreur enfantine. Je pourrais m'enfuir et... Ce ne serait pas très gentil, après tout le mal qu'ils se sont donné.

Alors, le verser dans un pot de fleurs ? Mauvaise pioche : il n'y en a pas.

Soudain, j'ai une idée géniale. J'appelle Nicolai.

— Je suis obligée de partir tout de suite. Pouvez-vous me donner un récipient pour que j'emporte mon smoothie, s'il vous plaît ?

De retour dans ma chambre, je m'assieds sur le lit et j'essaye de recouvrer mon calme en fixant le papier peint. Puis je pars pour la plage, avec mes affaires dans un sac et le smoothie dans un gobelet en carton. L'air est frais, des carrés bleus se dessinent dans le ciel, les crocus pointent leur nez. Une belle journée s'annonce. Je veux la commencer par des pensées positives.

Tout en marchant, je me projette dans l'exercice de méditation. Je vais m'asseoir en tailleur sur le rocher. Oui. Je vais contempler la mer. Oui. Le bruit des vagues va m'inspirer. Oui. J'arrive à former une image mentale tellement nette que, quand j'aperçois le rocher, je dois me frotter les yeux. Je m'arrête brusquement. Finn Birchall, ici. Sur *mon* rocher.

Hâtant le pas, je me dirige vers ma cabane, qui est justement la plus proche de *mon* rocher. C'est une façon de parler, évidemment. Je sais bien que les rochers n'appartiennent à personne, mais il n'empêche que si c'était le cas, celui-là serait à moi.

Comment ce type a-t-il pu arriver si vite ? Il ne tourne même pas la tête quand je m'approche. Il se prélasse dans un creux, exactement comme les gosses de riches de mon enfance. C'est plus fort que moi : je suis furieuse.

Sasha, ce n'est qu'un rocher. Laisse tomber ! me dit une petite voix. *Non, c'est vraiment injuste. Ce rocher est à TOI*, répond une autre.

J'arrive par le côté et l'observe. Il contemple la mer avec un regard noir, ses doigts pianotent sans relâche. Je n'ai pas l'impression qu'il soit en pleine méditation, ou alors sur le mantra *J'emmerde le monde entier et tous ses habitants.*

Je parie qu'il ne va même pas me saluer.

— Bonjour ! je lance, ma politesse masquant une subtile agressivité.

Rectification : pas si subtile que ça. Et pas trop masquée non plus.

Il ne me répond pas mais daigne tourner un regard sombre et inexpressif vers moi.

— Je croyais qu'on devait s'ignorer.

— C'est le cas, je réplique avec un sourire encore plus aimable. Je me montrais simplement civilisée. Oubliez ce que j'ai dit.

— Je m'excuse de ne pas descendre pour vous serrer la main et vous inviter pour le thé, ironise-t-il. Je ne suis pas venu ici pour faire des mondanités.

— Moi non plus. Je suis ici pour être tranquille. C'est pourquoi j'étais heureuse que la plage soit vide. Enfin, jusqu'à maintenant !

Pendant un court instant, son visage change avant de reprendre une expression mauvaise.

— Navré de gâcher votre plaisir, fait-il avec un haussement d'épaules signifiant tout le contraire.

— Pas de problème. C'est un bon spot, hein ?

— Ouais !

— J'ai médité ici hier.

— Tant mieux pour vous.

Il dirige à nouveau son regard vers la mer. C'est clair : notre conversation est terminée. Très bien, il peut aller se faire voir ! De toute façon, je n'ai pas besoin du rocher. Je vais commencer mon programme de bien-être sans plus me préoccuper de ce sale type.

Si ce n'est qu'il est là. *Juste là.* Et, curieusement, il m'est difficile d'ignorer sa présence.

De son perchoir, il peut voir l'intégralité de la plage. J'ai beau charrier mon tapis de yoga et mon hula hoop de différents côtés, impossible de sortir de son champ de vision. Alors je pique tout droit vers le bord de l'eau, pose mon tapis et m'assieds en tailleur face à la mer pour méditer. En observant le ressac, je m'encourage par quelques formules : *Pensées calmes. Concentre-toi sur le son des...*

Est-ce qu'il m'observe ?

Je jette un coup d'œil l'air de rien et bingo... Je croise son regard. Je sens que je rougis un peu. Je me détourne vite vers la mer. Quelle plaie !

Qu'est-ce que ça peut faire, s'il me regarde ?

Je m'en fiche complètement. C'est l'évidence. Je m'en moque éperdument. Royalement. Il n'empêche que sentir son regard dans mon dos, ou l'imaginer, me perturbe. Ce n'est pas comme ça que je vais arriver à me détendre suffisamment pour l'exercice.

Je m'étire un peu, sans conviction. Je devrais plutôt attaquer les cent squats. Mais ce sera pire : d'abord, je n'ai pas besoin de public. Ensuite, je ne sais pas comment me mettre. Si je lui tourne le dos, il verra mon derrière monter et descendre. Face à lui, j'aurais l'air d'enchaîner des courbettes.

Aurait-il par hasard quitté son rocher ? Je vérifie. Non ! Je le déteste !

Embarrassée, je finis par me lever, rouler le tapis de yoga, glisser un bras dans mon hula hoop et lever le camp.

3. Communier avec la nature.

L'appli donne des conseils illustrés par deux photos de la Fille en Combi. Sur l'une, elle s'ébat avec un dauphin qui lui sourit, manifestement heureux. Sur l'autre, elle est dans la jungle et caresse l'écorce d'un arbre immense avec une expression d'émerveillement absolu.

Le monde de la nature peut apaiser n'importe quels tourments de l'âme. Instinctivement, les animaux veulent vous apporter leur soutien. Les plantes, elles, sont là pour soigner. Emparez-vous de leur pouvoir. Allez à leur rencontre et sentez votre corps et votre esprit leur répondre.

Je ne suis pas follement optimiste, mais ça vaut quand même le coup de tenter l'expérience. Le téléphone enfoui dans la poche de mon anorak, je me mets à la recherche de la nature. Les mouettes piaillent au-dessus de ma tête. Trop haut pour établir une connexion. D'ailleurs, les mouettes sont-elles instinctivement prêtes à m'apporter leur soutien ? D'après mon expérience, leur instinct les pousse surtout à piquer votre nourriture et à fienter sur votre épaule.

Je regarde les vagues. Mais je l'ai déjà fait. OK. Quoi d'autre ?

Les algues ? Sans enthousiasme, je m'avance vers un tas de varech, une masse marronnasse, gluante et plutôt repoussante. Je ne vois pas quels peuvent être leurs bienfaits sur moi. Tiens ! Un petit crabe se promène à la surface. Je me baisse pour l'examiner de près. *Bonjour, petit crabe !* je dis en silence, mais il n'a pas l'air de réagir. Je tente une nouvelle fois : *Bonjour, petit crabe !* Il disparaît aussitôt dans les algues.

Pourquoi ne pas essayer les bulots, alors ? J'en repère un et j'essaye d'attirer son attention. *Bonjour, petit bulot !* Toujours pas de réponse, alors je retourne la coquille. Vide.

Cette situation est d'un grotesque ! Du grand n'importe quoi ! Rien ne va. Non, je ne nage pas avec un dauphin dans des eaux turquoise, j'essaye de « contacter » un bulot mort, accroupie devant un magma d'algues. Mieux vaut oublier cette étape et passer à la suivante.

Je me relève, détends mes jambes et jette, malgré moi, un coup d'œil vers le rocher. Ah non, Sasha ! Arrête ! Ne le regarde pas ! Qu'est-ce qui m'arrive ? Je ne suis pas venue ici pour épier un mec comme une gamine de treize ans. J'ai un programme à suivre. Je sors brusquement le téléphone de ma poche et consulte l'appli.

4. Danser comme si personne ne regardait.

Super programme ! On m'offre un guide pour apprendre les mouvements du twist et du *flossing*, une vidéo de la Fille en Combi qui se dandine joyeusement dans un bois. Et plein de conseils utiles.

Soyez la star de votre vidéo rock personnelle. Vous êtes dans un endroit très fréquenté ? OK, envoyez la musique. Posez le hula hoop par terre et sautez en rythme. Oubliez les gens autour de vous, lâchez-vous. Vous êtes Shakira ! Vous êtes Beyoncé ! L'euphorie vous prend dans ses bras.

Il y a même une playlist. Je mets mes écouteurs, écoute les battements du rythme pendant un moment en m'efforçant d'entrer dans ma bulle, puis je me lance. En remuant les hanches, j'attends que l'euphorie me tende les bras.

Rien ne se passe. Je gesticule de plus belle, je balance bien les bras, mais ce n'est pas de l'euphorie que je ressens. C'est de la honte pure. Mes baskets butent dans le sable. Et comment je pourrais espérer imiter Shakira ou Beyoncé dans une doudoune matelassée ? Je crois que le freestyle n'est pas pour moi, essayons le *flossing*. Au moins, j'ai une chorégraphie à suivre. OK. Attendez, j'ai mal compris. Le bras gauche passe devant ou derrière ? Comment… ? C'est vraiment la danse la plus conne du monde !

Et… Nooon ! Birchall regarde par ici.

L'ignorant délibérément, je décide d'essayer mon hula hoop. Je place le cerceau autour de ma taille et donne le coup d'envoi en roulant des hanches d'avant en arrière. Le cerceau tombe directement sur le sable. Nouvel essai, nouvel échec.

J'inspecte le rocher : il est toujours en train de m'observer. Minute ! J'ai l'impression qu'il *se marre* !

Si la plage était bourrée de monde, ça me serait égal. Je méditerais, ferais mes squats, danserais, bavarderais avec les mouettes et tout le reste. Je serais sans complexes grâce à l'anonymat.

Mais avec un seul type qui a les yeux fixés sur moi. Impossible de danser comme si personne ne regardait. Parce qu'il me regarde.

Dans un éclair de frustration, je me dirige vers lui. Il s'est allongé, le regard tourné vers le ciel, et ne bronche pas quand j'arrive.

— Salut ! J'ai une question : combien de temps vous pensez rester là ?

— La plage n'est pas assez grande pour vous ? dit-il sans tourner la tête.

— Je vous pose juste une question.

— Je ne sais pas. Et vous ? Vous comptez rester longtemps ?

— Je ne sais pas, je dis sans réfléchir.

Pas terrible comme réplique. C'est même nul. D'ailleurs, il ne prend pas la peine de répondre.

L'impasse totale !

— Profitez bien ! je lance d'une voix à moitié aimable avant de filer vers ma cabane.

Une fois la porte fermée, je m'écroule sur le canapé et j'ouvre un sachet de chips, que je dévore dans un état de béatitude réconfortante, à peine troublé par de minuscules bouffées de culpabilité. Les exercices sont supposés m'apporter bien-être et joie, mais franchement, l'extase que me procurent ces chips au sel et vinaigre est sans égale. L'appli devrait mentionner ça. Peut-être que la Fille en Combi n'a pas encore eu le temps de les tester.

Après avoir léché jusqu'à la dernière miette salée sur mes doigts, je dévore les horoscopes des magazines people que je n'ai pas lus hier. Le gobelet de smoothie au chou kale est toujours là, par terre. Beurk ! Et si je le jetais ? Pas dans l'évier : il est tellement épais qu'il risque de boucher le siphon. Quant à m'en débarrasser dehors, si M. l'Emmerdeur patenté me repère, je serais bonne pour une nouvelle salve de sarcasmes.

Je réglerai le problème plus tard. Après tout, personne ne saura qu'il est là. Cette cabane est mon abri. Un refuge si réconfortant que je fête ça en m'enfilant le dernier paquet de chips. La communion avec la nature n'est peut-être pas facile pour moi, mais je communie très bien avec les féculents.

Je passe un long moment à ne rien faire, suivant vaguement les grains de poussière qui flottent dans l'air. Et finalement je me secoue. Allez, Sasha ! Tu ne peux pas rêvasser comme ça toute la journée. Je passe une tête dehors et m'aperçois que le rocher est toujours occupé. Son locataire regarde la mer en buvant. En buvant quoi ? Du whisky ?

Avec précaution, je sors de la cabane, prête à y retourner précipitamment au cas où il tournerait la tête vers moi. Il a une bouteille et un verre. Des cacahuètes. Il s'est carrément installé un bar. Le culot ! D'où sort ce whisky ? Il est sans doute descendu de son perchoir pour aller chercher la bouteille. Si j'avais été plus attentive, j'aurais pu lui piquer sa place.

Comme s'il sentait mon regard lui transpercer le dos, il se retourne. Merde ! Je plonge en avant pour une fente, me redresse, puis j'enchaîne quelques petits sauts et repars en squats... tout cela en faisant mine de ne pas le voir.

— Vous avez un problème ? crie-t-il.
— Pas du tout. Profitez de la vue. Et de votre *whisky*.

J'appuie délibérément sur le dernier mot, avec une pointe d'ironie. C'est un peu idiot, parce que je n'ai rien contre le whisky. Alors pourquoi lui avoir dit ça ? Je ne me reconnais plus quand ce mec est dans les parages.

— Oui ! dit-il. Vous en voulez ?

— Non, merci.

— J'en étais sûr. Je plaisantais.

Ah ! Ah ! Désopilant ! Je me creuse les méninges pour lui clouer le bec. Mais le bruit d'un engin coupe mon inspiration. Un moteur ? Sur la plage ?

C'est incroyable, mais vrai ! C'est un livreur de pizza, qui arrête son scooter devant le rocher, sort une pizza de sa sacoche et lève la tête.

— Finn Birchall ? Le rocher près des cabanes, plage de Rilston Bay ?

— C'est moi.

Bouche bée, je regarde Finn prendre la pizza et payer. Quelle idée géniale ! Pourquoi n'y ai-je pas pensé ?

— Désolé, dit-il quand le livreur est reparti. J'espère que la vue d'une pizza ne vous offense pas. Pas certain qu'elle soit bio… Quant aux suppléments que j'ai demandés, voyons voir… Oui, du chorizo plein de toxines. Parfait.

— La pizza ne me dérange pas. Ce que vous avalez ne m'intéresse absolument pas.

— Vraiment ? Je ne crois pas que ce soit vrai, parce que chaque fois qu'on se croise, j'ai droit à un de vos regards moralisateurs. Ou vous vous plaignez que j'occupe le rocher. C'est quand même un comble, non ? Pourquoi je n'aurais pas le droit de poser mes fesses sur la plage ?

Moralisateur, mon regard ? N'importe quoi. Je ne suis pas du tout du genre donneuse de leçons.

— Vous vous trompez complètement. Je suis un programme de remise en forme. Je voulais m'installer sur le rocher pour méditer ce matin mais vous l'avez kidnappé. Je vous le laisse pour la journée.

— Merci ! Ça ne vous dérange pas si j'écoute le match de cricket ? fait-il en montrant une enceinte posée à côté de lui.

— Bien sûr que non, je réponds avec un gentil sourire. Ça ne vous dérange pas si je pousse quelques cris primitifs ?

— Je vous en prie, faites.

Il sort du carton une tranche de pizza. Oh, l'odeur du chorizo ! Mon estomac convulse. Cette pizza a l'air divine. Croustillante, bien cuite, recouverte de lamelles d'oignon et d'herbes... Il faut que je sache où il l'a commandée.

— Bordel !

Son cri furieux m'a fait sursauter. Une grosse mouette vient de lui voler la part de pizza qu'il venait d'attraper.

— Sale bestiole ! hurle Finn, hors de lui. Rends-moi ma bouffe. Reviens, vermine !

Je ne peux pas m'empêcher de rigoler.

— Vous trouvez ça drôle ? crie-t-il, l'œil menaçant.

Tordant ! C'est que j'ai le sens de l'humour, moi.

Mine déconfite du sieur Birchall. Je profite de l'occasion pour tirer ma révérence. Et aussi parce que trois mouettes voraces foncent sur lui. Grabuge en perspective.

— C'est l'endroit idéal pour un pique-nique, j'ajoute en tournant les talons.

Effectivement, il y a de la bataille dans l'air. Finn qui agite les bras au-dessus de sa tête pour éloigner les oiseaux de plus en plus nombreux, et eux qui répondent avec force cris perçants, bien décidés à attaquer.

— Merci, les mouettes, je marmonne en regardant le spectacle par la fenêtre de la cabane.

Finalement, elles et moi sommes en pleine communion. Elles ont entendu mon appel et elles répondent.

Pour finir, Birchall cède. Il descend sur le sable et, sans cesser de jurer, s'efforce de tenir hors de portée des mouettes chapardeuses le reste de sa pizza et la bouteille de whisky. Quelques instants plus tard, ses pas se font entendre sur la promenade en planches qui relie les cabanes. Puis une porte claque. Il a dégagé. Victoire !

Prendre possession du rocher immédiatement serait mal venu. Il aurait l'impression que je triomphe. Je laisse donc passer dix secondes avant d'émerger, d'avancer avec nonchalance vers le rocher et de grimper. En m'installant dans mon creux favori, je soupire d'aise. Enfin, la paix ! Les mouettes ont fichu le camp. Tout est calme. Parfait. Complètement tranquille. Me voilà seule avec le son des vagues, une petite brise plaisante et…

Quoi ? C'est une goutte de pluie ?

En scrutant le ciel, je reçois une autre goutte dans l'œil. Pas possible ! La nature n'a pas l'air d'avoir bien compris qu'on est censées être amies.

Eh bien, tant pis. Je ne vais pas abandonner pour si peu, ça non ! Je rabats la capuche de mon anorak sur ma tête et je respire lentement. Tout va bien, je me répète. Aucune importance si la pluie se renforce, si mon jean est trempé, si mes mains sont gelées. Je savoure la pleine conscience. Absolument. J'ai pleinement conscience du rocher, de la pluie, de…

Le bruit d'une porte me fait sursauter et, en essuyant mon visage dégoulinant, j'aperçois Finn sur le seuil de sa cabane, tout à fait sec, un parapluie dans une main, sa bouteille de whisky dans l'autre. Apparemment, il se retient de rire à gorge déployée tandis que je lui lance un regard mauvais à travers le rideau de pluie.

— Pas de cris primitifs ? s'enquiert-il.

— Comme vous le voyez, je médite.

— Bonne chance ! me lance-t-il en s'éloignant, et je saisis cette chance pour me reconcentrer.

Il s'éloigne le long de la promenade. Une fois qu'il est parti, je me retourne vers la mer. Allez, Sasha, médite !

Je prends de grandes inspirations humides et m'applique à rester attentive, présente, et pleine de gratitude.

La pluie est entrée dans ma vie. Je lui en suis reconnaissante parce que…

Brrr… Le vent devient glacial. Il n'y a pas un rat dehors. Soyons honnêtes : j'ai envie d'une tasse de thé.

9

Pour commencer l'après-midi, après avoir savouré mon thé, je prends un long bain chaud et m'accorde une sieste encore plus longue. Après ça, je me sens à nouveau humaine. La pluie n'a pas cessé de tomber. Je le sais car je l'ai entendue tambouriner sur l'échafaudage, derrière ma fenêtre. Mais vers 15 heures, le bruit s'arrête. D'après mon appli météo, le temps a viré au beau. Il y a même une chance de soleil radieux.

Équipée de vêtements secs et de mon anorak de secours, je m'aventure à travers le hall désert de l'hôtel. Dehors, le soleil pâle qui se reflète dans les flaques d'eau me ferait presque plisser les yeux après l'obscurité de ma chambre.

Je me dirige d'un pas résolu vers le village, poursuivant le même but qu'hier. Sous le regard du même type assis derrière la caisse de la même épicerie minable, je fais le stock de biscuits, de cacahuètes et de cakes aux cerises. Au moment de payer, il m'adresse un signe de tête complice.

— Je pourrais vous faire un prix de gros si ça vous dit, propose-t-il à voix basse. Dites-moi ce que vous voulez, je le commande.

— Peut-être. Merci pour la suggestion.

Il se penche au-dessus du comptoir et précise :

— Par exemple, je peux vous avoir une maxiboîte de Club biscuits à vingt livres.

Je n'ai pas mangé de ces biscuits enrobés de chocolat depuis... probablement depuis mes dernières vacances ici. Terry nous en distribuait toujours après le cours de surf. Ce simple souvenir me fait saliver.

— D'accord, je dis en vérifiant d'un coup d'œil circulaire que personne ne peut m'entendre. À l'orange, si possible.

— OK. Je vous les livre à l'hôtel ?

— Non, je viendrai les chercher.

— C'est vous la patronne. N'importe quand après 17 heures.

Je lui tends le billet de vingt livres et il me demande, en regardant du côté de la porte que deux femmes viennent de pousser :

— Vous n'en parlez à personne, hein ?

Je suis à peine rentrée que mon téléphone vibre. Je saute de joie à la vue du nom qui s'affiche.

— Coucou, Dinah ! Comment vas-tu ?

— Comment je vais ? Super bien. C'est à toi qu'il faut poser la question. Je me fais du souci, Sasha. Tu fonces droit dans les murs maintenant ?

Toujours cet accent irlandais caractéristique... C'est trop sympa d'entendre sa voix. Pourquoi je ne l'ai pas appelée plus tôt ?

— Je ne sais pas ce qui s'est passé. Je flippais complètement. C'est à cause de la coach en autonomisation et bien-être de chez Zoose. Elle voulait que je réponde dans la joie à trois cent soixante-quinze mails par jour.

Ricanement de Dinah.

— Quand tu bosses, tu es comme une femme en travail. Hyper concentrée sur la tâche à accomplir. Ce qu'il te faut, c'est une assistance personnalisée et de la sérénité, pour que ton esprit et ton corps puissent supporter ce que tu exiges d'eux. Pas un médecin ! Je veux dire : un coach en bien-être !

Depuis qu'elle est devenue « doula », elle fait tout le temps des comparaisons avec l'accouchement. À l'occasion, elle ponctue également ses phrases de messages d'encouragement généralement employés en salle de travail. C'est très parlant.

— Alors, quoi de neuf ? demande-t-elle. Il paraît que tu es au bord de la mer.

— J'essaye de retrouver une vie calme et saine, je dis en évitant de penser à mon sac plein de chips et de cakes. Disons que c'est tout un cheminement.

— Tu vas y arriver. Tu es plus forte que tu le crois. Aie confiance. Et côté libido, tu en es où ?

Dinah n'ignore rien de ma perte de libido. Un jour, elle m'a filé une brochure intitulée « Reprendre les relations sexuelles après un accouchement », dans laquelle j'ai trouvé un grand nombre de conseils pour éviter d'avoir encore plus mal aux seins. Mais disons que je n'étais pas vraiment le cœur de cible.

— Je ne me sens pas intéressée, j'admets. C'est comme avoir sous le nez une assiette de cuisses de poulet quand tu n'as pas faim.

Dinah part d'un rire contagieux.

— Des cuisses de poulet ? T'es sûre que c'est un burn-out ? Mais dis donc, si je comprends bien l'image, tes vacances incluent un petit plat de viande fraîche ?

— Il y a un mec. Plutôt pas mal, mais probablement réticent à l'idée de coucher avec une fille totalement rebelle à tout rapprochement d'ordre sexuel.

— Probablement !

— De toute façon, il se comporte atrocement. Il a été très méchant avec une petite fille.

— C'est pas vrai ! s'indigne ma copine. Bon, tu le sors de ton crâne, ce type. Mais garde espoir. Avec le corps que tu as, tu peux faire des miracles, Sasha. Tu vas vers la réussite. Tu entends ? La réussite.

— Dinah, je ne suis pas en train d'accoucher.

— Mais si, justement, rétorque-t-elle. Tu pourrais donner naissance à une nouvelle Sasha.

J'ai oublié de quoi nous parlons ensuite, parce que cette phrase, « donner naissance à une nouvelle Sasha », ne cesse pas de me trotter dans la tête. Est-ce qu'une telle chose est possible ? Pourquoi pas ?

Toujours est-il qu'en raccrochant, je me sens une autre femme. Rien de plus énergisant qu'une conversation sympa avec une amie. Me revoilà légère. En forme. Confiante. Forte. Il faut que j'aie du cran. Du *cran*.

Sur un coup de tête, je m'avance sur le petit parking vide qui jouxte l'épicerie, pose mon sac de courses près de moi et relève le menton en me rappelant les paroles de Dinah. « Avec le corps que tu as, tu peux faire des miracles. Tu vas vers la réussite. »

Je me sens plus décidée que jamais. L'esprit est plus fort que la matière. Je peux être forte. Je ne me laisserai pas abattre. Si le cadre de ma transformation n'est pas une superbe plage mais un parking moche, pas de problème. Tout le monde ne peut pas connaître un éveil pittoresque. Le mien consiste en cent foutus squats que je vais exécuter maintenant. Ici même.

Je respire à fond et commence. Allez, Sasha, allez ! J'en fais dix. Petite pause. Dix de plus. Pause plus longue. Et encore dix. Au bout de cinquante, je m'accorde une collation pour me motiver et reposer un peu mes muscles. Et puis je repars. Je souffle, mes jambes brûlent, mais jamais je ne me suis sentie aussi bien. Ce n'étaient pas mes cuisses qui refusaient de collaborer. C'était ma tête.

J'atteins les cent au bout d'un long moment, en les fractionnant et après pas mal de pauses. Je souffle comme un phoque, je suis toute rouge, mais j'ai réussi !

Je m'affale par terre, en évitant de croiser le regard étonné du livreur qui passe. Puis, les jambes tremblantes, je retourne vers la plage. L'évocation des Club biscuits tout à l'heure m'a remplie de nostalgie et j'ai envie de revoir le Surf Shack.

Le Surf Shack, pour moi, c'est une ambiance de fête permanente. Le cœur battant de la plage. L'endroit où il fallait être. On y rencontrait des amis, on y traînait. Et Terry régnait sur tout ce petit monde.

Tous les matins, des groupes d'enfants faisaient la queue sur le sable, prêts pour le cours. Je me souviens encore du programme d'échauffement : la course sur place, les pompes, les mouvements circulaires des bras. Des surfeurs expérimentés – tous d'anciens élèves – venaient souvent nous rejoindre pour ces exercices, rigolant et plaisantant avec Terry qui faisait semblant de se fâcher et les traitait de resquilleurs.

Les surfeurs chevronnés se montraient toujours sympas avec nous. Ils applaudissaient nos succès ou nous consolaient après une gamelle. Papa n'a jamais pratiqué le surf, mais il venait nous voir et nous félicitait. Il bavardait toujours avec Terry. Tous les deux s'entendaient bien. C'est aussi pour cette raison que je me souviens de cet endroit avec autant d'affection.

En m'approchant, je note pas mal de changements. La petite construction de bois a l'air plus solide, avec une devanture différente. *Tu t'attendais à quoi, Sasha ?* Il est évident que celui qui a repris l'affaire a reconstruit. Une pancarte sur la porte indique : « Pour louer une planche, appeler le numéro ci-dessous ».

Instinctivement, je vérifie la force des vagues. Cet après-midi, la mer est plate. J'imagine que, lorsqu'il y a du vent, le propriétaire ouvre sa boutique. Mais à cet instant précis, le Surf Shack n'est qu'une cabane sans vie plantée sur une plage déserte.

Sauf que...

Oh, super ! La plage n'est pas si déserte. Finn, portant doudoune et lunettes de soleil, s'avance dans ma direction. Comme il m'a vue, faire demi-tour paraîtrait bizarre. Peut-être va-t-il passer sans s'arrêter.

Mais non. Il stoppe à un mètre de moi, soulève ses lunettes et fixe le Shack comme je viens de le faire.

— Désolé de troubler une fois encore votre solitude, dit-il avec une politesse exagérée qui m'exaspère. Quand j'étais enfant, je prenais des cours de surf ici. Je voulais revoir l'endroit.

— Alors ça ! Moi aussi.

— Avec Terry ? s'étonne-t-il.

Il semble douter. Mais de quoi, au fait ? Que j'aie pris des cours de surf ou que mon professeur ait été Terry ?

— Pas avec Pete Huston, je lui balance.

Cette réplique me donne droit à un petit sourire appréciateur.

— Content de l'apprendre. Autrement, je ne vous aurais jamais plus adressé la parole.

J'ai envie de répondre que ça n'aurait pas été vraiment une punition ou une amabilité du genre, mais je m'abstiens. Il a pris des cours de surf avec Terry. Il fait partie de l'équipe de Terry. C'est un lien, une connivence. Comment ne pas éprouver de meilleurs sentiments à son égard ? Juste un tout petit peu meilleurs. Sans compter qu'à partir de maintenant, je suppose qu'on va se tutoyer.

Il me dévisage comme s'il ne m'avait jamais vue.

— Je ne te remets pas. Tu étais une habituée ? fait-il au bout d'un moment.

Je me raidis sous l'insulte implicite.

— Oui. Et je ne te remets pas non plus.

— J'ai trente-six ans, annonce-t-il en me fixant comme si mes taches de rousseur allaient lui dévoiler mon âge. J'imagine que tu as, quoi ? Trente ans ?

— Trente-trois.

— Tu venais chaque année ?

— Tous les étés jusqu'à mes treize ans. Probablement à des périodes différentes de toi.

— Probablement. Terry Connolly, fait-il, les yeux fixés sur le Shack. Quel homme ! Tout ce que j'ai appris dans ma vie, c'est grâce à lui.

— Je comprends, je dis, un peu étonnée d'être d'accord avec lui. J'ai demandé s'il donnait toujours des cours de surf mais apparemment il a pris sa retraite. Il a vendu son business.

— Oui. Et on m'a dit à l'hôtel que Sandra était morte il y a trois ans. Cette nouvelle m'a fait de la peine.

— Tout change. La boutique de Pete n'existe même plus, je dis en me tournant vers l'endroit où le Surftime se dressait, cinq mètres plus loin.

— Il est parti après un accident. Un problème avec un canoë peu fiable. Un garçon a failli se noyer. Et Pete a été rendu responsable.

— Je sais. J'étais ici quand c'est arrivé.

— Moi aussi. Donc... on était présents en même temps.

Silence. J'en profite pour reconsidérer les faits. Nous avons chacun passé du temps sur cette plage pendant toutes ces années. Est-ce que je peux me souvenir de lui ? Je passe en revue dans ma tête tous les élèves de Terry, mais rien ne me revient.

— Nous avons quitté Rilston le lendemain de l'accident, je précise.

— Nous venions d'arriver. Comme j'étais moi aussi dans un canoë au moment de l'accident, j'ai sauté pour aider mais les secouristes m'ont ordonné de revenir à la plage. C'était le premier jour des vacances et on ne pouvait pas aller à l'eau... Belle façon de commencer la semaine !

— Nous sommes allés au bowling. Et toi, tu es resté sur la plage ?

— Oui. Ça a été un sacré truc.

— Je me souviens, dis-je, catégorique.

En fait, je me rappelle surtout l'agitation, les cris, les gens agglutinés sur le rivage qui montraient la mer du doigt, les secouristes qui couraient dans l'eau. Même s'il est possible que mes souvenirs ne soient pas fidèles, que j'aie inventé les secouristes qui couraient dans l'eau. Quand la maladie de papa a été diagnostiquée, notre vie s'est retrouvée tellement bouleversée que le reste a perdu toute importance.

Peut-être que nous nous sommes trouvés ensemble ici pendant d'autres étés ?

Sans doute, mais sans le savoir.

Entre nous, l'agressivité est retombée. On se regarde avec un peu plus d'intérêt.

— Tu pratiques toujours le surf ? je demande.

— De temps en temps. Et toi ?

— J'en ai fait une fois ou deux. Tu séjournais au Rilston quand tu étais enfant ? Vous louiez une cabane ?

Je suis sûre qu'il faisait partie de la bande des gosses de riches. À mon grand étonnement, il fait pourtant non de la tête.

— Ma tante vivait ici. Chaque été, toute la famille se réunissait. Et puis elle a déménagé en Cornouailles et nous avons suivi. Ma cousine est revenue dans le Devon. Elle vit de l'autre côté de Campion Sands. Je suis allé lui rendre visite avant d'arriver. Et toi, tu avais une cabane ?

— Non. Ce n'était pas du tout notre genre. Nous logions dans une pension de famille.

— Tu fais quoi ici hors saison ? demande-t-il avec un geste vers la plage vide. C'est un drôle de choix si on n'est pas dingue de surf.

La question me prend par surprise. Je mets un moment avant de répondre.

— J'avais simplement envie de vacances. Et toi ?

— Pareil, répond-il en détournant le regard. Envie de vacances.

Quel menteur ! C'est plutôt qu'on lui a demandé de prendre un congé pour améliorer son comportement.

D'un autre côté, moi aussi, je raconte des bobards... Ce ne sont pas non plus des vacances normales.

Le silence se prolonge. On dirait qu'aucun de nous ne souhaite continuer sur le sujet.

— Eh bien, bonne promenade ! je lance finalement.

— À toi aussi !

Je tourne les talons et progresse sur le sable, un peu chamboulée par notre échange. Des souvenirs de Terry, de mes étés à Rilston Bay et même de la maladie de mon père refont surface. Tout cela associé à l'idée que ce mec n'est peut-être pas aussi horrible que je le croyais.

Sans y penser, je sors une barre au chocolat de ma poche. Un morceau de papier s'échappe mais un soudain coup de vent m'empêche de le rattraper. Il s'envole plus loin. Trois secondes plus tard, je réalise avec horreur que c'est la feuille où j'ai inscrit mes souhaits. Mes souhaits en matière de sexe. Noir sur blanc. Et cet aveu est en train de voler vers Finn Birchall. Le document le plus gênant de ma vie flotte en toute liberté dans la brise marine.

Mon cœur s'emballe. Et s'il le lisait ? Non, ça n'arrivera pas. Ne sois pas ridicule, Sasha !

Oui, mais s'il le fait ?

S'il est du genre à ramasser le moindre déchet ? Il comprendra tout de suite que c'est moi qui ai écrit ces choses...

OK ! Il ne faut pas que ça arrive. Je commence à revenir sur mes pas sans lâcher des yeux le bout de papier qui volette sur le sable... Ce qui est une erreur fatale. Finn suit mon regard, repère le papier et me crie :

— Je vais l'attraper.

Il s'élance, bondit vers le fugueur comme si c'était le billet gagnant du loto, le coince avec son pied, se penche et l'attrape avant que j'aie pu proférer une seule syllabe.

— Non ! je hurle. C'est confidentiel ! *Confidentiel !*

Mais le vent l'empêche de m'entendre. Il fronce déjà les sourcils devant la feuille ouverte dans sa main.

Voilà, c'est arrivé ! Le pire s'est produit. Il lit. Je le vois à son visage, à ses yeux qui s'écarquillent, aux commissures de ses lèvres qui s'abaissent. Il vient de prendre connaissance de mes désirs sexuels les plus intimes.

Merci, la Fille en Combi. Merci beaucoup !

En arrivant près de lui, je cherche en vain une excuse cohérente.

— C'est juste... un truc... pas... Enfin, merci !

Il me tend le papier sans un mot, en regardant ailleurs, mais je ne suis pas idiote. Je sais qu'il a tout lu, parce que j'écris gros, alors il ne lui aura pas fallu cinq secondes. Je revois mes phrases, je suis morte de honte. J'aimerais que le sable m'aspire sur-le-champ.

Il est inutile de continuer à me creuser la tête pour trouver une explication plausible, car il n'y en a pas !

— Merci, je répète, le visage rouge de confusion.

Il ne répond rien, il évite mon regard, ce qui rend la situation encore plus gênante. Je dois absolument dire *quelque chose*...

— J'écrivais une chanson. Ce sont... les paroles.

Vu son air interrogateur, il doit être en train de se remémorer mes bouts de phrase.

— Très accrocheur, lâche-t-il avant d'agiter la main en guise d'au revoir et de repartir vers les dunes.

Je reste plantée là, le cœur battant, tellement mortifiée que je suis incapable de bouger.

Il n'a pas gobé mon histoire de chanson, c'est certain. J'ai vraiment la poisse ! Pourquoi a-t-il fallu que je laisse tomber cette feuille ? Et pourquoi s'est-il trouvé là juste à ce moment ? Sans ce gars qui surgit sans arrêt sur mon chemin et qui prend un malin plaisir à me ridiculiser, ce séjour serait divin. Je serais *détendue*. Je prendrais du bon temps. *Pourquoi* faut-il qu'il soit ici ?

Je rentre en traînant les pieds, à la fois enragée et honteuse. Je repense aussi à la conversation que nous avons eue à propos du passé. Je ne cesse de me demander si on a pu se rencontrer. Kirsten doit savoir, alors je l'appelle.

Sur fond de cris d'enfants, elle me répond joyeusement :

— Sasha ! Comment ça se passe ? Maman m'a parlé de kéfir et de réflexologie. Tu as l'air drôlement occupée.

— Oui, on peut dire ça.

— Est-ce que tu te sens mieux avec l'air de la mer et tout et tout ?

— Ça va. En fait, j'ai beaucoup dormi aujourd'hui au lieu de nager. Pas un mot à maman ou à Pam, hein ?

— Tu peux me faire confiance. Mais laisse-moi te dire que l'envie de dormir est un symptôme de la ménopause. Tu devrais vérifier.

— Ah ! Ah ! Écoute, je fais le plein de bon air et tout va bien. Il y a un drôle de mec ici. Finn Birchall. Ce nom te dit quelque chose ?

— Oui !

— Je ne me souviens pas du tout de lui, dis-je, vraiment surprise par sa réponse.

— Il était là plusieurs années de suite. Je crois que j'ai pris des cours de surf en même temps que lui. Il habite Rilston ?

— Non, il séjourne à l'hôtel. Nous sommes les seuls clients, ou presque.

— Ah, très bien. Il est sympa ?

— Kirsten, arrête !

Je sais ce qu'elle sous-entend par *sympa*. Elle veut dire : *Tu vas coucher avec lui ?* Ma sœur et moi avons développé la théorie suivante : pour nous, le plus important chez un homme, c'est qu'il soit sympa. Coucher avec un homme pas sympa est une forme d'autodestruction. Nous avons même inventé un slogan : T'es pas sympa, je couche pas.

— D'abord, je te rappelle que les relations sexuelles ne m'intéressent plus.

— Et moi, je te rappelle que tu devrais consulter un médecin à ce sujet-là.

— On verra ! Ensuite, ce gars et moi sommes à couteaux tirés. Il est prétentieux et insupportable, et j'ai été témoin de son attitude odieuse envers une petite fille qu'il a fait pleurer. Il n'avait même pas honte de lui.

— D'accord, rigole Kirsten. Je n'ai donc pas besoin de me faire de bile. *Sauf si…*

Elle prend sa voix de Grande Inquisitrice :

— Il est sexy ?

— Il n'est pas vilain à regarder.

— Bien gaulé ?

— Oui, je dis en revoyant son torse ferme. Oui, bien gaulé. Comme tous les mecs prétentieux et insupportables.

— Mon conseil : ne couche pas avec lui par accident. Tu n'as pas besoin d'un type pas sympa dans ta vie. Ni maintenant ni *jamais*.

Coucher avec lui par accident ? Non mais *franchement* ! Pour qui elle me prend ?

— T'inquiète. Je pense pouvoir éviter cette erreur. Je serai polie. Rien de plus.

10

Polie. C'est tout à fait dans mes cordes.

Le matin suivant, je descends prendre mon petit déjeuner avec quelques amorces de conversation déjà prêtes. Genre : « Tu t'es promené sur le chemin des douaniers ? » et « Tu as regardé les prévisions météo ? »

Mais, en entrant dans la salle à manger, je m'aperçois tout de suite que quelque chose cloche. Finn, assis à sa table, affiche une expression furibarde tandis que Nicolai, virevoltant autour de lui, semble au bord des larmes. Il est tout pâle et ses mains tremblent.

— Bonjour ! je lance.

Finn répond par une sorte de grognement.

— Que se passe-t-il ?

Au moment où je m'installe à ma place, Nicolai apporte des toasts sur la table de Finn.

— Pain au levain, annonce-t-il d'une voix chevrotante. Excusez mon impair, monsieur. Je suis absolument navré pour les toasts au pain de mie.

Et, baissant lamentablement la tête :

— C'était une erreur.

— C'est OK, dit Finn.

Je suis sidérée. Pourquoi cet échange pitoyable ?

Je le regarde avec suspicion. Visage fermé. Mâchoires serrées. Est-il responsable du triste état de ce pauvre Nicolai qui recule, plié en deux ?

Mais oui, c'est évident. Il lui a infligé son traitement spécial. Il a dû lui crier dessus, le menacer, avec son foutu tempérament.

Je secoue ma serviette en fulminant. J'avais raison dès le début. Ce mec est un monstre. Croit-il qu'il peut se permettre de se défouler sur les gens ? Qu'il est au-dessus des règles fondamentales de politesse ? Quelle arrogance !

D'ailleurs, on lui a conseillé de reconsidérer son comportement. Ça m'étonnerait qu'engueuler Nicolai fasse partie de ce programme. En fait, rien dans son attitude ne laisse supposer une quelconque remise en question. La seule chose inhabituelle que j'ai observée chez lui, c'est sa consommation de whisky.

Je lui adresse un regard mauvais mais lui, en toute indifférence, est absorbé par son téléphone. Quand Nicolai s'approche de ma table, je lui décoche un sourire charmeur pour lui faire oublier l'ignoble attitude de Finn.

— Bonjour, Nicolai ! Comment allez-vous ?

— Bonjour, madame, dit-il d'une voix toujours tremblante. Madame voudrait une assiette de melon ?

Je maintiens mon sourire, bien que l'idée d'avaler encore du melon me soulève le cœur.

— J'adorerais, merci. Et quelques toasts aussi. De *n'importe quelle sorte* de pain, j'ajoute. Qui peut bien accorder de l'importance à ce genre de détail ?

Je regarde Finn qui semble perplexe. Il s'imagine que je n'ai pas compris la raison de sa scène ?

Je poursuis mon petit sermon :

— Un toast est un toast. Qu'importe le pain. Sauf pour un obsédé de la mesquinerie. Merci beaucoup, Nicolai. Votre service est parfait.

— Madame voudrait un smoothie au chou kale ?

J'acquiesce avec enthousiasme :

— Bien sûr ! Quelle bonne idée ! Mais dans un gobelet en carton, s'il vous plaît, je l'emporterai.

Quelques minutes plus tard, Finn se lève et me salue d'un signe de tête à peine aimable. J'avale mon petit déjeuner en réfléchissant à ce que je vais lui balancer. S'il croit qu'il va s'en tirer comme ça, il se trompe. Je suis enchantée d'avoir une bonne excuse pour lui sortir ce que j'ai sur le cœur.

Je me prépare pour la journée sans traîner. Une fois mon sac à dos rempli de friandises, je file directement vers la cabane. Finn est déjà sur la plage, son attention fixée sur quelque chose dans le sable. Je vais profiter du moment.

— Si tu es d'accord, j'aimerais te dire un mot, je lui lance en m'approchant.

Pas de réaction. Il a l'air fasciné par le spectacle qu'il a sous les yeux.

— Hello ? J'ai quelques questions au sujet de ce qui s'est passé ce matin.

Finalement, il lève la tête.

— Regarde ça !

On change de sujet ? Manœuvre classique !

— Non, merci. Je veux parler de ce qui s'est passé pendant le petit déjeuner.

— Non, sérieusement, viens voir !

Il est lourd, ce mec !

Dans un mouvement d'impatience, je jette mon sac à dos sur le deck et le rejoins sur le sable. Pour découvrir quoi ? Du bois flotté ? Un poisson bizarre échoué ? Non... C'est une chose qui me laisse bouche bée. Une bouteille de champagne enfermée dans un sac étanche qu'on a lesté avec deux pierres. Et un message inscrit dans le sable avec de grandes lettres bordées de cailloux.

Merci au couple de la plage.

— Waouh ! C'est bizarre.

— Très bizarre, renchérit Finn, déconcerté.

— C'est du vrai champagne ? On peut toucher la bouteille ?

Il rit :

— Ce n'est pas une scène de crime... Ou peut-être que si, en réalité.

Mon esprit pratique s'emballe

— La bouteille est en verre. Si elle se casse, quelqu'un pourrait se blesser. C'est dangereux. Et ce message ? Il signifie quoi ?

— Je suppose qu'il parlera au couple de la plage.

Je me retourne brusquement, comme si j'espérais repérer le couple énigmatique, mais l'immense étendue de sable est aussi vide que d'habitude.

— Alors on fait quoi ? je demande.

— J'appelle Cassidy. Quelqu'un de l'hôtel saura peut-être de qui il s'agit.

— Non, c'est moi qui l'appelle, je rétorque en sortant mon téléphone pour prendre une photo. Je gérerai mieux. Si ça ne t'ennuie pas…

Si j'espérais le voir dépité, j'en suis pour mes frais. Il ne m'offre pas non plus d'explications pour ses agissements du matin. En fait, il se contente de froncer les sourcils.

— Ça veut dire quoi exactement ?

Il est vraiment dans le déni !

— J'ai l'impression que je suis en meilleurs termes que toi avec le personnel de l'hôtel. Enfin, c'est mon avis.

— Ton avis, vraiment ?

— Oui, mon avis.

— À *mon* avis, si je prends les choses en main, on n'aura pas à attendre que ton assistante appelle et que ton équipe confirme les détails. Je peux parler directement à Cassidy. Comme les gens normaux, terre à terre.

Incroyable ! Il me cherche, maintenant ?

— En tout cas, je sais comment m'adresser de manière civilisée au personnel. Pas comme d'autres…

Il étouffe un rire :

— Civilisée ? La femme qui demande à son assistante de passer ses commandes chaque matin ? Kéfir ! Chou kale ! Réflexologie ! À 7 heures du mat'. Quel que soit son salaire, ton assistante mérite beaucoup plus.

Il me voit comme une exploiteuse ? Je suis choquée.

Mais après tout, je m'en fiche. Je ne lui dois aucune explication.

— Tu ne sais rien de moi ! je ne peux m'empêcher de répliquer.

— Oh, vraiment ? Je sais que tu te comportes en princesse archigâtée. Une allumée qui pâlit à la vue du moindre truc sucré. Sans parler de ta phobie de l'alcool et de tout ce qui est fun. Désolé, mais on ne peut pas vivre selon tes critères de nutrition, de forme physique et de perfection générale. Il doit être extrêmement dérangeant d'avoir sous les yeux des êtres humains bourrés de défauts.

Princesse ? Allumée ? À ce stade, mon irritation se transforme en rage.

— Je suis une allumée parce que je ne reste pas assise toute la journée sur la plage à siroter du whisky et à me faire livrer de la pizza ?

— Je préfère le whisky et la pizza au vomi de grenouille que tu ingurgites quotidiennement.

Pendant quelques secondes, je trouve la comparaison si juste que je ne sais plus quoi dire.

C'est le moment de changer de tactique :

— Au moins, je n'aboie pas sur le personnel.

— J'aboie sur le personnel, moi ? Qu'est-ce que tu racontes ?

— Ce matin, à cause de toi, ce pauvre Nicolai était à deux doigts de péter un câble.

Finn n'a pas l'air coupable. Curieux, non ?

— Tu parles de quoi, exactement ?

— Mais enfin ! Tu lui as crié dessus, tu l'as menacé et… quoi d'autre ? Tu as donné un coup de poing contre le mur ? Fait voler une chaise ? Sorti ta tronçonneuse ? En tout cas, le pauvre garçon était paniqué. Je bois peut-être du vomi de grenouille, mais je ne me conduis pas en sociopathe agressif.

Son pouls bat sur ses tempes. Pendant un moment, il reste silencieux mais serre les poings. Quand il se met à parler, c'est d'une voix qui, sous un calme artificiel, exprime une tension palpable.

— Tu as l'habitude de proférer des accusations sans fondement ? Ou c'est juste une distraction de vacances ?

— Ne nie pas ! Nicolai était dans un état épouvantable. Il pouvait à peine parler.

— Peut-être bien. Mais qu'est-ce que ça a à voir avec moi ?

Il est sérieux ? Il croit que je vais me laisser embrouiller ? À sa posture, sa façon de souffler fort par les narines, je vois bien qu'il s'efforce de contenir sa fureur. Avant d'avoir pesé le pour et le contre, je me lance :

— Écoute, je sais *tout*, d'accord ? Je sais ce qui s'est passé sur ton lieu de travail. Je t'ai entendu dicter des lettres dans les dunes.

Finn pâlit. J'ai un peu mauvaise conscience, mais il est trop tard. Après tout, il fallait réfléchir avant de torturer Nicolai.

— Je sais que tu n'es pas ici pour des vacances mais pour « reconsidérer ton comportement ». Mais toi, tu te contentes de boire du whisky et de te déchaîner contre un malheureux serveur qui ne ferait pas de mal à une mouche.

Après cette envolée, je tourne les talons pour regagner ma cabane et hélas, Finn m'emboîte le pas. Quand j'atteins ma porte, il est toujours derrière moi. Je me retourne en lui demandant gentiment de me laisser tranquille, mais tout à coup je panique. La colère se lit sur son visage et il me paraît beaucoup plus grand que d'habitude. Plus intimidant, aussi. Vraiment costaud. Torse puissant. Bras musclés. Mâchoires serrées. Malgré moi, je suis prise de tremblements nerveux.

— Ça suffit, madame la donneuse de leçons, dit-il. J'en ai plus qu'assez.

— Tu me *menaces* ?

— Mais non, je ne te menace pas ! Je vais juste te dire quelques vérités. Tu es tellement habituée à faire tourner ton assistante en bourrique que tu en oublies les règles élémentaires de la bienséance. À moins que ce soit ton régime basses calories qui te bousille le cerveau.

— Moi, oublier les règles de bienséance ? Tu plaisantes, j'espère. Qui est le gars qui a fait pleurer une petite fille dans le train ?

Touché !

— J'étais stressé, se défend-il.

— Stressé ? Nous le sommes tous.

J'entre vite dans ma cabane et claque la porte, soulagée d'être à l'abri. Mais il tambourine si fort que je sursaute.

Sa voix, à peine assourdie, résonne à travers la porte :

— C'est ça, fuis la réalité. Tu crois tout savoir mais tu te trompes. Et, au fait, les raisons de mon séjour ici ne te regardent pas.

Je me sens coupable car il a raison. Malgré ça, je n'arrive pas à abandonner ma posture moralisatrice.

— La conversation est terminée, je crie. Finie, tu entends !

— Sûrement pas ! D'abord les calomnies, ensuite la fuite ?

— Je ne calomnie jamais, je rétorque. Je constate ce que je vois.

— Et ça, tu l'as vu ?

La porte s'ouvre brusquement et je recule en poussant un grand cri de terreur. Mon cœur s'emballe à l'idée de ce qui va m'arriver. Des cris ? Des objets qui volent, peut-être ? Des coups ? Il se tient sur le seuil, l'air hostile, et il lève le bras... Sa manche est roulée jusqu'au coude et...

— Qu'est-ce que c'est que ça ?

Il y a une marque rouge sur son poignet. C'est une vilaine plaie, apparemment récente, qui doit être douloureuse. Ni plus ni moins qu'une lésion à vif.

— Comment c'est arrivé ?

Finn ne m'entend pas. Il ne parle pas, ne bouge pas. Seuls ses yeux s'agrandissent de surprise. Bizarre. Tout à coup, je comprends ce qu'il voit et je me liquéfie.

Les magazines. Les emballages de barres chocolatées. Les paquets de chips et le pot de glace vides. La bouteille de vin. Les mouchoirs en papier de ma crise de pleurs qui débordent de leur carton-poubelle. Et pour couronner le tout, telles les pièces à conviction majeures dans un procès pénal, les deux smoothies au chou kale, intacts.

Vite, dis un truc drôle, tire-toi de là avec style et panache ! Mais je suis à court d'idée. Zéro inspiration, zéro style.

Tel est mon vrai moi !

— Pardonne-moi. Je n'aurais pas dû entrer. Toutes mes excuses !

Sa voix a changé. Le temps que j'ouvre la bouche pour lui dire de ne pas s'en faire, il est parti en refermant la porte. Je reste là, abasourdie, muette. De toute façon, aucun mot ne serait approprié à la situation.

Pendant ce qui semble une éternité, je reste immobile, à ressasser ce qui vient de se produire. Les cris. La marque rouge. L'humiliation. Et si je partais ? Si je faisais mes bagages, réglais ma note et rentrais à Londres ? N'importe quoi pour ne plus jamais devoir le croiser.

Mais ce serait pathétique. Et il y a plus urgent : pourquoi cette plaie n'a-t-elle pas été soignée ?

Après une grande respiration, je sors. Finn est assis sur le deck devant sa cabane. Il me jette un regard méfiant.

— Comment tu t'es blessé ?
— Nicolai a renversé du café brûlant sur mon bras.
— Quelle horreur !
— Il a la tremblote, explique Finn avec un demi-sourire. Pas idéal pour servir des boissons chaudes.
— C'est pour ça que tu lui parlais méchammment quand il t'a apporté les toasts… Je comprends maintenant.
— Moi aussi, je comprends tes remarques. Si je lui ai parlé sur ce ton, c'est que j'avais un mal de chien. En plus, il s'était trompé dans ma commande. J'imagine qu'il était perturbé.

Maintenant que je connais la vérité, je me rejoue mentalement la scène complète du petit déjeuner. Pas étonnant que Nicolai ait semblé si piteux.

— Et dans le train, reprend Finn, j'avoue que je me suis mal conduit. J'étais *extrêmement* sensible au bruit à ce moment-là. Je n'ai pas pu supporter le tapage de cette gamine. Ça résonnait dans ma tête et j'ai craqué. C'est ma faute.

Je prends le temps de digérer ces informations. D'une certaine manière, je lui pardonne. Il m'est déjà arrivé de trouver n'importe quel bruit insoutenable. Je compatis. Et si je n'excuse pas sa méchanceté, j'y vois une explication.

Soudain, je reviens à l'essentiel.

— Pourquoi, au lieu de rester assis, tu ne t'es pas occupé de ta blessure ?

— J'ai passé mon poignet sous l'eau froide, ça va aller.

— Non, ça ne suffit pas. Il faut que cette plaie soit nettoyée comme il faut. Sinon tu risques une infection, tu sais.

J'ai l'impression de parler comme ma mère. Mais je ne peux pas m'en empêcher. La vue d'une plaie à vif me met dans tous mes états.

— On va tout de suite rentrer à l'hôtel pour te soigner.

— Je me suis trompé sur toi, reprend-il sans me regarder. Je m'en excuse. Désolé aussi d'avoir élevé la voix. Et d'avoir juré.

— Tu n'as pas juré !

— Ah bon ? Eh bien, j'aurais dû.

Je me mets à rire mais lui ne se détend pas. Il a l'air dépité. Et même anxieux.

— Je regrette infiniment mon comportement, lance-t-il d'un ton ultra-officiel.

Je compatis. Je sais ce que c'est de passer son temps à se faire pardonner.

— Allez, je n'ai pas besoin d'un formulaire d'excuses en trois exemplaires. Mais merci quand même.

Et moi aussi, je suis désolée. Je n'aurais jamais dû te traiter de...

Quand je pense que j'ai dit « sociopathe agressif » !

— Je regrette vivement tous mes commentaires nuls à propos de ton assistante. Je suis certain que tu entretiens d'excellents rapports avec elle, et le montant de sa rémunération ne me regarde pas du tout.

Bon, c'est le moment de mettre fin à ce mythe.

— Il faut que tu saches un truc. La personne qui appelle la réception tous les matins n'est pas mon assistante. C'est ma mère.

— Ta *mère* ? Ah, d'accord. Mais pourquoi... ?

— Pas maintenant. Je t'expliquerai plus tard.

Apercevant dans ses yeux une compassion identique à celle que j'éprouve pour lui, je détourne la tête en hâte. Il m'a percée à jour. Il a vu la vraie Sasha, perturbée, en difficulté. Pas sûre d'être prête pour ça.

Je m'apprête à noyer le poisson en reparlant de la blessure à soigner mais la sonnerie de son téléphone me tire de l'embarras avant.

— C'est pas vrai ! s'exclame-t-il. Tu as l'appli de l'hôtel ? Ils vont me rendre dingue avec leurs conneries. Écoute ça : Puisque vous vous trouvez sur la plage, une info amusante : saviez-vous que la reine Victoria est venue ici un jour, sur cette même plage ? Pourquoi ne pas prendre un moment pour l'imaginer sur le sable ?

— J'ai bloqué les notifications hier, après l'invitation pour la Fête nationale américaine.

— Je l'ai eue aussi ! Une invitation au barbecue du 4 Juillet, en février ! Ils sont complètement à côté de la plaque.

Je ne peux pas m'empêcher de rire de son air indigné, et il finit par m'accompagner.

— Bloquer les notifications de l'hôtel, dicte-t-il à son téléphone.

Quand nous entrons dans le hall, Cassidy tape sur son ordinateur. Levant la tête et apercevant la blessure de Finn, elle pousse un cri désolé.

— Monsieur Birchall, qu'est-ce qui vous est arrivé ?
— Ce n'est rien, fait-il d'un ton dégagé. J'ai mis de l'eau dessus. Mais auriez-vous de quoi faire un bandage ?

Appréciant son tact, je lui adresse un petit sourire.

— C'est moi qui suis responsable des premiers secours, s'écrie-t-elle.

Elle sort de sous son comptoir une boîte en plastique blanc et l'ouvre.

— Oh, ça alors, la clé de la chambre 54 ! On la cherchait partout !

Pendant qu'elle soigne le poignet de Finn, je décide d'aborder le sujet du message sur la plage.

— Cassidy, nous avons trouvé une bouteille de champagne sur le sable. Devant la rangée de cabanes.
— Du champagne ?
— Sur la plage, précise Finn.
— Quelqu'un l'a oubliée ? demande-t-elle en coupant un bout de sparadrap.
— Non, d'après nous, ça ressemble plutôt à un cadeau.
— Pour qui ? C'est un peu tard pour la Saint-Valentin...

— Il y avait un message inscrit dans le sable, j'explique avec réticence. « Merci au couple de la plage. »

— Le couple de la plage, répète pensivement Cassidy.

Soudain, son regard se pose sur moi, puis sur Finn, et elle s'exclame triomphalement :

— C'est vous !

— Nous ne sommes pas un couple, j'objecte.

— Certainement pas, ajoute Finn.

— Pas le moins du monde, j'insiste. Impossible que ça s'adresse à nous.

Cassidy a l'air perdue.

— En tout cas, vous passez tous les deux vos journées sur la plage. C'est sûrement pour vous.

— Mais non, je réplique. Qui voudrait nous offrir du champagne ? Et pourquoi nous remercier ?

Quand je lui montre la photo sur mon portable, son expression change.

— Ah, d'accord ! Je le reconnais. Il ressemble aux messages de Mavis Adler, dit-elle comme si ça expliquait tout.

— Qui ?

— Une artiste locale. Elle a peint *Amours de jeunesse*, le tableau avec un couple qui s'embrasse. Vous pouvez aller le voir à la bibliothèque. Pour être honnête, j'en ai plus qu'assez de cette toile. L'été, on a plein de gens qui prétendent être le couple en question. Gill, la photographe de Rilston, prend des photos des touristes qui s'embrassent sur la plage. Elle en a fait son gagne-pain. C'est fou.

— Je connais le tableau, je dis. Mais quel rapport ?

Visiblement, Cassidy a envie de potiner. Elle se penche au-dessus du comptoir.

— Il y a cinq ans, une exposition a été consacrée à Mavis Adler. Pas à ses peintures, mais à ses inscriptions sur le sable. Des messages de protestation pour la sauvegarde de l'environnement.

Elle nous montre une photo sur son téléphone. Bien dessinés sur le sable et soulignés de galets, l'un dit : « NON AU PÉTROLE » et l'autre « LA POLLUTION, C'EST L'ENFER ».

— Waouh ! s'écrie Finn par-dessus mon épaule. C'est fort.

— Oui. Elle en a créé environ dix, les a pris en photo et a monté une exposition autour d'eux. À mon avis, elle espérait qu'ils lui apportent autant de célébrité que son tableau, mais ça n'a pas été le cas. Tout le monde la pressait de peindre un nouveau couple en train de s'embrasser. Mais elle s'y refusait.

— Les artistes doivent suivre leurs émotions, assène Finn.

— Probablement, dit-elle en rangeant son téléphone. Les gens ont commencé à la copier et à écrire leurs propres messages sur la plage. Certains un peu osés. Une de mes copines a écrit quelque chose au sujet d'un de nos professeurs. Inutile de dire qu'il n'a pas trouvé ça drôle. Bref, cette histoire s'est terminée en eau de boudin. Le conseil municipal a décidé d'interdire les inscriptions et a fait installer des écriteaux sur la plage. Fin de l'histoire.

— Apparemment, quelqu'un recommence, je fais remarquer.

— On dirait, oui ! Avec du champagne en supplément. Mais qui ? Je me demande si ce n'est pas Herbert. Il trouve que vous êtes des clients charmants. N'est-ce pas, Herbert ? dit-elle en parlant plus fort.

Mais Herbert, vautré au fond d'un fauteuil dans une sorte de demi-coma, ne répond pas.

— Oh, il n'a pas entendu. En fait, il ne dort pas. C'est son état habituel, nous explique-t-elle. Aujourd'hui, il a été très occupé. Il a transporté les sacs de golf des Bergen qui sont partis. Et il vient de déplacer les deux énormes valises des nouveaux clients. Des valises en cuir, extrêmement lourdes.

— De la gare à l'hôtel ? je m'étonne.

— Non, de leur voiture à la réception. Il est épuisé, le pauvre. Je vais aller lui parler de cette histoire de champagne.

Elle termine enfin le pansement de Finn, pose ses ciseaux et traverse le hall.

— Herbert, c'est vous qui avez offert du champagne à ce couple délicieux ?

— Nous ne sommes pas un couple ! répète Finn.

Cassidy l'ignore. Herbert a soulevé sa tête d'environ deux centimètres, comme pour délivrer au monde ses dernières paroles. Cassidy se penche pour saisir son murmure.

— Il dit que ce n'est pas lui, annonce-t-elle en se relevant. Marrant, non ? Une mystérieuse bouteille de champagne apparaît sur la plage... Peut-être est-elle destinée à nos nouveaux clients. Ah, justement, les voilà ! Madame et monsieur West, vous êtes sûrement notre heureux couple ! lance-t-elle à l'homme et la femme d'âge moyen qui sortent de la salle à manger.

La femme, longs cheveux raides et lunettes, se crispe.

— Un heureux couple ? répète-t-elle d'une voix chevrotante en regardant l'homme qui, mal à l'aise, enfouit ses mains au fond des poches de son jean.

Ils ont l'air bien malheureux pour un couple en vacances.

— Plus pour très longtemps, déclare Mme West après une pause.

Son mari détourne automatiquement la tête pour éviter à la fois sa femme et le gentil regard de Cassidy. Le visage de Mme West frémit comme s'il venait de la frapper. Elle pince les lèvres et hoche la tête, semblant confirmer le diagnostic sur sa vie. Et sur l'homme qui l'accompagne.

— Est-ce que vous attendiez une bouteille de champagne ? persévère Cassidy.

Mme West est manifestement en train de penser qu'elle est tombée dans un traquenard et Cassidy rétropédale.

— Ce doit être une erreur. C'est juste cette bouteille, adressée au couple de la plage...

— Vous voulez la vérité ? crie soudain Mme West. C'est simple. Nous ne savons pas si nous sommes *encore* un couple.

M. West, le visage figé, raide comme une statue, nage en plein cauchemar.

— Nous aurons peut-être la réponse à la fin de ces vacances, poursuit Mme West en croisant tristement les bras. Ou peut-être pas.

Je remarque qu'elle porte son alliance.

— Bien sûr, bredouille Cassidy. Ce sont des choses qui arrivent. Espérons seulement que...

Gênée, elle s'arrête. Puis, se reprenant, elle ajoute :

— Je peux vous donner deux chambres séparées sans supplément de prix…

— Incroyable ! s'exclame M. West. Qu'est-ce que tu es allée raconter au sujet de notre vie sexuelle ?

— Pas besoin de raconter quoi que ce soit, riposte sa femme d'une voix stridente. Cela saute aux yeux de tout le monde. *De tout le monde !*

En fait, pas du tout. Mais ce n'est pas le moment de le faire remarquer. Un silence embarrassé s'ensuit, ponctué uniquement par le doux ronflement d'Herbert.

— J'espère que vous apprécierez votre séjour, dit Cassidy après s'être éclairci la gorge. Malgré… euh… Vous désirez dîner à 20 heures ?

— À 20 heures, c'est parfait, merci, confirme Mme West.

Nous les regardons en silence monter les marches. Quand ils ont disparu, je soupire longuement. Je ne m'étais pas rendu compte que j'étais jusque-là en apnée.

— Quel couple charmant… dit Cassidy. Enfin, non… Je n'aurais pas dû mentionner les chambres séparées, mais je veux toujours que nos clients se sentent aussi à l'aise que possible.

— J'ai l'impression que ce type serait plus à l'aise s'il n'était pas dans le même hôtel que sa femme, ou dans le même pays, commente Finn.

— Les pauvres ! Dommage que notre réflexologue ne soit pas là, se désole Cassidy. Elle est aussi thérapeute de couple. C'est grâce à elle si les Walker sont toujours ensemble alors que monsieur a eu une aventure avec une championne de jet-ski. Je ne sais pas si je vous l'ai dit, mais elle travaille actuellement chez

Burger King. *Quoi qu'il en soit...* Puisque je vous ai sous la main, permettez-moi de vous parler des futurs événements figurant sur le calendrier de nos divertissements. Vous avez dû recevoir l'invitation au concert grâce à l'application. Vous pouvez vérifier ?

— J'essaye de ne pas utiliser mon téléphone, je dis avec un regard entendu à Finn. Je suis un programme de détox numérique. Vous pouvez m'en dire plus ?

— Bien sûr. Voilà.

« Concert exceptionnel dans le hall, dit l'invitation. Avec Herbert Wainwright au cor d'harmonie et bien des surprises. »

Montre ton enthousiasme, Sasha !

— C'est formidable ! Je ne manquerai pas d'y assister.

— Merveilleux ! Et maintenant, les grottes. Vous êtes inscrits pour la visite de 14 heures cet après-midi. Oui, vous aussi, monsieur Birchall.

— Ensemble ? Vraiment ?

— Oui, vous avez tous les deux manifesté de l'intérêt pour les grottes et... pour dire la vérité, vous êtes les seuls. Le site ouvre uniquement pour vous.

Je jette un coup d'œil gêné à Finn.

— Si c'est un problème, je serais heureux de me retirer pour que tu puisses visiter les caves toute seule.

— Non, pas du tout. Vas-y, toi. Je fais l'impasse.

— J'admire votre courtoisie, intervient Cassidy, mais pourquoi n'iriez-vous pas ensemble, maintenant que vous avez l'habitude de vous ignorer ? J'ai noté ce détail dans mon dossier clients, d'ailleurs.

— Oui, c'est une habitude que nous avons prise, lance Finn en esquissant un petit sourire.

— On fait de notre mieux, je confirme.

— C'est entendu, dans ce cas, conclut Cassidy. Je vous commande un taxi. Ou deux si ça vous ennuie de partager.

Pitié ! De quoi aurons-nous l'air si nous arrivons en convoi ?

— Un seul sera parfait, n'est-ce pas, Finn ?

— D'accord. Nous regarderons chacun par une fenêtre différente, suggère-t-il, pince-sans-rire. Je ne dirai pas un mot et ne bougerai pas une oreille. Tu feras pareil.

Derrière son attitude colérique, il est assez marrant, finalement.

— C'est entendu, dit Cassidy. On m'attend en cuisine, mais je suis ravie de vous avoir vus. Au fait, vous avez *tout à fait* l'air d'être un couple.

— Eh bien, c'est... dis-je en piquant un fard.

C'est quoi au juste ?

— C'est hilarant, complète Finn.

Histoire d'en finir avec cette histoire de champagne, j'interpelle Cassidy alors qu'elle s'éloigne :

— Attendez une seconde, s'il vous plaît ! D'après vous, la bouteille de champagne n'a aucun lien avec l'hôtel, mais elle est en verre. On ne peut pas la laisser sur la plage. On en fait quoi, alors ?

Visiblement, ma question la déconcerte.

— Vous n'avez qu'à la boire, lance-t-elle en haussant les épaules.

11

Fidèle à sa promesse, Finn garde le silence pendant tout le trajet vers les grottes. Je ne l'entends même pas respirer. Je suis assise à l'autre bout de la banquette, aussi muette et raide que lui, bien déterminée à faire preuve de la même impassibilité. Mais, quand nous approchons du site, mon calme se dissipe. Je n'ai pas pris cette route depuis des années. Elle me rappelle tellement mon père que j'en éprouve une douleur physique.

Il adorait ces grottes. Maman ne se joignait pas à nous pour les visites. Elle préférait faire une petite sieste. Papa, en revanche, sautait sur cette occasion d'escalader les niveaux et de nous parler des formations géologiques. « Regardez, disait-il sans cesse, ses lunettes luisant dans la faible lumière souterraine, cette roche a mille ans. Presque autant que moi ! »

Chaque année, nous prenions la même photo un peu ringarde de nous, souriant tout grand dans la grotte Rainbow qui était notre préférée. J'ai fait défiler ces photos hier soir, en ordre chronologique. Mon père, adorablement ridicule, montrait toujours le même enthousiasme. À part un début de calvitie, il ne semblait pas vieillir alors que, été après été, ma sœur et moi changions. Sur le premier cliché, j'arrive tout juste à la hauteur des genoux de papa. À douze ans, j'atteins ses épaules.

Aujourd'hui, je lui arriverais aux oreilles. Lui aurait les cheveux gris. Je ne lui ai jamais vu de cheveux blancs. Pour moi, il aura toujours quarante-six ans.

Les larmes coulent sur mes joues. Gênée, je les essuie. Pourvu que Finn n'ait rien remarqué ! Pourtant, il est plus attentif qu'il ne le laisse paraître car il me demande si je vais bien.

— Mon père nous emmenait toujours dans ces grottes... quand il était vivant. Je me souvenais de nos visites avec lui, j'explique avec un pauvre sourire. Mais ça va, merci.

Lorsque le taxi arrive à destination, je farfouille dans mon sac pour trouver du cash – nous allons partager le prix de la course à parts égales. Et au moment où nous sortons de la voiture, j'ai repris contenance. Mais Finn m'observe d'un air affligé.

— Je ne veux pas être indiscret, commence-t-il, mais... tu viens de le perdre ? Tu es venue pour faire ton deuil ?

— Non, mon père est mort il y a des années. Je suis ici pour... une autre raison.

Je devrais en rester là, mais j'ai une bizarre envie de me confier à lui. Après tout, il a vu l'état de ma cabane, avec tous ces emballages vides de chips et de confiseries. Il se doute qu'il y a quelque chose, alors autant lui raconter toute l'histoire.

— J'ai pété les plombs au boulot, j'explique en évitant de le regarder. J'étais terriblement stressée. Un trop-plein. Il fallait que je m'éloigne. Le médecin m'a mise en arrêt de travail. Et me voilà.

— Hum ! Eh bien, j'ai aussi traversé une crise au bureau. Mais... tu es au courant.

— Je plaide coupable. Et je te présente mes excuses. Ce n'était pas mon intention d'écouter. J'ai traversé les dunes et j'ai entendu ce que tu disais sans le vouloir.

C'est un pieux mensonge. J'aurais pu m'éclipser quand j'ai compris de quoi il parlait. Il le sait certainement, mais il ne relève pas.

— Les dunes ne sont pas l'endroit idéal pour dicter des mails, fait-il remarquer avec un sourire en coin.

— C'est rare, les gens qui dictent leurs mails.

Son sourire s'élargit.

— C'est ma technique quand je ne trouve pas mes mots. Et c'était le cas. Mon comportement au bureau n'est pas un secret. De toute façon, quand on est en crise, tout le monde le sait dans la seconde.

— C'est vrai. Je suis persuadée que tous les autres parlent de moi dans ma boîte. Ce que j'ai fait était... humiliant.

— Moins humiliant que ce que j'ai fait.

— Crois-moi, dix mille fois plus humiliant, j'affirme, hésitant entre sourire et grimace.

Quand je pense à ma fuite éperdue pour échapper à Joanne, je voudrais disparaître sous terre. J'étais tombée sur la tête ou quoi ? Pourquoi ne lui ai-je pas parlé calmement ? Aujourd'hui, j'ai l'impression d'avoir plus de recul.

— Bon, quoi qu'il en soit, il faut y aller. On nous attend.

Nous nous dirigeons vers l'entrée, indiquée par un antique panneau de bois annonçant *Grottes de Stenbottom*, *Café et boutique cadeaux*, *Glaces et friandises*. Il était déjà là quand j'étais enfant.

— Tu es venu récemment ? je demande à Finn.

— Non, pas depuis des années.

— Moi non plus. Je suppose que ça a changé.

Mais dès le premier pas à l'intérieur, je constate que non, rien n'a changé. Le comptoir de la billetterie est le même. Le pavement de pierre, identique. L'air glacé, tout pareil. Derrière le comptoir, un homme roux à l'air soucieux s'anime en nous voyant.

— Bienvenue dans les grottes de Stenbottom ! Sauvez nos grottes !

— Sauvez nos grottes ! répète une petite voix qui appartient à une jeune femme au visage étroit couronné d'une masse de cheveux noirs et bouclés.

— Je suis Neil Reeves, le manager, se présente l'homme. Et voici Tessa Connolly, la responsable adjointe. Nous sommes heureux de vous accueillir pour notre extraordinaire spectacle de son et lumière qui sera pour tous les deux, nous l'espérons, une expérience inoubliable.

— Merci ! je dis, un peu étonnée par tant de passion.

— Connolly ? répète Finn. Vous avez un lien de parenté avec Terry Connolly ?

— Tessa est sa fille, nous informe le manager. N'est-ce pas, Tessa ? Elle est très réservée, ajoute-t-il. Il faudrait qu'elle se frotte davantage au monde extérieur. Sors de ton coin, Tessa ! Viens accueillir nos visiteurs.

J'éprouve un élan de compassion envers Tessa qui, avec réticence, arrive devant nous en repoussant les cheveux qui lui cachent le visage.

— Terry est mon père, annonce-t-elle.

— On se demandait s'il était toujours dans le coin, dit Finn. Il a été notre professeur de surf. Je suis Finn Birchall et voici Sasha Worth. Nous avons tous les deux d'excellents souvenirs de ton père.

J'abonde dans son sens :

— Vraiment excellents. Quel professeur formidable !

— Terry était le meilleur, intervient le manager. Il m'a aussi appris à surfer. À nous tous, d'ailleurs.

— Papa va bien, nous informe Tessa d'une voix à peine audible. Il va bien compte tenu de...

— De quoi ? s'inquiète Finn.

— Compte tenu de son état. Il n'est plus lui-même. Il n'est plus l'homme que vous avez connu.

— Il n'est pas bien, confirme sobrement Neil. Depuis trois ans. C'est ça, Tessa ?

La jeune femme hoche la tête, le visage triste. Visiblement, cette conversation est pénible pour elle.

— Désolé de l'apprendre, dit Finn. Dis-lui qu'on le salue chaleureusement. Nous avons parlé de lui pas plus tard que tout à l'heure, en des termes très élogieux. C'est un être humain hors normes, vraiment !

— Merci. Je lui transmettrai, assure sa fille, dont le visage s'est crispé.

Je remarque aussi qu'elle se triture les mains.

— Tessa, tu veux bien aller nous chercher des cafés ? lui demande son patron.

— J'espère que nous ne l'avons pas contrariée, je dis. Nous ne savions pas que Terry était malade.

— Pas de problème. Elle est simplement timide. Elle panique facilement. C'est un peu compliqué car elle veut obtenir une qualification en gestion mais, dès qu'elle est en face d'un client, elle perd ses moyens ou elle court se cacher. Passons ! Le plus important, c'est que vous soyez là. J'adore parler aux clients. En fait, c'est difficile de m'arrêter. Tenez ! Ce sont vos tickets. Le son et lumière va commencer. Vous trouverez les casques de protection sur votre gauche, avec les écouteurs.

— Des écouteurs ? C'est nouveau ! je m'exclame.

— Le progrès ! déclare Neil fièrement. C'est pour la partie son.

— Et pour les lumières ? demande Finn.

— Un spectacle lumineux ? Quelle chance ! je m'écrie.

— Tout à fait ! Et c'est vous qui le produisez ! Il suffit de prendre une torche électrique dans le panier et d'éclairer les parois pour obtenir un spectacle magique.

— Le progrès, hein ? s'étonne Finn. Il me semble qu'on utilisait déjà des torches autrefois.

— Ce sont de nouveaux modèles, réplique Neil sans se démonter. Elles sont équipées de piles longue durée. Elles ne s'usent que si l'on s'en sert.

— J'ai compris, s'amuse Finn. Bon, on y va ?

Deux minutes plus tard, nous voici descendant les marches escarpées taillées dans la pierre, coiffés d'un casque et munis de torches. Dans mes écouteurs résonne une musique synthétique des années 1980.

Quand j'arrive au bas de l'escalier, une voix caverneuse hurle soudain :

— Bienvenue dans le monde ancien et mystérieux des grottes de Stenbottom !

Neil s'est pris pour un sorcier dans *Donjons et Dragons*... Après une série de bips suraigus, il s'exclame d'un ton théâtral :

— Je suis le maître des grottes !

Je me retiens de pouffer, mais je craque quand Finn l'imite en murmurant « Maaaaître des grooooottes ».

— La fonction son est superflue ! je dis en retirant mes écouteurs.

— Tu as raison, dit Finn. Mais les grottes sont vraiment cool. J'avais oublié.

— Moi aussi, j'avais oublié.

En progressant sur le chemin étroit taillé dans le roc de la première cavité, je suis prise d'une émotion que je n'éprouvais pas enfant. Le site est tellement spectaculaire, tellement *immense* ! Des deux côtés, des saillies rocheuses forment d'étranges figures. Au-dessus de nous, la pierre calcaire prend des reflets irisés quand je dirige ma torche vers sa surface.

C'est une expérience assez magique.

Finn regarde partout sans dire un mot. Je lui en suis reconnaissante. J'avais peur qu'il soit du genre à blablater. Pendant un bon moment, nous profitons du spectacle qui s'offre à nous. Mon pouls ralentit. Ma tête n'est plus encombrée de pensées inutiles. L'observation de ces roches aux formes bizarroïdes m'accapare complètement. Peut-être suis-je finalement en train de communier avec la nature.

Les minutes passent puis, comme si nous avions communiqué par télépathie, nous repartons en même temps, le long d'un autre chemin étroit, vers la grotte de l'Arc-en-Ciel. Incontestablement la plus belle de toutes. La roche, rose et jaune, s'est creusée en cuvettes qui se remplissent d'eau de source. Elle ressemble à une grotte de sirène. Impressionnée par tant de beauté, je pousse un cri de joie.

— C'est quelque chose, hein ? s'emballe Finn.

— Je suis souvent venue ici, mais je ne mesurais pas combien cette grotte était exceptionnelle.

— Pareil pour moi. Quand on est enfant, la notion de rareté nous échappe.

— En plus, on est super tranquilles. En été, c'était bondé. Tout le monde prenait des photos.

— L'avantage des vacances hors saison.

— J'aime bien ça.

Perchée sur un banc en métal, j'observe le filet d'eau teintée de rose courant vers un bassin creusé dans la roche. Finn finit par s'asseoir sur un banc, de l'autre côté. Nous ne parlons pas et je m'aperçois que ce silence est confortable. Être tous les deux sur la plage était difficile alors que partager une grotte semble aller de soi.

— J'ai récupéré la bouteille de la plage, m'informe-t-il. Comme ça personne ne se coupera les pieds.

— Bonne initiative.

— Opération spéciale Santé et Sécurité. Non, la vérité, c'est que je ne voulais pas que quelqu'un la pique.

— Donc tu l'as piquée avant.

— Personne ne l'a réclamée. Par conséquent, elle nous appartient.

Tout en rigolant, je fais semblant de protester :

— Elle n'est pas à nous.

— On doit la boire ! fait-il en riant. Ce soir.

Comme je ne veux pas céder, je n'acquiesce pas tout de suite. Mais il a sans doute raison : qui la boira si ce n'est pas nous ?

Au bout d'un moment, d'un commun accord, nous nous dirigeons vers la grotte des Statues, puis vers la grotte de la Chute d'eau, avant de remonter à la surface en gravissant les cinq mille marches.

— Ma condition physique est au point zéro, je dis, le souffle court, en émergeant au haut des marches.

— C'est ce que tout le monde prétend, me console Neil. Vous avez aimé ? N'oubliez pas de nous noter sur Tripadvisor.

— J'ai adoré. Je vais vous attribuer cinq étoiles.

— C'était super, confirme Finn. Le son est incroyable. Une atmosphère unique.

Neil est enchanté.

— De nos jours, il faut être créatif ! Mais vous ne pouvez pas partir sans avoir découvert notre grotte mystérieuse. Tessa, emmène-les. C'est une nouvelle attraction qui nous permettra de collecter des fonds pour l'action « Sauvez nos grottes ! ».

Tessa nous rejoint avec un drôle d'air.

— Bienvenue à la grotte mystérieuse, dit-elle d'une petite voix, la tête baissée. C'est simple : faites un don, écrivez une question et l'esprit de la grotte vous inspirera la réponse adéquate.

Elle nous tend à chacun un morceau de papier et désigne un pot rempli de crayons.

— Voilà cinq livres, j'annonce, mais je ne sais pas quelle question poser.

— C'est pour s'amuser, déclare Neil depuis l'entrée. Notez ce qui vous passe par la tête.

J'écris : « Pourquoi une de mes chaussettes disparaît toujours dans ma machine à laver ? » (Je n'ai toujours pas la réponse.)

Je plie le morceau de papier, l'esprit traversé par une série de questions que je ne peux absolument pas mettre par écrit. Finn semble tout aussi perplexe. Soudain, son visage s'éclaire.

— Je sais ! À qui la bouteille de champagne appartient-elle vraiment ? dit-il tout haut en écrivant.

Il jette le papier dans le puits aux vœux et me lance un clin d'œil.

— Si nous recevons la réponse avant 17 heures, nous rendrons la bouteille à son propriétaire. Sinon, nous la boirons.

À 17 heures, un texto de Finn arrive sur mon téléphone, le premier depuis que nous avons échangé nos numéros après la visite des grottes.

Pas de réponse. Champagne sur la plage ? J'ai des verres (en plastique).

Je souris en lisant le message et enfile mon anorak en vitesse. Dois-je mettre du rouge à lèvres ? du mascara ? Non. Personne ne va me voir à part Finn. Et j'éviterai la corvée du démaquillage avant de me coucher.

Quand je sors, il est déjà sur la plage. La mer est d'un bleu chatoyant, une lueur teinte de rose la bande de nuages qui couvre l'horizon. Le ciel change peu à peu de couleur.

— Quel coucher de soleil ! je m'exclame en m'asseyant à côté de lui.

— Magnifique, renchérit-il en me passant un verre. Santé !

— Santé ! Aux voleurs de champagne !

— Si les vrais propriétaires se font connaître, nous leur achèterons une bouteille. D'ici là, on va profiter de la combinaison magique du champagne et du coucher de soleil.

— Je suis d'accord !

J'avale une gorgée, fermant les yeux au moment où les bulles divines atteignent mon gosier. Rien à voir avec ma piquette de l'autre jour !

Nous sirotons notre champagne sans dire un mot tout en observant le ressac. Un bon point en faveur de Finn : il n'éprouve pas le besoin de parler tout le temps. Et avec lui le silence n'est pas gênant. Il fait sombre. Des petits points lumineux apparaissent au loin. Je me renverse en arrière pour profiter du ciel piqueté d'étoiles.

— Encore un peu ? demande Finn.

— Je ne connais rien aux constellations, dis-je en lui tendant mon verre. Et toi ?

Il contemple le ciel pendant un moment, puis m'explique :

— Celle-là s'appelle le Cornichon. Et cette autre, la Tondeuse à gazon.

Je ris. Levant mon verre vers le ciel, j'ajoute :

— Et voilà la Planche de surf.

— À propos, c'était curieux de rencontrer la fille de Terry. Je ne l'avais jamais vue, dit-il.

— Elle vivait avec sa mère la plupart du temps. C'est pour ça.

Comme je voulais en savoir plus sur Tessa, j'ai demandé des renseignements à Kirsten.

— D'après ma sœur, Terry avait divorcé de sa première femme et Tessa ne passait qu'une partie de l'été à Rilston. Elles ont à peu près le même âge. Ma sœur a écrit : « Elle était très timide. Elle aidait en coulisses au lieu de participer aux cours de surf. »

— Elle n'a pas beaucoup changé. C'est marrant que Terry ait une fille aussi réservée alors que lui était si expansif.

— Peut-être une réaction à la personnalité extravertie de son père. Je n'ai jamais oublié ses cours – par contre il arrive que dans ma mémoire les étés se mélangent.

— Même chose pour moi, déclare Finn. J'ai un million de merveilleux souvenirs. La première fois que j'ai attrapé la vague... Quelle sensation ! C'était comme voler. Ou comme quand on découvre le sexe. On se dit que rien ne peut être aussi bon. *Comment se fait-il que personne ne m'en ait parlé ?*

— C'est le secret le mieux gardé du monde, j'approuve en riant.

— Oui. Seuls les surfeurs sont au courant.

J'éclate de rire.

— Moi, la première fois que j'ai attrapé la vague, j'étais convaincue que j'allais tomber.

— Mais ça n'est pas arrivé. Et je parie que Terry était sur la plage pour te féliciter.

— Bien sûr ! Tu te rappelles comment il terminait les séances d'échauffement ? Il montrait la mer du doigt et disait : « Allez la chercher ! »

— Je m'en souviens très bien. C'était comme une bénédiction.

Il disait aussi : « Autant de vagues, autant d'occasions. »

— « Tu n'attraperas pas la vague en regardant le ciel. »

— « Personne ne se souvient des gamelles. »

— « Faut y aller, petit ! » lance Finn en prenant la voix de Terry.

— « Pourquoi la mer t'inquiète ? Elle n'a pas peur de toi ! » dis-je en l'imitant à mon tour.

Finn éclate de rire et je lève mon verre dans sa direction. On trinque en se souriant et, devant les vagues qui s'écrasent sur le sable, nous buvons en hommage à Terry.

— Alors, raconte un peu, pourquoi t'es-tu couverte de honte au boulot ?

— Oh non ! je dis en riant. Pas question !

— D'accord. Mais je suis sûr que tu n'as pas fait pire que moi.

J'ai encore en tête les mots qu'il dictait dans les dunes. « Je n'aurais pas dû hausser le ton pendant la réunion... fracasser ma tasse de café sur la table... donné un coup de pied à la machine à café... m'énerver au sujet du ficus du bureau... »

— Je peux te poser une question directe ? je demande.

— Je t'en prie.

— Tu n'as pas l'air du mec qui brise sa tasse sur la table de réunion et abîme des papiers importants. Ou qui menace de couper un ficus en rondelles.

— Oh si ! J'en ai plus que l'air. Je l'ai fait.

— Pas depuis que tu es ici.

— Parce que je n'ai pas de raisons d'être furieux, ni stressé. Quand je suis en crise, c'est comme si un brouillard envahissait mon cerveau. Je n'en suis pas fier, crois-moi. Avant, je me contrôlais très bien.

— Que s'est-il passé ?

— J'étais... dans un... commence-t-il avant de s'arrêter, le regard sombre. Je me suis trouvé dans une situation compliquée. Je me tuais à la tâche. Je ne dormais plus. Je me prenais à tort pour un type invincible. Les ennuis commencent quand ta secrétaire et tes collègues essayent de te raisonner pour que tu changes de comportement. Et tu te retrouves à cogner les distributeurs de café. Pas mon moment le plus glorieux, conclut-il en se frottant les yeux.

— J'ai toujours rêvé de tabasser un distributeur de café, je dis pour le détendre.

— Ce n'est pas aussi simple.

— Tu fais quoi, au fait, comme boulot ?

— Consultant en management. Et toi ?

— Je suis chez Zoose, au marketing.

— Je connais. Moi, je bosse chez Forpower Consulting, une boîte dont tu n'as sûrement jamais entendu parler. Nous avons un créneau particulier : le conseil aux entreprises d'énergie verte.

— Et qu'est-ce qui t'a fait basculer ?

L'air soucieux, il prend un moment pour répondre :

— C'est difficile à dire. Différents trucs, je pense.

Comme il n'entre pas dans les détails, j'en déduis que sa confession a atteint ses limites.

— Au moins, tu ne t'es pas enfui de ton bureau pour te précipiter dans un couvent, je dis en espérant l'égayer.

— Un couvent ?

— Oui, je sais, c'est ridicule. J'ai perdu la tête pendant un moment. Je ne voyais pas comment échapper à une charge énorme de travail. Entrer dans les ordres me semblait la solution évidente.

— Entrer dans les ordres ? s'amuse-t-il. Un choix remarquable. Mais en ce qui concerne les...

Au ton de sa voix, je devine tout de suite où il veut en venir...

— Tu penses aux relations sexuelles. Ça n'est pas un problème pour moi. Je ne suis plus intéressée.

— Pigé, fait-il après une petite pause.

Bien entendu, puisqu'il a lu mes paroles de chanson...

Un silence un peu bizarre s'installe. Quand je pense que j'ai révélé à ce mec les détails les plus secrets de ma vie. Sur la plage. Alors que je le connais à peine. Pourtant, je ne flippe pas. Finn a l'air digne de confiance. Et, plus important encore, il semble compréhensif. Il sait ce que je ressens. Rencontrer quelqu'un qui a traversé le même genre d'épreuves est d'un grand secours.

— Donc, ta reconversion n'a pas marché ?

— Le couvent n'a pas voulu de moi.

Soudain, je perçois le côté comique de l'histoire et je commence à rire.

— La coach en autonomisation et bien-être de ma boîte est venue me récupérer. En voulant la semer, j'ai percuté un mur de briques et j'ai fini à l'hôpital.

— Pour une préposée au bien-être des collaborateurs, c'est du bon boulot.

— Tu l'aurais vue me courir après dans la rue ! Elle pensait que j'étais devenue cinglée. Et elle avait raison. En tout cas, je ne suis plus en odeur de sainteté.

— Ah, la disgrâce, je connais.

— À la santé des fâcheux, je dis en choquant mon verre contre le sien.

— Je pensais que tu sortais d'une vilaine rupture, dit Finn.

— J'ai rompu avec mon travail, je suppose. En fait, non, ce n'était pas une rupture. Plutôt une énorme dispute. On ne se parle toujours pas.

— Au moins, tu as évité de fracasser ta tasse sur une table et de te mettre tous tes collègues à dos. Quand je repense à la façon dont je me suis conduit, je ne me reconnais pas du tout.

— Je n'ai peut-être pas été violente, mais j'ai acheté le même dîner chez Prêt à Manger tous les soirs pendant cinq mois. Je n'arrivais même pas à choisir un menu différent, encore moins à faire la cuisine.

— Vraiment ? s'amuse-t-il. Et tu achetais quoi ? Attends ! Je sais : un panini.

— Pas loin. Un wrap falafels et halloumi, une barre de chocolat, une pomme, un pot de muesli et une boisson. Tous les soirs.

— Pas de smoothie au chou kale ?

Il est vraiment drôle !

— Arrête ! Je te l'ai dit : le chou kale, c'est une idée de ma mère. Elle croit que je peux me transformer grâce à une appli.

— Une appli ?

— Je vais te montrer.

Je sors mon téléphone et trouve le logo qui montre la Fille en Combi et annonce : *Se sentir mieux en vingt étapes.*

— Mon but, c'est de lui ressembler.

Finn contemple la Fille en Combi pendant un moment puis fronce les sourcils.

— Pourquoi tu veux lui ressembler ?

— Parce que... Regarde-la !

— Ben oui, je la regarde. Et alors ?

— Je fais une fixation sur elle, j'explique en lui reprenant mon téléphone. Je veux lui ressembler et en même temps je la déteste un peu. Je parie qu'il n'y a aucun mail non traité dans sa boîte, qu'elle se réveille le matin avec un sourire tranquille en se demandant avec quel dauphin elle va aller nager plus tard... Pardon, je ne devrais pas cracher comme ça sur elle.

— Pourquoi pas ? Vas-y ! Je vais t'aider : c'est un cauchemar, cette fille. Le genre donneuse de leçons qui se mêle de tout. Exactement ce que j'ai pensé de toi quand je t'ai vue pour la première fois ! Et ce programme... Au fait, pourquoi vingt étapes et pas dix-neuf ? Tu dirais que c'est efficace ?

— Un peu. J'ai fait des squats. Et toi, tu dirais que s'enfiler six bouteilles de whisky par jour, c'est efficace ?

— Hé ! Donne-moi un peu de temps et je te dirai, d'accord ?

— Moi aussi, je te tiendrai au courant si j'arrive à avaler un peu du smoothie au chou kale. C'est infect !

— Je le savais ! Il y a quoi d'autre dans ce programme ?

Je lui tends mon téléphone pour qu'il lise l'intégralité des vingt étapes.

— Tu as donc deux options, commente-t-il. Ou bien tu fais tout, ou bien tu choisis ce qui te plaît. Tu es en vacances, après tout. Tu es là pour te faire plaisir.

— Absolument. Tiens, pourquoi pas un château de sable ? je propose en regardant la plage sur laquelle la nuit est tombée.

— Eh bien, voilà ! s'enthousiasme Finn en changeant de position. Les plages existent pour qu'on y construise des châteaux de sable.

— En galets, si je me souviens bien. On en construisait toujours avec ma sœur à Kettle Cove. Tu connais ?

— J'y allais chaque année. C'était sur notre liste de choses indispensables à faire.

— Oui ! Les grottes, le surf, le thé dans l'après-midi, les fish and chips.

— Bien sûr ! Impossible d'imaginer des vacances sans fish and chips !

Je me revois en déguster un, assise sur un muret à l'extérieur de la friterie, balançant mes jambes et regardant avec fierté mes nouvelles sandales. Je devais avoir dix ans. J'étais en famille. Mes cheveux étaient raides de sel. Le soleil dardait ses rayons chauds et je mangeais des frites. La vie était merveilleuse. Le bonheur total.

Était-ce la perfection du moment qui me remplissait de joie ? Ou le plaisir d'avoir seulement dix ans ?

— Peut-on retrouver les moments de bonheur de l'enfance ? je demande en fixant la mer. Peut-on être aussi heureux que quand on était gosses ?

— Bonne question. Je l'espère. Pas exactement le même genre de bonheur mais… Enfin, je le souhaite.

— Moi aussi.

Il fait vraiment sombre. Dans la lumière distillée par la lune, je ne perçois que ses yeux et la ligne blanche de ses dents. Il commence à faire froid. Je frissonne. Et si on allait dîner ? Mais non, c'est trop. Et donc, je lui annonce que je rentre :

— C'était un moment extra, mais je retourne à l'hôtel. Je vais me faire monter quelque chose à grignoter dans ma chambre et prendre un bon bain.

— Très bien. Je vais rester sur la plage encore un moment. Mais ne t'inquiète pas, je ne finirai pas la bouteille. Je mettrai une cuiller dans le goulot pour garder le champagne pétillant jusqu'à demain soir.

— OK !

Je me lève en chancelant un peu. La faute à mes baskets sur le sable. Heureusement qu'il fait nuit.

— Bonne fin de soirée, je dis.

— À toi aussi. À demain !

En fait, j'ai hâte de le revoir. Oui, j'ai vraiment envie d'être sur la plage avec lui. Je souris.

— À demain.

12

Le lendemain, Finn est déjà dans la salle à manger quand j'arrive pour le petit déjeuner. Je lui adresse un signe amical de la main et vais m'asseoir à ma table, de l'autre côté de la pièce. Dans les dix secondes, Nicolai se matérialise, avec un smoothie sur un plateau d'argent. Je plaque immédiatement sur mon visage une expression de pur ravissement.

— Oh, mon smoothie au chou kale, déjà ! C'est drôlement... rapide !
— Madame préfère...
— Des œufs !
— Un œuf dur et une assiette de melon ?
— Non, des œufs brouillés, s'il vous plaît. Avec du bacon, des saucisses, des pancakes et du sirop d'érable, et un cappuccino, j'ajoute avec mon sourire le plus enjôleur. Pas la peine d'apporter le melon. Voilà, c'est tout. Merci.

Nicolai est tellement étonné qu'il reste planté à côté de moi. L'air sonné, il inscrit ma commande et se dirige ensuite vers la table de Finn.

— Ah, Nicolai ! s'exclame celui-ci avec entrain. Content de vous voir ce matin ! J'espère que vous allez bien. Je voudrais un café noir et une assiette de melon, s'il vous plaît. Ce sera tout.

Nicolai nous regarde tour à tour, comme s'il suspectait un piège, puis il repart vers les cuisines.

— Programme de détox, me lance Finn à travers la salle à manger.

— Détox ou traitement contre la gueule de bois ?

— Quelle différence ? dit-il avec une vilaine grimace. Ton smoothie a décidément la couleur d'un crapaud liquide. Bonne dégustation !

— Trop sympa, merci. Dis-moi, je pourrai avoir le rocher aujourd'hui ?

— Pas si j'y arrive le premier, rétorque-t-il après une pause.

Message reçu ! La compétition est ouverte. Je suis partagée entre un sentiment d'excitation et une envie de rire. Pas question en tout cas d'arriver en seconde position. Je veux *gagner* la course.

Dès que j'ai fini mon petit déjeuner, je me précipite dans ma chambre pour me préparer. Je viens de laisser Finn qui traînait à table en buvant un second café. Je suis sûre que je serai sur la plage avant lui. Je me lave les dents, attrape mon iPad et enfile mon anorak tout en cavalant dans le couloir.

Mais une fois sur le sable, que vois-je ? Finn sur le deck, devant sa cabane. Naan ! Comment il a fait ? Je fais encore quelques pas discrètement, puis je me mets à courir comme une dératée. Finn lève la tête et, l'instant d'après, il saute par-dessus la balustrade qui borde le deck et se rue vers le rocher.

Je remue légèrement pour dégager ma jambe, coincée contre le rocher, et Finn fait de même pour qu'on ne se touche pas. Un geste plein de prévenance.

— Bon, réfléchissons. Le 18 août... Je me demande si ça a un rapport avec la rénovation des cabanes. Un message de remerciement aux futurs premiers occupants ? Ou aux investisseurs. Un couple qui a participé financièrement au projet.

— Je ne crois pas qu'on remercie ses investisseurs de cette façon, objecte Finn en pianotant sur son téléphone.

— Peut-être que si, je réplique, plus pour le contredire que par conviction. Le 18 août est peut-être le jour de l'inauguration des nouvelles cabanes. Mais pas de cette année dans ce cas, vu le temps que prendront la démolition et la reconstruction. En tout cas, ça ressemble à une publicité, un message de promotion...

— C'est l'accident, m'interrompt-il.

— Quel accident ?

— L'accident de canoë-kayak. Si tu tapes la date et Rilston Bay sur Google, tu obtiens une série de rapports. L'accident a eu lieu un 18 août.

Bizarre !

— Tu crois que c'est une sorte de commémoration ? Il n'y a pourtant pas eu de mort, ni même de blessé, si ?

— Pas que je sache.

— Le garçon sur le canoë s'en est sorti ?

— Je crois, oui. J'imagine qu'il devait être un peu sonné, et gelé après son passage dans l'eau, mais...

Finn hausse les épaules, perplexe.

Nous examinons une nouvelle fois le mystérieux message.

— Il est à moi, je crie en sprintant. C'est *mon* rocher ! Écarte-toi !

— C'est le mien ! crie-t-il avec la même détermination.

Tout en me propulsant, j'ai l'impression d'être une gamine de huit ans en pleine partie de chat perché. Je tends le bras pour écarter Finn tout en me hissant vers le sommet. Je me cogne le genou, je suis à bout de souffle, tout cela manque cruellement d'élégance mais je finis par m'affaler dans le creux convoité.

— Je l'ai ! J'ai gagné !

— Regarde ça ! s'exclame Finn qui est resté en bas.

— Bien essayé, mais ça ne marche pas, je réponds sans bouger d'un centimètre. Le rocher *m'appartient*.

Je m'attends à ce qu'il lance un nouvel assaut mais visiblement il a abandonné.

— Il y a un autre message.

Quoi ?

On peut lire, soigneusement dessinée sur le sable, soulignée de galets et accompagnée d'un bouquet de fleurs, la phrase :

Merci au couple de la plage. 18/8

— Des fleurs maintenant ? Incroyable ! je m'écrie en me poussant pour laisser Finn s'installer à côté de moi.

— Pourquoi cette date ?

— C'est peut-être une installation destinée à une nouvelle exposition, j'avance, en me souvenant de ce que Cassidy nous a raconté.

— Ouais, peut-être. Mais il n'y a ni artiste ni personne pour prendre des photos.

— Qui l'a sauvé ? je demande, prise d'une soudaine inspiration. Il pourrait y avoir un rapport. Y avait-il un couple sur la plage ?

— C'était un père de famille, dit Finn, l'œil rivé sur son téléphone. Je lis : « Andrew Ilston, le père très réactif de trois enfants, a tiré d'affaire James Reynolds. »

— James Reynolds. C'est ça. J'avais oublié son nom. Tu le connaissais ? Il prenait des cours avec Terry ?

— Non, il n'était là que pour la journée. Il n'y avait plus assez de ces canoës parce que plein de gens de passage voulaient profiter de la mer. C'est pour ça que le garçon s'est retrouvé avec un canoë hors d'usage qui n'aurait jamais dû être loué.

— J'ignorais ces détails.

— L'accident ne date pas d'hier.

Tout à coup, je saute du rocher pour inspecter le message de plus près. Finn me suit.

« Merci au couple de la plage. » Mais de qui parle-t-on, bon Dieu ?

Je me retourne brusquement comme si deux personnes allaient soudain se matérialiser sur le sable. Mais la plage est déserte et battue par le vent. Pas l'ombre d'un couple à l'horizon.

— Finn, et si c'était pour toi ? je suggère. Tu m'as dit que tu avais sauté à l'eau pour aider James Reynolds. C'est peut-être l'explication. Il doit croire que tu lui as sauvé la vie.

— Mais ce n'est pas moi ! Je n'ai pas pu m'approcher de lui. Et je ne suis pas un couple. La date est probablement une coïncidence.

— Non. Récapitulons les faits. D'abord, tu étais sur la plage ce jour-là. Et tu as essayé de lui porter secours.

Ensuite, il y a ces fleurs avec un message de remerciement. Elles ne peuvent être *que* pour toi.

— Je répète : je ne suis pas un couple. De toute façon, si ce garçon devait remercier quelqu'un, ce serait Andrew Ilston. Ça ne colle pas.

Il se penche pour ramasser un galet, l'étudie et le repose.

— C'est peut-être une de ces installations artistiques qui vaut des millions de livres ?

— Crois-moi, ce message n'a rien à voir avec de l'art.

— Bon, on n'en sait rien. On abandonne, d'accord ?

— Non ! Je suis convaincue que le message a un lien avec l'accident. Supposons que James Reynolds sache que tu séjournes à Rilston Bay, que tu as tenté de le sauver et… Oui ! Il pense que vous étiez deux.

— Comment ça ?

— Toi et une personne non identifiée. D'où « le couple de la plage ».

Je savais bien qu'il suffisait de réfléchir un peu pour produire une hypothèse plausible.

— N'importe quoi ! s'exclame Finn. Comment pourrait-il savoir que je suis ici ?

— Il t'a aperçu et reconnu.

— Bien sûr, et il est peut-être aussi planqué derrière les cabanes en ce moment ?

— Pourquoi pas ?

J'examine de loin les cabanons délabrés, puis je sors mon téléphone.

— Il doit être sur Facebook. Je vais le contacter et lui poser la question.

— Quoi ? Comme ça, à l'improviste ?

— Mais oui ! Les réseaux sociaux servent aussi à élucider les mystères.

— Je te découvre des talents de détective, s'amuse-t-il. C'est ton hobby ?

— Ma dernière affaire, je dis en pianotant. Je souhaitais une retraite paisible mais avec ce nouveau cas, je…

— Tu dois reprendre le boulot ?

— Exactement.

— Et moi, j'ai quel rôle ? Enquêteur associé ?

— Toi ? je dis en faisant défiler tous les profils au nom de James Reynolds. Toi, tu es le flic du commissariat qui dit : « Vous croyez que nous n'avons rien de mieux à faire que d'enquêter sur cette vieille affaire ? » Mais en fait, tu as écrit toi-même le message et dissimulé un corps au-dessous.

— Quelle scénariste ! Heureux d'apprendre que je suis un tueur. Je serais encore plus content de savoir qui j'ai supprimé. Une remarque tout de même : attirer l'attention sur cet assassinat est idiot. J'aurais pu m'en tirer en enterrant le corps mais *sans* écrire de message.

— Tout juste ! Mais je n'ai pas besoin de tout savoir. Tu me raconteras les détails dans ton grand monologue final. J'attends ça avec impatience. Tu penseras quand même à ne pas te perdre en digressions.

— Et je laisserai un indice sur Internet pour relancer l'enquête.

— Tu es très bon !

— Moi aussi, je regarde la télé.

C'est le moment où il va me conseiller *la* série à ne pas rater, en spoilant au passage… Mais non. À mon grand soulagement, il ne dit rien. Finn est franchement moins pénible que beaucoup de mecs. Et, même si ça n'en a pas l'air, c'est un compliment.

Je continue à faire défiler les comptes Facebook, mais le réseau est assez aléatoire. Comme souvent quand je suis frustrée, je fais claquer ma langue.

— Tu as trouvé Reynolds ? demande-t-il.

— Je ne capte plus. Je chercherai plus tard. Oh, regarde !

Un grand bateau vient d'apparaître à l'horizon. Nous nous approchons du rivage.

— C'est évident que je suis l'assassin, dit-il alors que nous marchons d'un pas égal. C'est ce que j'affirmerai pour brouiller les pistes. Pourtant, j'ai une autre théorie.

— Ah oui ? Laquelle ?

— Ta mère est derrière tout ça. Elle a créé cette histoire de toutes pièces pour te changer les idées.

J'éclate de rire.

— Tu ne la connais pas mais elle en serait bien capable.

— Si elle a le culot d'appeler la réception à 7 heures du matin pour commander ton smoothie au chou kale, écrire deux messages sur le sable ne doit lui poser aucun problème.

— Sauf qu'elle assiste à une conférence à Leicester. Sinon je serais d'accord à 100 % avec ta théorie.

Est-ce que ça pourrait être *maman* ? Je me pose quand même la question l'espace d'une seconde. Mais non, ce genre de messages n'est pas son style. Pas plus que laisser des cadeaux sur la plage alors que n'importe qui pourrait les embarquer. Ma mère a plus de sens pratique que de fantaisie.

Nous restons un moment au bord de l'eau pour observer le trajet du bateau à travers la baie. Je me sens un peu comme une embarcation traçant lentement sa route, dans la bonne direction. Je suis plus avancée aujourd'hui qu'hier. Je l'étais déjà plus hier que quand je me suis échappée du couvent. Il faut juste que je garde ce cap.

Finn pense-t-il la même chose ? Je lui jette un regard en coin. Le vent ébouriffe ses cheveux, son regard est fixé sur le large et son expression paraît indéchiffrable. Des petites rides d'expression bordent ses yeux. Son visage est fait pour sourire bien que, ces derniers temps, il n'en ait pas beaucoup eu l'occasion.

Sentant que je le dévisage, il se tourne vers moi. Je m'éclaircis la gorge.

— Je me disais que, chaque jour qui passe, je me sens en meilleure forme. Et toi ?

— Oui. Et cela sans programme en vingt étapes, répond-il avec une lueur malicieuse dans les yeux. Quelle est ton activité du jour ?

— Yoga sur la plage. À propos, au cas où tu te poserais la question, je suis nulle en yoga. Quand tout le monde s'y est mis du jour au lendemain, j'ai loupé le coche.

— Ça s'est passé exactement comme ça au bureau : personne ne connaissait et subitement, si tu disais que non, tu ne fréquentais aucun cours de yoga, on te regardait comme un aliéné complet.

— Ah ! Ah ! Moi, j'ai raté le cours d'initiation proposé par ma boîte. Sans doute parce que j'avais des mails en retard. Mais le yoga figure maintenant sur ma liste. Par conséquent, dans une minute, je me tiendrai perchée sur une jambe. Interdiction de te moquer.

— Promis ! D'ailleurs, je voulais te demander... Je peux me joindre à toi ?
— Sérieux ? M. Whisky et Pizza veut faire du yoga ?
— Pourquoi pas ? Ne serait-ce que pour comprendre les raisons de cet engouement.

Je n'ai jamais autant ri de toute ma vie. On a installé mon iPad sur le grand rocher, étalé sur le sable mon tapis de yoga et une serviette pour Finn, et suivi les mouvements de la Fille en Combi. Ou plutôt, disons qu'on l'a admirée, puis ignorée, puis insultée.
— Pas question de faire ce truc, gémit Finn toutes les cinq secondes en scrutant l'écran. Y a vraiment pas moyen. Sasha, essaye, toi ! Si tu ne te casses pas une jambe, je tenterai le coup.
— Comment elle fait ça sans tomber ? je dis en haletant.
— Elle doit avoir de la Super Glu sous les mains. De toute façon, elle n'est pas réelle. C'est un robot.
Finalement, nous arrivons au temps de récupération. Assis en tailleur, nous écoutons la Fille en Combi nous féliciter et nous conseiller de nous allonger.
— Ah ça, je peux le faire, s'écrie Finn en se renversant sur sa serviette. Dommage que le cours n'aille pas directement à cet exercice.
— Chut ! Tu perturbes mes chakras.
À vrai dire, il n'y a rien de plus relaxant que d'être allongé sur la plage, à regarder le ciel tout en écoutant un léger tintement de clochettes. Dommage que la vidéo s'arrête.
— Cette séance était hyper marrante. En remerciement, je peux t'inviter à boire un whisky dans la soirée ?

— Je n'aime pas beaucoup ça. Par contre, je ne dirais pas non à un verre du champagne volé.

— C'est entendu, alors, on a rancard !

Je vois qu'il a laissé ces derniers mots lui échapper. Voilà qu'il est gêné et ça me serre le cœur. Je ne veux rien de compliqué entre nous. Bien sûr, il n'est pas complètement repoussant. Mais ce n'est pas lui, le problème. C'est moi. Sois honnête, Sasha. C'est *toi* qui as un blocage.

Pourquoi ne pas lui en parler ? Il en sait déjà pas mal, et il ne s'est pas moqué de moi, il ne m'a pas jugée.

Le cœur battant, car la situation est embarrassante, j'attaque :

— Je t'ai dit que le sexe ne m'intéressait pas.

— Oui, mais je n'étais pas... se défend-il d'un air choqué.

— Je sais. J'aimerais seulement t'expliquer.

Ma franchise semble le sidérer. Moi-même, je suis assez stupéfaite. Pourtant, sous ce ciel infini, les secrets, les difficultés, les embarras semblent plus petits, plus légers. Je me sens en confiance, comme si mes mots allaient être balayés par le vent et disparaître dans la mer.

Je me recule sur mon tapis pour ne pas voir son visage et je raconte :

— C'est très déconcertant. J'ai l'impression que mon corps s'est retiré en lui-même. C'est pourquoi j'ai écrit... ce que j'ai écrit sur cette feuille de papier. Ce n'était pas des paroles de chanson. C'était une sorte de déclaration. Ce qu'on inscrit noir sur blanc est censé se produire. Et c'était mon souhait. Revenir à la vie.

Un long silence suit, pendant lequel je regarde en l'air, offrant mon visage à la caresse de la brise. Je viens de révéler mon moi intime à un étranger. Pourtant, au lieu d'être mal à l'aise, je ressens un calme absolu.

— Tu reviendras à la vie le jour où tu ne t'en préoccuperas plus, déclare Finn après un long moment.

— Peut-être. Tu sais, avant, j'étais tout à fait normale. J'avais une vie amoureuse. Mais maintenant... Il y a quelques jours, un type de chez Prêt à Manger m'a draguée. Je lui ai dit que je ne comprenais pas pourquoi on faisait tant de foin à propos des relations sexuelles. J'ai dit que... pour moi, ça se résume à un frottement entre parties génitales.

Ce souvenir est si atroce que j'ai les larmes aux yeux. Des larmes de rire ? Ou de soulagement de m'être ainsi confiée ? Comment savoir ?

— Un frottement ? répète Finn, abasourdi.

— Inepte, je sais, je dis d'une voix tremblante.

Cette fois encore, je ne sais pas si je ris ou si je pleure.

— Et tout ça devant les autres clients. Tu te rends compte ?

Je pars d'un rire presque hystérique et des larmes ruissellent sur mes joues.

— Ça va ? s'inquiète-t-il.

Pas tellement.

Je m'assieds pour essayer de contenir la quinte de toux qui me secoue.

— Ça ne va pas très fort, j'avoue... Pardon de m'être épanchée de cette façon. Tu dois te demander comment faire pour te débarrasser de cette folle. Si tu veux, on peut s'ignorer pendant le reste du séjour.

— Je n'ai pas du tout envie de t'ignorer, proteste Finn. Franchement, qui suis-je pour te juger ? Moi aussi, je traverse une mauvaise passe.

— Toi ? Comment ça ? Je sais ce qui est arrivé à ton bureau mais tu sembles totalement maître de toi. Tu ne fais rien de bizarre...

Je commence à me familiariser avec ses expressions faciales, et ce serrement de mâchoire indique qu'il est sur la défensive. Il prend cet air fermé chaque fois que je m'aventure sur un terrain glissant. Je me résigne à subir cinq minutes de silence, suivies d'un brusque changement de sujet.

Et je me suis bien plantée car, à ma grande surprise, il murmure :

— Je me réveille à 3 heures toutes les nuits. Certains événements me stressent. Je suis en colère contre moi-même. Ce genre de sentiment me mine.

— Tu essayes de te rendormir ? je demande avec circonspection.

— Je n'ai pas dormi plusieurs heures d'affilée depuis longtemps.

C'est vrai qu'il a les yeux cernés. Je pensais que c'était son air naturel, mais ces poches sont dues à l'épuisement. Un épuisement profondément ancré.

— Tu as pris des médicaments ? je dis tout en mesurant la médiocrité de ma question.

— Un peu.

— Tu n'as pas vu de médecin ?

Pas de réponse mais un vague grognement. Je sens qu'il n'ira pas plus loin dans les confidences. Cela dit, il s'est montré plus communicatif que d'habitude.

— Eh bien, nous voilà tous les deux dans de beaux draps ! je lance pour alléger l'ambiance.
— C'est vrai !
— Heureusement qu'on a le yoga. Le yoga peut résoudre tous les problèmes !
— Amen, proclame Finn en se mettant à plat dos sur sa serviette.

Nous restons allongés dans le calme pendant un bon moment. Il ferme les yeux, sa respiration se fait régulière. J'espère qu'il sombre dans un sommeil réparateur. S'il se réveille toutes les nuits à 3 heures, il doit être terriblement fatigué.

Les yeux fixés sur une masse de nuages, je fais quelques étirements de jambes sans faire de bruit. Je me sens légère, presque optimiste. Finalement, j'ai accompli l'étape 18 du programme.

Confiez-vous à quelqu'un en qui vous avez confiance. Si vous ouvrez votre cœur, vous devez vous sentir en sécurité. En cas de doute, appelez un des numéros verts listés ci-dessous ou visitez notre forum en ligne.

Merci, mais je n'ai besoin de rien. J'ai déjà quelqu'un à qui je peux faire confiance, juste à côté de moi.

13

Cet après-midi, je pars en expédition au village. J'aime ma petite routine de marche rapide sur la plage, suivie d'une promenade dans les rues étroites, à regarder les vitrines. Sauf que cette fois, je n'achèterai pas de chips. *Pas question*.

Je passe devant le Surf Shack de Terry et arrive devant l'endroit désormais vide où se trouvait le Surftime. La boutique-école n'existe plus, mais c'est là que tout a commencé le jour de l'accident. Là que James Reynolds a loué son canoë endommagé. Là que je trouverai un indice.

Je me rappelle Pete. D'un point de vue adulte, il était plutôt beau gosse. Grand et costaud, il portait la barbe et quantité de boucles d'oreilles. Ma sœur et moi lui louions parfois des bodyboards, quand Terry n'en avait plus à disposition. On aurait pu avoir le béguin pour lui, s'il n'avait pas dégagé ce truc si déplaisant... Même son grand sourire ne semblait pas vrai.

J'imagine qu'il n'était pas facile d'être en compétition avec Terry. En fait, Pete essayait de le copier, mais sans vraiment y réussir. Il était impatient. Il n'aimait pas répondre aux questions. Il s'énervait contre les enfants qui n'arrivaient pas à enfiler leur combi. Ses séances d'échauffement sur la plage étaient assez sommaires. Je ne suis pas surprise qu'il ait radiné sur les mesures de sécurité.

Adossée à un piquet en bois, je sors mon téléphone pour appeler maman, puis Kirsten, mais aucune des deux ne répond. Pas étonnant : elles sont très occupées. Je leur envoie par WhatsApp une photo du second message de la plage avec quelques lignes :

> Coucou ! Je me demandais si ce message vous disait quelque chose. Il est apparu sur le sable. La date indiquée est celle de l'accident de canoë. Vous avez des souvenirs de ce qui s'est passé ce jour-là ? Est-ce qu'il y avait un couple impliqué d'une manière ou d'une autre ?

J'aurais dû donner en plus quelques informations sur mon séjour. Alors j'ajoute :

> Tout va bien. Je me sens vraiment mieux. Aujourd'hui yoga sur la plage. Bises.

J'emprunte le chemin qui sépare les dunes, traverse le grand parking et me balade un peu au hasard dans les rues du village, cherchant des idées de cadeaux à rapporter. Toutes les galeries exposent des objets créés à partir de bois flotté. Est-ce que l'un d'eux plairait à Kirsten ? Ou bien c'est typiquement le genre d'objet ravissant au bord de la mer mais qui perd tout son charme une fois accroché à Londres ?

Une grande reproduction d'*Amours de jeunesse* attire mon attention. Je traverse pour la regarder de plus près. Un écriteau indique : « Exemplaire signé par l'artiste. Nous sommes heureux d'être les représentants exclusifs de Mavis Adler à Rilston. » Sous le tableau, une large sélection de mugs, de sacs fourre-tout et de calendriers, tous ornés de la même reproduction du tableau. À mon avis, cet étalage ne fait pas honneur à l'original. Mais j'imagine que ce type de marchandises se vend bien. Depuis les messages de la plage, je me sens en quelque sorte liée à Mavis Adler. J'examine attentivement son œuvre, peut-être pour la première fois. Je ne connais pas grand-chose à la peinture mais j'apprécie les couleurs vives qu'elle a utilisées. Le rendu du sable, des rochers, des ombres dans de riches tons de cobalt, d'ocre et un de ces nombreux noms savants qu'on utilise pour dire *rouge*. Ce tableau rayonne. C'est une œuvre d'art intense, avec quelque chose de saisissant. La raison de son succès, je pense. Le langage corporel du jeune couple fait envie. Le bras du garçon entoure la taille de la fille. Sa tête à elle est légèrement renversée. On ne voit pas leurs visages, mais elle est toute gamine, avec ses longues pattes qui dépassent de son short, et lui est coiffé comme un adolescent.

J'ai toujours dédaigné cette peinture, « un peu trop carte postale » à mon goût, mais en la regardant différemment, j'en viens à l'aimer. Il n'est pas impossible que j'achète un sac.

À l'intérieur de la galerie, une femme aux cheveux grisonnants m'accueille. Elle porte une blouse imprimée bleue rentrée dans un pantalon bouffant en lin et, dans ses sabots, au moins trois paires de chaussettes.

Un badge en bois piqué sur sa blouse indique qu'elle s'appelle Jana.

— Je vous ai vue admirer *Amours de jeunesse*, me dit-elle en souriant amicalement. Je vous signale qu'une nouvelle exposition consacrée à Mavis Adler commencera ici la semaine prochaine. Un ensemble d'œuvres particulièrement captivant.

Difficile de répondre que « non, merci, je me fiche royalement du reste de son travail », donc je jette un coup d'œil à la brochure qu'elle me tend.

— De nouvelles œuvres ? je demande.

— Absolument.

Quelle bonne détective je fais ! Les messages sur la plage *sont bien* des installations artistiques. Et, en tant que locataires des cabanes, Finn et moi en sommes les premiers spectateurs.

J'adopte le ton mi-arrogant, mi-bon enfant d'une enquêtrice de série télé :

— Dites-moi, Jana, la nouvelle exposition est-elle consacrée à une série de messages sur le sable ?

— Pas du tout.

— Pas du tout ?

— Non ! Vous devez penser à la précédente présentation, appelée *Conversations terrestres*, qui avait lieu sur la plage de Rilston Bay. Cette fois, nous exposerons une série de sculptures créées à partir de matériaux soit naturels, soit produits de la main de l'homme. Ce catalogue vous donnera une idée. Si vous voulez l'acheter, c'est vingt livres.

— Très bien, je dis en essayant de ne pas passer pour une béotienne radine. Peut-être…

En tournant les pages, je découvre des photos de grandes poutrelles en métal assemblées en formes biscornues. Certaines comportent des inclusions de bois flotté. Une sculpture est nichée dans un grand rouleau de cordage, mais je ne suis pas sûre que cet ajout fasse partie intégrante de la création... Peut-être son nom me donnera-t-il un indice ? *Sans titre.* Pas de chance.

— Étonnant ! je m'exclame en arrivant à la fin du catalogue.

La galeriste semble attendre d'autres commentaires, je débite quelques phrases que j'espère appropriées :

— C'est puissant. Je dirais même : viscéral. J'aime beaucoup les formes structurelles. Très différent d'*Amours de jeunesse*. Et de *Conversations terrestres*.

— Oui. Ce travail est plus ambitieux que les précédents. Et en même temps très gratifiant.

Elle lève le menton comme pour me défier de la contredire. Autant abonder dans son sens.

— Tout à fait. Très gratifiant. Mavis Adler a-t-elle peint d'autres tableaux après *Amours de jeunesse* ?

— Non, fait Jana avec un sourire crispé. Mais elle travaille sur une nouvelle œuvre intitulée *Titan*. Nous avons hâte de la découvrir.

« L'histoire d'*Amours de jeunesse* » annonce un panneau d'affichage. Je m'approche. C'est un collage de différents articles de presse concernant « le vrai couple d'adolescents qui a révolutionné le monde de l'art ».

— Je ne savais pas qu'ils avaient existé, je remarque avant de lire plusieurs paragraphes où j'apprends qu'ils s'appellent Gabrielle et Patrick. Cette histoire est follement romantique. Se sont-ils mariés dans la vraie vie ?

— Tout a été largement raconté dans un documentaire télé, m'explique Jana comme si j'étais un peu faible d'esprit.

— J'ai raté ça !

En examinant une photo du *Daily Mail* montrant le couple en tenue de mariage, j'ai soudain une idée.

— Et si Mavis Adler reprenait leur histoire ? Imaginez. Elle pourrait peindre *Mariage d'amour* à partir d'une photo des noces. Et, s'ils ont des enfants, *Amour de famille*. Ce serait un immense succès. Vous vendriez des tonnes de mugs.

Dans ma tête, je conçois déjà la campagne de promotion. Hashtags, images, partenariats, événements, réseaux sociaux… Qu'est-ce qui m'arrive, tout à coup ? Je ne pensais pas que ma créativité se ranimerait de cette façon. Je me croyais à mille lieues du marketing, du boulot, de tout. Ce réveil a une signification.

— Oui, acquiesce Jana, le sourire définitivement figé en grimace. Plusieurs personnes lui ont suggéré de peindre des suites. Mais Mme Adler a choisi de ne pas se réengager dans cette histoire. Inutile de préciser que nous soutenons son intégrité et que nous sommes très heureux de sa nouvelle entreprise esthétique.

Je la plains. Elle meurt d'envie de vendre une nouvelle œuvre romantique signée Mavis Adler, et elle doit s'extasier sur des poutrelles. Je ne doute pas de la puissance innovante de ces sculptures, mais franchement, ça se case où ?

Je reviens à mon enquête.

— Vous êtes certaine qu'elle ne laisse aucun message sur la plage en ce moment ?

— Eh bien, tout est possible... mais elle séjourne à Copenhague actuellement.

Voilà qui ruine ma théorie. Elle ne peut pas être en même temps à Copenhague et sur la plage de Rilston Bay.

Quoique, à bien y penser, c'était plutôt la théorie de Finn. Donc, finalement, je reste en piste.

— Elle rentre dans deux jours, m'informe Jana. Nous organisons d'ailleurs un événement dans la salle de bal du Rilston. Ce sera l'occasion de découvrir son *Titan*.

— Ohhh ! je fais parce que je sens bien qu'une réaction de ma part est attendue.

— Oui, ce sera un moment important, suivi d'un cocktail. Si vous êtes tentée, les détails figurent dans cette brochure. Je vous laisse regarder.

Je parcours la galerie, m'arrêtant devant les aquarelles et les immenses vases en céramique, avant de revenir à la section cadeaux. Environ 90 % de ce qui est proposé ici tourne autour d'*Amours de jeunesse*. Le reste se résume à un lot de cartes postales représentant les messages de la plage. Je choisis un tote bag *Amours de jeunesse* et j'arrive à la caisse.

— Excellent choix, commente Jana en scannant l'étiquette. J'ajoute le catalogue de la nouvelle exposition ?

Persuadée que je vais l'acheter, elle pose un exemplaire à côté du terminal de paiement. Je gémis intérieurement. Sasha, il faut que tu assumes ton statut de béotienne radin.

— Seulement le sac, merci. Pour le catalogue, je verrai plus tard.

— Pas de problème, dit-elle en replaçant d'un geste volontairement lent le catalogue derrière elle, sur le haut de la pile. Aucun souci.

La pile est très haute. Il est clair que beaucoup de gens pensent comme moi. J'ai un peu honte, mais pas assez pour dépenser vingt livres pour des photos de poutrelles métalliques que je ne regarderai jamais.

Une fois dans la rue, je vérifie mes messages, mais ni maman ni Kirsten ne m'ont fait signe.

Sur la plage, le vent s'est levé. Des bourrasques chargées de sable balayent le rivage. Immobile devant le spectacle inquiétant des plaques de sable qui tourbillonnent, j'ai l'impression que le sol bouge sous mes pieds.

Je filme la scène pour la montrer à Finn puis reprends ma marche, les yeux fixés sur le Surf Shack, seul point de repère sur cette partie de la plage. Je reçois une goutte de pluie sur le visage. Quel drôle de temps, franchement ! Dès qu'on pense qu'il se met à faire beau, voilà qu'il recommence à pleuvoir. Ça ne m'empêche pas de profiter de cette promenade, de l'air frais, des mouettes piaillant au-dessus de ma tête. Je communie une fois encore avec la nature. Je savais que j'y arriverais.

Et puis, au milieu de ces pensées, soudain, ma tête se vide. Là-bas, devant le Surf Shack... Il y a quelqu'un et cette silhouette me rappelle... C'est Terry ! Terry, de retour sur son deck, les bras grands ouverts comme s'il rassemblait ses élèves surfeurs avant un cours.

Ai-je une hallucination ?

Je presse le pas et finis par courir vers le Shack.

C'est étonnant de voir Terry habillé d'un pantalon en velours côtelé et d'une veste en polaire, alors que je ne l'ai connu qu'au travail, pendant la saison d'été, en combinaison ou en maillot de bain. Dans mon souvenir, il était toujours sur la plage, bronzé, prêt à passer à l'action.

Eh bien, il a changé, et c'est triste à voir. Mon cœur se serre. Il n'y a pas que ses vêtements qui sont différents. Son visage est plus creusé, sa chevelure encore plus blanche et dégarnie. Ses jambes flottent dans son pantalon. Ses mains osseuses tremblent légèrement. Il a l'air fragile. Terry Connolly a l'air fragile.

Je tente de me consoler en me disant que c'est normal. Vingt ans se sont écoulés depuis la dernière fois que je l'ai vu. J'espérais quoi ? Pourtant, je n'arrive pas à l'accepter. J'aimerais qu'il redevienne ce qu'il était. Le maître des vagues au torse puissant. Le maître de la plage. Le maître de la vie.

— Salut, Terry !

Il tourne la tête vers moi. Sa barbe de trois jours a disparu. Rasé de près, son visage semble vulnérable. Son regard bleu, d'abord vague, s'éclaire comme s'il me reconnaissait.

— Tu viens pour un cours ? Le premier est à 10 heures. Tu as déjà pratiqué le surf ?

Sa voix est plus feutrée qu'autrefois, avec toutefois un reste d'entrain. En m'approchant, j'essaye de croiser son regard vacillant.

— Je m'appelle Sasha. Vous étiez mon professeur.

— À 10 heures. Tu as besoin d'une planche ? Va voir Sandra, ma femme, elle va s'en occuper.

Il jette un coup d'œil derrière lui comme s'il espérait trouver la porte ouverte, avec Sandra assise derrière une table et le va-et-vient habituel des enfants en combi.

Mais Sandra est morte il y a trois ans.

— OK, je vais m'inscrire.

— Il n'y a pas tellement de monde, reprend-il en contemplant la plage déserte.

— Non, vous avez raison.

J'ai le cœur brisé. Que dire ? Comment réagir ?

— Il faut que tu enlèves cet anorak. Tu ne peux pas surfer avec ce truc sur le dos.

— Je l'enlèverai pour le cours.

— Très bien. Très bien ! Tu es dans un groupe de débutants, hein ?

— Oui, c'est ça.

— Tu seras une bonne surfeuse, m'encourage-t-il. Tu vas y arriver. Mais où sont les autres ? Ils sont en retard. Va les chercher, tu veux bien ?

— Je...

— Sandra, combien d'élèves pour le premier cours ? s'écrie-t-il, et comme la réponse ne vient pas, il va vers la porte close, la contemple pendant une bonne minute puis secoue la tête avec perplexité. Je ne sais pas où elle est allée, murmure-t-il.

Son regard retombe sur moi et s'éclaire.

— Ah, c'est toi !

— Oui, je réponds avec un soupir de soulagement. C'est moi, Sasha. Vous vous souvenez de ma sœur Kirsten ? Nous venions...

— Non, j'ai dû t'inscrire au premier cours, dit-il sans m'entendre. Celui de 10 heures. Je sais que tu as déjà surfé mais... Ma petite, où est ta planche ? Tu as besoin d'une planche.

Impossible de répondre tant je suis sous le choc. En observant le visage de Terry, plein de gentillesse, je sens deux larmes couler sur mes joues. Quand Tessa nous a annoncé que son père n'était plus lui-même, je ne pensais pas...

En fait, je n'ai pensé à rien. Je n'ai rien imaginé. Je voulais que Terry soit comme je me le rappelais. Pour toujours.

Il remarque mes larmes et secoue la tête d'un air compatissant.

— Oh, ma petite, tu t'es fait mal, c'est ça ? Écoute, écoute, écoute.

Je retiens ma respiration. C'est ainsi qu'il commençait toujours son discours d'encouragement, « écoutez, écoutez, écoutez », avant de nous dispenser quelque sage conseil. Mais comment pourrait-il m'aider à dissiper la tristesse que j'éprouve ?

Pendant un instant, il ne semble pas savoir comment continuer. Et puis, comme si son cerveau se remettait en bonne marche, il me sourit gentiment.

— Ce n'est pas grave de tomber. La mer s'est amusée avec toi, c'est tout. Apprends à contrôler la mer et à contrôler ta vie. Tout ce qui t'arrive, de bien ou de mal, constitue une expérience. Rien de tel qu'une expérience. C'est un cours.

Remarquant la dernière ecchymose due à ma rencontre avec le mur de briques, il ajoute :

— Tu as encore mal ?

— Non, presque plus.

— Tant mieux. C'est donc l'intérieur de ta tête que tu dois soigner, fait-il en se tapant le front.

— J'aimerais beaucoup, croyez-moi.

Il fixe sur moi un regard soudain cohérent et déterminé.

— Tu sais ce que tu dois faire ? Aie confiance en toi. Crois en toi. Tu vas suivre mon conseil ?

— Oui, je vais essayer, je réponds d'une voix étranglée.

Terry inspecte la plage comme pour trouver la raison de ma détresse.

— Écoute, écoute, écoute, ma petite. Je sais que tes amis se moquent de toi. Et je vais leur dire ma façon de penser. Mais enfonce-toi dans la tête ce que je vais te dire : personne ne se souvient des gamelles. Les gens se souviennent des réussites, ils se souviendront de toutes les fois où tu as attrapé la vague et surfé jusqu'au rivage. Je t'ai vue le faire. Tu peux le faire.

Je suis incapable de bouger, incapable de parler. Ses mots me touchent infiniment, au plus profond de mon être.

— Et maintenant, reprend-il, tu veux savoir pourquoi tu t'es plantée ?

— Oui, dites-moi. S'il vous plaît.

— Parce que tu as essayé. Tu as essayé de toutes tes forces, ma petite. Du coup, tu étais au-dessus des autres.

Il lève sa main, prêt pour un high five. Quand je frappe doucement sa paume, il prend ma main et je sens sa peau fine comme du papier.

— Crois en toi et tout ira bien.

— Merci, Terry, je dis en essuyant deux larmes qui viennent de jaillir. Merci pour tout. Pour tout.

— Avec plaisir, répond-il, ravi et un peu désorienté. C'est toujours un plaisir. Tu t'es bien débrouillée l'autre jour.

Son regard se fait flou. J'ai l'impression qu'il a perdu le fil de ses pensées.

— Tu peux laisser ta planche ou la garder pour la journée. Mais préviens Sandra. D'accord ? Oh, bonjour !

Une femme corpulente vient à notre rencontre, le sourire aux lèvres.

— Bonjour, je suis Deirdre. On y va, Terry ?

— Et moi, je suis Sasha, je dis en espérant que mes larmes ont séché. J'ai connu Terry autrefois.

— Il vous a appris à surfer ?

— Oui, je ne l'avais pas vu depuis vingt ans.

Elle affiche un air de compréhension un peu triste.

— Il a changé. Mais au fond c'est toujours le même homme formidable. Prêt pour un bon thé, Terry ? Tessa va nous rejoindre un peu plus tard.

Avec un hochement de la tête, Terry attrape le bras de Deirdre.

— Si vous voulez repasser le voir, il est souvent sur la plage.

— Oui, merci. Je reviendrai sûrement. À bientôt, Terry. J'ai été très heureuse de vous revoir.

— Ce que tu *dois* te rappeler, dit Terry comme si nous étions au milieu de notre conversation, c'est que…

Il stoppe en soupirant avec une expression de frustration.

— Ne vous inquiétez pas, Terry. Prenez votre temps, l'encourage Deirdre.

On n'entend que le bruit des vagues et du vent. Semblant se souvenir de ce qu'il voulait dire, il me fixe de son regard bleu intense. Et l'espace d'une seconde j'ai le sentiment d'être en face de l'homme de mon enfance.

— Tu dois te rappeler qu'il faut profiter de la balade. Profite de chaque moment. Sinon, à quoi ça sert ? La balade est *le point* essentiel.

— Je sais, je dis en souriant malgré mes larmes aux yeux. La balade est *le point* essentiel.

La mine satisfaite, il me montre les vagues grises interdites.

— Exactement. Bon, assez parlé. Vas-y !

— Très bien, fait Deirdre. Elle va y aller et nous, nous rentrons manger du cake. Au revoir. Ravie d'avoir rencontré une élève de Terry. Il y en a eu tellement. Il a dû en donner, des cours !

— Oui, c'est vrai.

Terry m'adresse un sourire et part au bras de Deirdre. Je m'affale sur le deck devant le Surf Shack, perdue dans un méli-mélo de pensées et de souvenirs.

14

J'annonce la nouvelle à Finn dès que je le rejoins pour boire un verre sur la plage.
— J'ai vu Terry !
— Terry ?
Son visage s'illumine, comme le mien un peu plus tôt. Je sais immédiatement qu'il va être aussi triste que moi en apprenant l'état de santé de notre professeur de surf. Quand je lui décris la silhouette frêle et l'esprit confus de Terry, il reste plongé dans un silence affligé.
— J'imagine qu'on devait s'y attendre, dit-il finalement. Il a connu quelques problèmes. On le pensait indestructible, mais on s'est trompés.
— Tu sais ce qu'il m'a dit cet après-midi ? Personne ne se souvient des gamelles, tout le monde se souvient des réussites.
— Tout à fait son genre de phrase, sourit Finn. Il a terminé avec son légendaire « Vas-y » ?
— Oui, je dis m'asseyant à côté de lui. Le plus curieux, c'est qu'à certains moments il était comme autrefois. Il m'a sorti son discours habituel, presque comme pendant les cours de surf. C'était surréaliste.

— Enseigner à des jeunes ce sport qu'il adore, pour lui, c'était le paradis.

— Et nous avons eu la chance de l'avoir comme dieu.

— Tout à fait d'accord avec toi. Je me souviens qu'un été, un garçon de mon groupe a laissé tomber le surf le premier jour. Sa mère préférait qu'il prenne des leçons de golf. Terry est devenu fou furieux. Pour lui, c'était une erreur morale. Comme si c'était un commandement de la Bible : « Tu pratiqueras le surf. »

— Typique !

— Je prenais ma planche dans la boutique et je l'ai entendu parler à la mère du garçon. « J'offre à votre fils l'accès au *paradis*. Prendre une vague amène aux portes du ciel. Vous me comprenez ? Et vous choisissez le golf au lieu du *paradis* ? »

— Et le garçon, il disait quoi ?

— Il restait planté là, sans un mot. Il avait sans doute bu la tasse et n'avait pas aimé ça.

— À l'heure actuelle, il enchaîne peut-être les victoires au Masters. Le prince du green !

Finn éclate de rire, avale une gorgée et se lève.

— J'allais oublier. Attends-moi.

Il va dans sa cabane et revient en froissant un paquet.

— J'ai acheté des amuse-gueules.

— Des chips de betterave ? je m'étonne en lisant l'étiquette.

— Très saines, commente Finn, ravi de son achat. Mais possiblement immangeables. Enfin, c'est un début.

Il ouvre le paquet, m'en offre une avant de se servir. Nous mâchons sans mot dire.

— Pas mauvais, je dis.

— Pas très bon, réplique-t-il.

— Assez médiocre.

— La vie est trop courte pour déguster des chips en carton parfumées à la betterave. Tant qu'à faire, autant en manger des vraies.

— On dirait du pur Terry, je dis en m'esclaffant.

— Bien vu ! Dans le doute, demande-toi ce qu'il dirait. Je sais : « Savoure ces foutues chips ! »

Il ferme le paquet et le pose en ajoutant :

— Terry m'a donné de grandes leçons de vie.

Je l'observe par-dessus mon verre. Au début, je le prenais pour le monstre le plus épouvantable de la planète. Mais plus nous parlons, plus nos avis se rejoignent, plus je me rends compte que je suis proche de lui. J'aime bien connaître son opinion sur un peu tout. Je trouve qu'il a des points de vue sensés, ce qui n'est pas si fréquent. La tête levée vers le ciel parsemé d'étoiles, je me dis qu'au fond j'avais juste besoin d'un ami.

Une heure plus tard, la bouteille de champagne est vide et je commence à frissonner. Il est temps de rentrer.

— J'en ai marre du room service, j'annonce alors que nous marchons vers l'hôtel. Ce soir, je dîne dans la salle à manger.

— Moi aussi. D'ailleurs, j'ai réservé une table.

— Tu as réservé ? Tu crains qu'il y ait foule ?

— Je l'ai fait par habitude. J'ai demandé s'ils avaient de la place ce soir et Cassidy a bataillé environ une demi-heure avant d'arriver à se connecter à son logiciel. Tu sais ce qu'elle m'a sorti ? « Je pense qu'on arrivera à vous caser, monsieur Birchall. »

— Te caser dans une salle à manger vide ? C'est à mourir de rire.

— Ils font peut-être le plein ce soir. Tout est possible. Tu as des plans pour demain ?

— Je n'y ai pas encore réfléchi. Le même genre d'activités que les autres jours, je suppose.

— On pourrait aller à Kettle Cove. Ça te dirait ? On prendrait le sentier côtier.

— Excellente idée !

La salle à manger a l'air encore plus lugubre que d'habitude. La plupart des tables et chaises ont disparu. Seules des marques sur la moquette attestent de leur présence. En plus de la planche sur porte-serviettes poussée près de la fenêtre, il n'y a plus que trois tables dans l'immense espace. La mienne d'un côté, celle de Finn à l'opposé et, au milieu de la pièce, une table pour deux où les West, suprêmement mal à l'aise, sont assis.

Je considère la nouvelle installation avec étonnement.

— Que s'est-il passé ?

Cassidy, dans une veste rouge vif qu'on dirait empruntée à une hôtesse de l'air, me renseigne :

— Nous avons vendu quelques meubles sur eBay. Pour trois cents livres. Pas mal, hein ? Vous souhaitez dîner dans la salle à manger, mademoiselle Worth ?

— S'il y a une table libre, je réponds avec un clin d'œil à Finn. Je n'ai pas réservé.

— Hum, dit-elle en inspectant l'espace désert. Cela m'a l'air *possible*. Une personne, n'est-ce pas ? Vous en revanche, monsieur Birchall, vous avez réservé.

— J'ai pensé que c'était plus sage.

Je me mords les lèvres pour ne pas pouffer.

— Parfait ! Je crois me souvenir que vous tenez à être placés le plus loin possible l'un de l'autre. Grâce à notre nouvelle disposition, nous pouvons vous garantir une distance de dix mètres, fanfaronne-t-elle. Cet ajustement vous permettra de dîner plus agréablement. C'est une idée de notre manager.

Finn et moi échangeons des regards déconcertés. Quand je pense qu'il n'y a pas si longtemps, le fait de partager la plage nous exaspérait...

Je tente une ouverture :

— Ce n'est pas *si important* d'être éloignés...

— Ce n'est pas essentiel, lance Finn au même moment.

Cassidy balaye nos protestations.

— Pas de souci ! Répondre aux désirs de chaque client fait partie de la philosophie de l'hôtel. Nous voulons que chacun se sente heureux. À l'évidence, pour vous, cela passe par une séparation drastique. Si vous voulez bien me suivre, mademoiselle Worth, Nicolai va revenir d'un instant à l'autre. Il est juste allé aider Simon à déloger un renard qui a élu domicile dans une des chambres.

Une fois encore, je me force à ne pas éclater de rire.

— En effet, cet arrangement me semble parfait, acquiesce gravement Finn. Bon appétit, mademoiselle Worth.

Cassidy m'escorte donc jusqu'à ma table habituelle, qui semble à des kilomètres de celle de Finn. En passant devant les West, je leur adresse un sourire. Signe de tête de madame qui, mâchoires serrées, se détourne aussitôt. Quant à son mari, il paraît paralysé, figé dans sa détresse. Navrée d'être témoin d'une telle situation, je m'assieds à ma petite table naufragée et fais un signe de la main à Finn.

Et si je lui envoyais un message ? Oui ! Brillante idée !

J'ai l'impression d'être dans une salle d'examen !!!

Sa réponse arrive immédiatement :

S'ils ne voulaient pas qu'on triche, ils auraient dû nous confisquer nos téléphones.

Je hoche la tête et ouvre le menu que je connais par cœur à force de l'avoir consulté dans ma chambre. Rien de très folichon, sauf le plat signature du chef : une selle d'agneau pour deux.
J'en ai l'eau à la bouche ! J'écris à Finn :

Tu veux partager une selle d'agneau ?

Et comment !

Nous levons nos verres à cette décision. Toujours pas de trace de Nicolai. Le renard doit s'opposer farouchement à son expulsion.
À leur table, les West se parlent à voix basse. Leur échange n'a pas l'air très aimable ! De temps en temps, ils regardent autour d'eux comme pour vérifier que personne ne les entend. J'examine mon téléphone avec soin histoire de leur montrer que leur conversation ne m'intéresse pas. Je cherche « Kettle Cove » pour être sûre que c'est toujours ouvert au public, puis clique sur « attractions des environs ».
— Il ne s'agit pas seulement de sexe !
La voix de Mme West est montée d'un cran. Moment gênant. OK, Sasha, ne regarde pas dans leur direction ! Je penche ostensiblement la tête vers l'écran de mon

portable, leur signifiant que je suis trop concentrée sur Google pour entendre leur dispute conjugale.

En fait, je suis vraiment absorbée par ce que je lis. Apparemment, une nouvelle tyrolienne a été installée près de Kettle Cove. La description donne envie d'essayer. « Lancez-vous dans une aventure exaltante et unique en survolant Kettle Cove. Vitesse surprenante et vues spectaculaires garanties. »

Je regarde la vidéo en mode silencieux, avec une sensation de plaisir anticipé : une femme sanglée dans un harnais glisse le long d'un câble, au-dessus d'un torrent. Génial. Non seulement le panorama est sublime, mais cela correspond à l'étape numéro 11 de mon programme.

Partez à l'aventure. Réveillez votre corps avec un afflux d'adrénaline. Lancez-vous dans le saut à l'élastique, la tyrolienne, ou allez voir un film d'horreur. Tout est bon pour stimuler vos sens.

Stimuler mes sens ? Facile ! Je me lève et traverse la salle en direction de la table de Finn. Je jette un petit sourire du côté de Mme West qui tripote nerveusement sa serviette et de son mari qui regarde en l'air, visiblement subjugué par les moulures du plafond.

— Tu fais une excursion ? s'exclame Finn. Bienvenue dans cette partie de la salle à manger !

— C'est superbe ici, je dis avec un coup d'œil admiratif. Regarde ce que j'ai déniché : une tyrolienne, à côté de Kettle Cove.

Il étudie le site et regarde la vidéo avec intérêt.

— Super ! C'est ouvert ?

— Oui ! On va y aller.

Je reviens à ma table, presque sur la pointe des pieds pour ne pas déranger les West, toujours plongés dans le mutisme le plus complet.

— Excusez-moi, je murmure, sans savoir très bien pourquoi.

Mme West me fait un demi-sourire. Quelques instants plus tard, c'est au tour de Finn de s'approcher de ma table. Contrairement à moi, il ne fait pas attention au sinistre couple. Il avance avec assurance, faisant craquer les lattes de parquet à chaque pas, et me hèle d'une voix de stentor.

— J'ai quelque chose à ajouter à la visite à Kettle Cove, tonne-t-il. Je propose un gigantesque goûter après l'expédition tyrolienne. Sauf si cela va à l'encontre de ton régime santé.

— Pas du tout ! Dans le Devon, on est *forcés* de prendre le goûter. C'est la loi.

— Absolument. C'est une obligation. Je vais chercher un endroit.

— Quand j'étais enfant, on est allés plusieurs fois au Tea Kettle, je crois.

— Je connais. Je vais vérifier s'il existe toujours. Et dès que Nicolai réapparaîtra, je lui commanderai la selle d'agneau pour deux.

Sur ce, il me salue et retourne à sa place, mais je m'aperçois que nous avons oublié de choisir un accompagnement. Je me lève encore une fois et me dirige vers le bout de la salle en essayant d'être discrète malgré les craquements du plancher. Peine perdue. Mme West exprime son agacement d'une façon si explicite que je m'arrête en chemin.

— Désolée de vous importuner. Je veux dire quelque chose à mon ami.

— Pourquoi n'échangerions-nous pas nos tables ? grince-t-elle. Vous éviteriez d'aller et venir comme ça. Nous, de toute façon, nous n'avons plus rien à nous dire.

Consternée, je la regarde rassembler son sac et son foulard, prête à déménager.

— Hayley ! s'écrie son mari.

— C'est vrai, réplique-t-elle. Tu as quelque chose à me dire, toi ?

— Tu te couvres de ridicule, marmonne-t-il.

— Nous sommes venus ici dans l'espoir de réparer les pots cassés. Ce n'est pas le silence qui va arranger les choses, si ?

— Je suis censé dire *quoi* ? explose M. West. Que je suis désolé pour ma conduite depuis qu'on se connaît ? Je t'ai demandé pardon, Hayley. Je ne peux pas faire plus.

— Tu l'as dit mais tu n'en penses pas un mot, rétorque-t-elle en plaquant un mouchoir sur son visage.

— Aujourd'hui, je ne sais plus ce que je pense. J'ai perdu le goût de vivre et je me moque bien de ce que les autres peuvent entendre.

Il sort en trombe de la salle à manger sous l'œil de sa femme dont les joues virent au rouge pivoine. Elle se lève en soupirant et le suit. Nous restons immobiles, Finn et moi.

— Beurk, je dis au bout d'un instant.

— Une scène impressionnante…

— Ils ont l'air tellement malheureux ! Je me demande ce qui s'est passé.

Une telle souffrance m'a secouée. J'ai l'envie ridicule de courir derrière eux pour les serrer contre moi. Mais ce serait manquer de tact. Et si j'en parle à Finn, il va sans doute se moquer de moi.

Son esprit pratique prend vite le dessus :

— On prend leur table ? propose-t-il. Elle a raison, c'est plus logique.

— Non ! Imagine qu'ils se réconcilient et qu'ils nous trouvent installés à leurs places.

— Qu'ils se *réconcilient* ? Tu veux rire !

— C'est possible. Visiblement, elle veut renouer puisqu'elle s'est précipitée derrière lui. Sinon elle serait restée assise et l'aurait laissé filer.

— Théorie intéressante. Reste à savoir si lui a envie de faire la paix.

— Pas sûr, j'admets. Mais on doit laisser leur table vacante au cas où.

J'hésite, jette un coup d'œil à la table de Finn, puis à la mienne.

— Malgré tout, ce serait plus sympa de...

— ... de s'asseoir ensemble ? Ce sera plus simple que de s'envoyer des messages, je suis d'accord. On fait quoi ? On colle nos tables l'une contre l'autre ?

Lentement, en prenant mille précautions, nous tirons nos tables respectives vers le centre de la pièce. Mes verres tanguent dangereusement, mais je suis déterminée à terminer l'opération sans dommage. De son côté, Finn entreprend la même manœuvre mais il pose son verre de vin par terre.

— Tricheur !

— Non, je suis pragmatique.

Une fois nos tables placées au milieu de la salle à manger, à trois mètres de celle des West, on dispose de nouveau nos couverts, nos assiettes et nos verres, et on se débarrasse du vase de fleurs en trop. Finn récupère son verre de vin et tire ma chaise.

— Milady, si vous voulez bien vous donner la peine...

— Merci, milord !

Il s'assied en face de moi. Au moment où je cherche Nicolai des yeux, un cri de protestation perce le silence. C'est Simon, le manager, complètement désemparé.

— Monsieur Birchall ! Vous me voyez consterné. J'ignore comment cette erreur monumentale a pu se produire. Tout le personnel sait *pertinemment* que vous souhaitez être assis aussi loin que possible de...

— Pas de problème, je m'exclame sans qu'il ait l'air de m'entendre.

— Au Rilston, nous sommes fiers de nos... Cassidy, qu'est-ce que... Qu'est-ce qui se passe ici ?

Cassidy manque de laisser tomber la carafe d'eau qu'elle a dans les mains.

— Je ne sais pas du tout, Simon ! Ce n'est pas ma faute. Je les ai installés à des kilomètres l'un de l'autre. Des *kilomètres*. Ah, Nicolai, vous tombez bien ! C'est vous qui avez rapproché les tables ?

— Mais non, proteste l'intéressé. Pas du tout, du tout.

— Eh bien, séparez-les, et vite ! lui ordonne Simon. Monsieur Birchall, mademoiselle Worth, je vous renouvelle toutes mes excuses pour cet incident regrettable. Nous serons heureux de vous offrir la consommation de votre choix au bar, pendant que nous réparons cette bévue et...

— En fait, nous préférons cet arrangement, le coupe Finn. Si ça ne vous ennuie pas.

— C'est nous qui avons réuni les tables, j'ajoute.

Le regard sidéré de Simon se pose alternativement sur Finn et sur moi :

— C'est... ? C'est *vous* ?

— J'espère que ça ne vous dérange pas, dit Finn. Comme il n'y avait personne à qui demander, nous avons décidé de prendre les choses en main.

— Mais pourquoi dîner ensemble ? s'écrie Cassidy. Vous ne pouvez pas vous supporter... Attendez, dites-moi : vous ne seriez pas en couple, par hasard ?

Pendant une microseconde, cette idée me donne l'impression d'avoir une nuée de papillons qui voltige dans mon estomac. Pourquoi cette sensation ?

Oh my God ! Suis-je à nouveau... ? Est-il possible que je sois soudain intéressée par les parties de jambes en l'air ? Se pourrait-il finalement que je redevienne vivante ? Que je me réveille ?

Allez, c'est le moment d'imaginer une scène sexy, pour tester. Alors ? Je n'ai que des clichés en tête, rien d'affriolant, rien de pertinent. Je crois que je suis encore un peu endormie. Mais je sens que quelque chose se dessine. Un quelque chose qui deviendra peut-être concret. Un jour.

— Non, nous ne sommes pas en couple, précise Finn. Nous sommes seulement deux clients qui passent du temps ensemble et aiment bavarder. Tu es d'accord, Sasha ?

— Complètement d'accord.

— Je comprends, dit Simon avec l'air du type qui ne comprend rien. Eh bien, je vous souhaite un bon dîner.

15

L'air embaume. En fait, en ce moment, tout sent bon, tout a bon goût. De la brise divinement parfumée jusqu'à mon gel douche. Le pied ! Mes sens se sont réveillés, mon niveau d'énergie a monté. Tout va bien. Ma libido est encore rouillée mais je m'en fiche puisque je me sens au top, équilibrée, sur le plan physique autant qu'émotionnel. Je parle à Dinah tous les jours, et chacune de ces conversations me laisse hilare.

Et ma plus grande satisfaction, c'est que je ne suis plus obsédée par Zoose dès mon réveil. Je n'écris plus de notes rageuses sur le management de mon service. Je ne pense pas à ce que je dirai à Joanne à mon retour au bureau. Je ne me rejoue pas le film de mes pires moments professionnels. J'ai laissé tomber. Enfin. Je repenserai à mon boulot *quand j'y serai*. Pas avant.

J'ignore ce qui m'a aidée le plus. Les squats, le sommeil, l'air marin ou la compagnie de Finn. Nous avons rapproché nos tables il y a une semaine. Depuis, nous avons chaque jour une activité commune. J'ai hurlé en planant au-dessus des arbres sur le câble de la tyrolienne. Nous avons arpenté le sentier qui court au sommet de la falaise. Nous avons visité le petit musée des Choses étranges ramassées sur le rivage à Campion Sands, en essayant de ne pas pouffer de rire devant le vieux conservateur. Nous nous sommes régalés des spécialités du chef Leslie et nous avons même partagé un pot de chou fermenté (à ma grande surprise, pas si mauvais).

Aujourd'hui, nous avons escaladé des rochers. Mon jean s'est déchiré, les baskets de Finn se sont remplies d'eau quand il a marché dans une flaque. Et nous avons dévoré un énorme goûter. Maintenant, nous nous promenons sur les chemins pavés de galets autour de Kettle Cove. Il fait doux en cette fin d'après-midi, il y a comme un air de printemps.

— Tu veux un chocolat ? demande Finn en sortant une boîte de sa poche.

— Tu les as apportés ? Je *rêve* ! Mais non, merci, j'ai déjà trop mangé.

Les chocolats étaient sur la plage ce matin, devant les cabanes, avec un message identique aux précédents. « Merci au couple de la plage. 18/8. » La même chose se produit tous les jours et j'ai cessé d'essayer de deviner la signification de ces mots. Je suis quand même certaine qu'il ne s'agit pas d'une installation artistique.

— Si on veut être rentrés à temps pour le dîner, il faut qu'on rebrousse chemin, je dis après avoir consulté ma montre.

— À moins qu'on aille déguster un fish and chips sur la plage et qu'on rentre ensuite en taxi au Rilston.

— Oui, sauf que je n'ai pas faim.

— Ton appétit va revenir dès que tu seras devant le stand et que tu sentiras l'odeur du vinaigre.

— Fish and chips sur la plage : c'est drôlement mieux que le bureau.

— C'est sûr. Puisque tu abordes le sujet, j'ai une question.

— Laquelle ?

— D'après ce que tu m'as dit, tu étais malheureuse chez Zoose. Pourquoi tu n'as pas changé de job ? Pourquoi rester jusqu'au point de rupture et cette fuite spectaculaire ?

— Changer de job est épuisant. C'est même un job en soi. Trouver des offres, aller aux entretiens, se montrer brillante…

— Mais tu es brillante !

Je ricane :

— Oh non.

— Tu n'as jamais été contactée par des chasseurs de têtes ?

— Si, mais je n'ai pas donné suite.

— Pourquoi ?

— Par manque de temps. Ou d'énergie.

— Hum ! Tu ne veux pas quitter le marketing pour travailler dans autre chose ? demande-t-il après un temps de réflexion.

— Non, je dis, étonnée par ma certitude. Le marketing est passionnant. Ça implique de trouver des solutions, c'est créatif, amusant. Enfin, ça peut l'être. Et puis c'est ce que je *sais* faire.

— Compris !

— Dans mon boulot précédent, j'étais aussi au marketing. C'était super. Mais chez Zoose, la donne a changé…

— OK. J'ai une autre question. Pourquoi tu as laissé la fatigue te gagner au point de ne pas avoir la volonté de changer de poste ? Pourquoi tu as continué à dire oui à tout ?

— Parce que... le boulot devait être fait et qu'il n'y avait personne pour s'en charger. C'est le bazar chez Zoose, tu sais.

— Dans ces cas-là, tu refuses, tu dis « non ».

— Si on dit « non », c'est simple : le boulot à faire s'accumule.

— Alors, tu menaces de partir. Tu laisses les trucs en plan et tu expliques pourquoi tu n'as pas le temps de les terminer. Tu te fixes des limites et tu t'y tiens.

J'ai l'impression qu'il parle dans une langue étrangère.

— Ce n'est pas mon genre, je dis finalement.

— Tu peux changer de genre. Tu te sous-estimes. À t'entendre, tu n'as aucun moyen de pression. S'il le fallait, pourrais-tu arrêter de travailler pendant un moment jusqu'à ce que tu trouves un job plus sympa ?

Je sens la panique monter en moi.

— Je ne sais pas. Je suis allergique au risque. L'échec me fait vraiment peur.

— Tu préfères stagner que risquer un échec ?

Ses mots résonnent au plus profond de moi. Car c'est exactement la façon dont je vis. Je stagne.

— J'ai toujours voulu éviter les problèmes financiers.

— Ce qui signifie que ton compte en banque se porte convenablement.

À la manière dont il prononce « compte en banque », je devine ce qu'il pense : si mon compte en banque est équilibré, le reste de ma vie ne l'est pas autant.

— Je sais que je dois quitter mon job, je m'entends déclarer. Je vais le quitter. Réellement.

Cette affirmation m'a échappé. Sidérée, je fixe le ciel qui s'assombrit. Vais-je vraiment quitter mon boulot ? Réellement ?

Une drôle de sensation m'envahit peu à peu. On dirait de la... joie. Une joie éclatante, précieuse, synonyme de bonheur et de liberté.

N'était-ce pas une de mes résolutions ?

Je pars d'un rire presque hystérique.

Je peux quitter mon job si je veux. Je peux donner ma démission !

Bien sûr, Sasha, tu peux le faire. Tu *as* ce pouvoir. Tes compétences ont beaucoup de valeur. Aie confiance en toi.

— Et Zoose est...

Je cherche une façon précise d'exprimer ma pensée.

— Le management chez Zoose est *défaillant*.

— Dis-m'en plus à ce sujet. Sérieusement, insiste-t-il quand j'éclate de rire. N'oublie pas que je suis consultant. J'aime entendre parler des dysfonctionnements des boîtes. Ça me permet de mieux dormir.

Je lui raconte le manque de personnel, les erreurs de priorisation, les luttes de pouvoir. Tout. Je décris le comportement d'Asher. Celui de Lev. Celui de Joanne. Avec le recul, j'analyse les choses différemment.

— Un vrai bordel, commente Finn quand je termine. Les start-up traversent de mauvaises passes, surtout quand elles se développent trop vite. Le succès, c'est grisant, mais il faut faire attention à la suite. Quant au frère incompétent... Le fondateur finira par payer son frère pour s'en débarrasser mais il doit réagir sans tarder. Dis-le-lui.

— Je n'y manquerai pas. La prochaine fois que j'aurai une conversation avec lui.
— Bien, fait Finn comme si je parlais sérieusement. On va au stand de fish and chips ?

Le local choisi par Finn est bourré de gamins. Je lui donne un billet de dix livres et j'attends dehors, assise sur le muret de mon enfance. À cette époque, la vie était belle. Aujourd'hui aussi. Agitée, surréaliste, mais belle quand même.

Je suis maintenant persuadée que je *vais* quitter mon job. Quand ? Comment ? Au fond, ai-je vraiment besoin d'y réfléchir davantage ?

Pendant quelques secondes, je ferme les yeux et me concentre.

Mais non, je n'ai pas besoin de peser le pour et le contre. Assez de cogitations, d'attente, d'immobilisme. Certes, maman m'a conseillé de ne pas prendre de grandes décisions, mais tant pis. Il le faut. Je dois passer à l'action. Maintenant.

J'attrape mon téléphone d'une main tremblante, sélectionne l'adresse de Tina Jeffrey, la cheffe du service des ressources humaines de Zoose, et commence à taper :

Chère Tina,
Je vous présente ma démission de mon poste de directrice des promotions spéciales. Je pense que mon congé légal suffit à couvrir le délai de préavis. Par conséquent, je ne reviendrai pas au bureau.
Bien à vous,
Sasha Worth

Sans prendre le temps de me relire, je lève le pouce et presse sur « Envoyer ». Là-dessus, Finn revient avec les fish and chips et deux Coca. Je le regarde en me forçant à sourire.

— Je viens d'envoyer ma démission.

— Quoi ? Tu as quoi ?

— J'ai quitté Zoose. Pendant que tu étais à l'intérieur, j'ai envoyé un mail à la cheffe des RH.

— C'est du rapide !

— Ouais !

Je m'oblige à me montrer super positive car, sous mon sourire, je sens une vague de panique qui monte en moi. Des questions défilent en rafale dans ma tête. Aurais-je dû attendre ? Dois-je prévenir maman ? Qu'est-ce que les gens vont dire ?

Et la plus grande et terrifiante : n'ai-je pas fait une connerie monumentale que je vais regretter toute ma vie ?

Mais je ne laisserai pas l'angoisse me dominer. Je suis déterminée à dompter ma peur, de même que ma tendance au catastrophisme et mon manque de confiance en moi. J'ai de l'expérience, un bon CV. Je vais trouver un autre job.

— Tu vas bien ? demande Finn.

— Oui, dis-je aussitôt, avant de rectifier pour être plus sincère : Ça ira.

— Ce n'est pas rien, comme décision, dit-il en s'asseyant à côté de moi. Quitter un boulot demande du cran.

— Je devais le faire. Je n'avais pas le choix.

Utiliser l'imparfait a un effet apaisant.

Finn me tend ma portion de fish and chips et j'engloutis une première frite.

— Tu as bien fait. Et si tu veux mon avis, ne te presse pas pour trouver un nouveau boulot, si tu peux te le permettre financièrement.

— Je peux, pendant un moment tout au moins, je confirme en mâchant.

— Bien. Quand tu décideras de sauter le pas et si tu veux des contacts de chasseurs de têtes, demande-moi. Ou si tu cherches à tester tes idées. De toute façon, tu trouveras facilement un boulot, et un boulot formidable. Souviens-toi des mots de Terry : « Vagues infinies, occasions infinies. »

— Je m'en souviens. Et merci pour ton soutien. Si je ne t'avais pas parlé, je ne l'aurais pas fait. Tu m'as aidée à m'analyser.

— Tu me flattes beaucoup, dit-il avec une lueur malicieuse dans le regard. Tu l'aurais fait de toute façon. Mais je suis content d'avoir donné un coup de pouce.

C'est un type bien, je me dis. Il est de bon conseil. Il n'a pas d'arrière-pensées. J'ai une immense affection pour ce mec solide qui voit plus clair que moi mais qui n'éprouve pas le besoin de se vanter ou de m'infliger de longs discours.

— Et toi ? Il se passe quoi, à ton bureau ?

Je pose la question car notre petite entreprise de soutien doit marcher dans les deux sens.

— Oh ! grogne-t-il, le visage fermé, comme si le sujet ne le passionnait pas et ne pouvait pas m'intéresser non plus.

— Tu vas rester dans ta boîte, ou elle est aussi bancale que la mienne ?

— Non, pas comme la tienne, ce n'est pas parfait mais... le fonctionnement global n'est pas en cause. Je vais y retourner, mais j'ai...

Il fait une pause si longue que je retiens ma respiration.

— J'ai d'autres problèmes.

Son visage a changé : front soucieux, sourcils froncés, regard baissé. On dirait qu'il ne supporte plus le monde et ses aléas.

Je suis navrée. Tout ce que je pourrais dire tomberait à plat. J'ignore tout de la nature de ses problèmes. Je vois seulement qu'il est sous tension. Mais, à moins qu'il me donne davantage de détails, je ne vois comment l'aider.

Je me lance tout de même :

— Je sais écouter. Tu peux me parler en toute confiance.

— C'est sympa de ta part, dit-il avec un demi-sourire. Je ne crois pas que ça m'aiderait, mais je te remercie.

C'est peut-être ridicule, mais son refus me blesse. En même temps, je sais que parfois ce n'est pas le bon moment. Et il est probablement trop épuisé pour s'épancher.

— Et si tu voyais quelqu'un ? Un thérapeute ?

Finn lève les yeux au ciel :

— Ça fait partie des exigences fixées par mon employeur, en plus de ce congé. En fait, c'est la condition de mon retour.

— Tu as un ou une thérapeute ?

— Pas encore. Une femme m'a téléphoné deux fois et laissé des messages.

— Tu l'as rappelée ?

Silence éloquent.

— Tu ne l'as *pas* rappelée ?

— Je vais le faire.

— Quand ?

— Je ne sais pas. Mais je vais le faire.

— Tu ne veux pas bénéficier d'une aide professionnelle ? C'est ça ?

— Mais non ! Simplement, je... Je vais m'en occuper.

En fait, il se montre réfractaire. Il se cache à Rilston Bay au lieu de s'attaquer à la résolution de ses problèmes.

— Pourquoi la thérapie t'effraie-t-elle à ce point ?

Il grimace si exagérément qu'il me fait rire.

— Pigé. Tu dois malgré tout la rappeler.

— Je sais. C'est dans mes projets. Tu veux un chocolat ?

— Si tu crois que tu peux me soudoyer avec des chocolats, je dis en piochant au hasard dans la boîte. Pas question que je laisse tomber. Je vais t'embêter jusqu'à ce que tu prennes contact avec cette thérapeute. C'est normal quand on...

Je me tais et fourre le chocolat dans ma bouche. Quel est le fond de ma pensée ?

C'est normal quand on tient à quelqu'un.

J'allais avouer à Finn que je tiens à lui. Ce qui est la vérité, je me dis. La vraie vérité. Pas besoin d'être gênée. Je tiens à lui. Pas amoureusement, bien sûr. Non !

Mais de quelle façon alors ?

Quels sont nos liens, exactement ?

Alors que j'observe sa mâchoire ombrée d'une barbe de trois jours, une sorte de chaleur m'envahit, mélangée à...

Minute, Sasha !

Minute !

Que signifie cette sensation... Ces drôles de picotements que je pensais disparus à jamais... Ça ressemble à un envol de papillons dans mon estomac, en dix fois plus fort. Incroyable ! Finalement, mon corps se réveille. C'est comme si le voyant d'une vieille plaque de cuisson redonnait signe de vie : pas franchement lumineux, mais pas mort non plus.

Ma respiration se fait plus profonde. Je suis super consciente du corps de Finn collé au mur près de moi. De légers effluves d'after-shave me parviennent. J'imagine le grain de sa peau, l'intensité de ses baisers. Aurais-je envie de coucher avec lui ?

Naaan ! Du calme. Ce n'est que le début. Je ne sais pas ce que je veux.

Pourtant, à l'évidence, j'ai des pulsions sexuelles. Et maintenant ?

En début de soirée, nous rentrons en taxi à l'hôtel. Vu l'attitude nonchalante de Finn, il est clair qu'il n'a pas perçu mes nouveaux frissons. Il n'y a que moi pour sentir ce frémissement, pour lui lancer des regards en biais. La situation a évolué pour moi. Pas pour lui.

Il est environ 22 heures quand nous arrivons. Le hall est désert. Les marches de l'escalier gémissent sous nos pas. Nous avons l'air d'un couple qui monte se coucher.

— Où est ta chambre ? je demande, une fois que nous sommes arrivés au premier étage.

Est-ce que c'est bizarre de ne pas le savoir ? À vrai dire, ça ne m'a pas semblé utile. Et ça n'a pas changé. Non, Sasha, le numéro de sa chambre ne te regarde pas.

— Je suis à l'étage du dessus. Au bout de six couloirs et douze bifurcations, environ.

— Pareil pour moi, un vrai labyrinthe !

Mon téléphone vibre et un rapide coup d'œil m'indique que Kirsten m'a envoyé des photos de ses enfants. Je les regarderai plus tard. Je découvre que j'ai aussi reçu un mail des ressources humaines de Zoose, avec une pièce jointe. Mon cœur se serre.

— Tout va bien ? demande Finn.

— C'est un mail de Zoose.

Je l'ouvre, pleine de spéculations : vient-il de Joanne ? D'Asher ?

Non.

— Rien de personnel. C'est un accusé de réception standard pour ma démission, je dis en déchiffrant. Signé d'une employée lambda.

— Elle travaille tard, ironise Finn.

— Tout le monde bosse jusqu'à pas d'heure chez Zoose, je te l'ai dit. Ah, écoute le dernier paragraphe : « Nous regrettons votre départ et, étant une entreprise qui prend soin de ses collaborateurs, nous aimerions savoir, grâce au formulaire que vous aurez l'obligeance de remplir, comment nous améliorer. De petits ajustements font souvent toute la différence. »

De petits ajustements ? J'enrage.

— Je parie que tu vas leur détailler quels « petits ajustements » ils auraient intérêt à prendre en compte, remarque Finn en riant. Dis-leur tout ce qui ne fonctionne pas. Balance-leur la vérité en pleine poire. Tu te sentiras mieux.

— Tu as raison, je dis en rédigeant déjà le mail dans ma tête. Merci encore. Pour aujourd'hui. C'était une belle journée.

— Je confirme : une belle journée !

Le silence s'installe, profond, la lumière est douce, l'ambiance est irréelle. Spontanément, je me penche en avant, comme si nous allions nous embrasser. Mon cerveau me lance un avertissement juste à temps. *Tu fais quoi, là, Sasha ?* Je pivote en vitesse et me baisse pour ajuster mon lacet qui n'en a aucun besoin.

— Alors bonne nuit. Dors bien ! je lance en me relevant.

— Bonne nuit à toi !

Je le suis du regard tandis qu'il monte les marches, en me demandant ce qu'il pense, ce qu'il a remarqué, ce qu'il ressent à notre sujet.

La réponse est sans doute : rien.

16

Au réveil, mes pulsions sexuelles n'ont pas disparu. Finn est sexy, je me dis, les yeux fixés au plafond. Super sexy. Rien qu'à m'imaginer échanger un baiser avec lui, je ressens une décharge électrique. Comme si on me murmurait à l'oreille : « Ce sera drôlement chaud. » Mais il ne m'embrassera jamais car j'ai tout fait pour le décourager. Je n'ai pas flirté, je lui ai même avoué que les relations sexuelles ne m'intéressaient plus – en lui parlant de ce « frottement entre parties génitales ».

Un sans-faute, Sasha, bravo !

Et maintenant, je fais quoi avec mes nouveaux sentiments romantiques ?

Cher Courrier du cœur, une amitié platonique me lie à un garçon que je rêve aujourd'hui d'embrasser. Problème : je lui ai dit que je considérais le sexe comme un banal frottement entre deux parties génitales.

Chère lectrice, c'est raté ! Si j'étais vous, je me retirerais dans un couvent.

Quelle abrutie j'ai été ! Tout se serait passé autrement si je m'étais montrée mystérieuse et sûre de moi.

Pourquoi ai-je trop parlé ? *Pourquoi* ai-je prononcé les mots « parties génitales » ? Pourquoi je n'ai pas vu dès le début que Finn était sexy, et même super sexy ?

J'attaque ?

Non ! Ça risque d'être bizarre. Je ne supporterais pas de gâcher cette belle amitié pour un baiser maladroit.

D'accord, mais il est *vraiment* sexy.

Bon alors, je laisse nonchalamment glisser ma main sur son dos divinement musclé ?

Étonnant que j'aie ce genre d'élucubrations... Je ne peux pas croire au réveil de ma sensualité. J'étais engourdie, sans appétit, à mille lieues de l'idée. En ce moment, en revanche...

Je me tortille dans mon lit, convoquant quelques souvenirs de parties de jambes en l'air. C'est tellement, tellement loin !

Est-ce qu'aujourd'hui je dirai oui au mec du Prêt à Manger ? En fait, non. Il ne me plaisait pas. Il n'y a que Finn. Avec toutes ses contradictions que je dois découvrir. Avec son visage renfrogné et son rire communicatif. Avec sa sagesse et ses lacunes. Avec sa bouche généreuse mais virile, souriante... C'est vrai qu'il a de belles dents...

Mais l'heure tourne. Je veux prendre un bon petit déjeuner, puis aller sur la plage pour vérifier s'il y a un nouveau message, et revoir Finn. Avec cette priorité : *agir avec naturel.*

Comme il n'est pas dans la salle à manger, j'avale en vitesse un cappuccino et des céréales puis me précipite sur la plage. Détails essentiels : je porte une queue-de-cheval, comme la Fille en Combi, et j'ai appliqué un tout petit peu plus (trop ?) de maquillage que d'habitude.

— Je suis là !

Finn me hèle dès que j'arrive sur le sable. Il contemple un nouveau message tracé à l'aide de galets.

Merci au couple de la plage. 18/8

Cette fois, il est accompagné d'un cake aux fruits dans une boîte en fer, elle-même enveloppée dans un plastique.

— Mais enfin, qui fait ça ? se demande-t-il. Il y a forcément une réponse. Cette histoire me rend dingue.

— Moi aussi.

J'inspecte la plage déserte, la mer vide. Aucun signe de vie. Pourtant quelqu'un doit nous épier, j'en suis convaincue.

— Au fait, tu as envoyé ton mail à Zoose ?

— Oui. J'y ai passé presque trois heures hier soir. Je n'ai pas assez dormi.

— Tu as dit ce que tu avais sur le cœur ?

— Et même plus !

— Parfait !

J'ai droit à un sourire appréciateur. Je cherche sur son visage une indication d'*autre chose*. N'importe quoi. Un signe. Un indice. Une lueur coquine dans le regard. Mais rien. Son expression est amicale et chaleureuse. Plus platonique, on ne fait pas !

Est-ce parce que je lui ai dit que le sexe était le cadet de mes soucis ? S'interdit-il de s'engager sur ce terrain même s'il me trouve peut-être – je dis bien *peut-être* – séduisante ? Quelle idiote j'ai été de laisser tomber ce papier ! Comment rattraper ça ? Je pourrais ajouter quelque chose, du genre :

Cher univers, un grand merci pour le retour de ma libido. Tout fonctionne. Maintenant, comme je l'ai déjà mentionné, et si ce n'est pas trop demander, je voudrais un homme. Il s'appelle Finn.

Je n'aurais plus qu'à lâcher la feuille dans le vent, Finn l'attraperait au vol, il lirait mon message, me regarderait, les yeux brûlant de désir... On se rapprocherait... ses lèvres...

Je fantasme totalement, je me dis avec une grimace. Mieux vaut revenir à la réalité.

— Tu as des projets pour aujourd'hui ? je lui demande.

— Aucun. Comment avance ton programme en vingt étapes ?

— Toujours pas de jus de noni à l'horizon. Et je dois inclure deux jours de jeûne. Tu veux te joindre à moi ?

— Sans façon, merci. Et si on faisait des ricochets dans l'eau ?

Nous nous approchons du rivage et faisons quelques tentatives, mais c'est plus difficile parce que les vagues ont forci. Au moment où je propose d'abandonner, les West arrivent vers nous. Nous leur offrons un accueil des plus amicaux, moi en lançant un grand bonjour et Finn en agitant la main.

— Bonjour, marmonne M. West.

Sa femme, elle, se contente d'un sourire coincé. Ils se plantent devant les vagues, dans le plus grand silence, et j'échange des regards interrogateurs avec Finn. La situation est inconfortable. Hayley murmure quelque chose à son mari, puis elle me fait un signe de tête et ils poursuivent leur balade.

— Oh là là ! Quelle tension, souffle Finn dès qu'ils sont hors de portée de voix.

— C'est horrible. Je me demande ce qui leur est arrivé. L'un d'eux a peut-être trompé l'autre. Ou bien ils ne sont plus amoureux.

— À mon avis, il l'aime toujours, déclare Finn. Il la regarde d'une façon particulière quand elle n'y prête pas attention, je l'ai remarqué pendant le dîner.

— Moi, je pense que cette femme l'aime toujours, je déclare tout en observant ses petits pas sur le sable. Elle est toujours derrière lui. Si elle s'en fichait, elle le laisserait tranquille.

— Regarde, il ralentit l'allure pour l'attendre.

— Ensemble, mais séparés. Ils ne se touchent pas.

Fascinés, nous les observons pendant une minute puis nous tournons nos regards vers la mer et les rouleaux qui se succèdent. J'entends la voix de Terry : « Vagues infinies, occasions infinies. » Et la remarque de Finn, hier soir : « Tu trouveras un boulot formidable. »

Un job va surgir à l'horizon. Je dois y croire. Je dois faire en sorte que ça arrive. Je fixe les vagues infinies, en souhaitant tirer profit de leur force, visualiser le travail, si j'y crois, qui va se matérialiser. Soudain, une idée me vient.

— Et si on surfait ?

— Les vagues sont bonnes, lance Finn au même moment. Et devine… Le Surf Shack est ouvert. Le propriétaire est là : je l'ai vu en allant me promener ce matin. Si tu veux, il loue des planches. Moi, j'ai apporté la mienne.

— Ah ça, *je sais* ! je m'exclame.

Il a la pudeur d'afficher un air penaud. C'est fou ce qu'il est détendu. Rien à avoir avec le mec de mauvais poil qui engueulait la gamine dans le train. Je change de sujet.

— Tu es sorti drôlement tôt, je commente.
— Je voulais voir le lever du soleil avant le petit déjeuner.
— Tu ne dors jamais ? je dis en manière de plaisanterie, avant de me rendre compte que ce n'en est pas une. En tout cas, merci pour le tuyau. Je vais louer une planche.
— Tu as une combi isotherme ?
— Euh... oui, mais je ne l'ai pas essayée. Et je ne suis pas montée sur une planche depuis des siècles. Au fond, je vais peut-être t'admirer en buvant un café.
— Pas question ! Regarde cette mer !

Comme pour mieux me convaincre, la nature se met de la partie. Le soleil darde ses rayons sur l'eau à travers les nuages, donnant aux vagues une belle couleur bleue.

— La plage est à nous, poursuit-il. Les vagues aussi. Et le soleil. On t'offre les clés du paradis, oui, du *paradis*, et tu préfères siroter un café ?

Son imitation de Terry est tellement réussie que je capitule en riant.

— D'accord ! J'y vais aussi.

J'avais quand même plusieurs raisons de ne pas vouloir surfer devant le gars dont je viens de tomber amoureuse :

1. Dans ma combinaison isotherme, je suis plus proche du Boudin en Néoprène que de la Fille en Combi de l'appli.

2. J'ai oublié les techniques du surf.

3. À chaque chute, mes cheveux se collent à mon visage comme un masque.

4. Je tombe chaque fois que j'essaye de me mettre debout sur la planche.

5. Finn sait surfer.

6. Il sait très, très bien surfer.

Mais d'un autre côté, Terry avait raison : rien n'égale le surf.

À l'endroit où les vagues se brisent, retrouvant la sensation familière de la mer ondulant sous ma planche, je fixe l'horizon. Tout a cessé d'exister. Je suis concentrée sur les vagues. Les vagues, seulement les vagues.

Finn est beaucoup plus calé que moi. Il glisse sans problème sur la lèvre de la vague, jusqu'au rivage, tandis que moi je ne suis pas assez rapide, quand j'arrive à grimper sur ma planche. Au final, je roule dans l'eau et me retrouve plaquée sur le fond sableux.

Pourtant, je n'imagine même pas abandonner. La voix de Terry résonne dans mes oreilles. Vagues infinies, occasions infinies. Impossible de traîner ou de penser aux loupés précédents. Une nouvelle vague se présente toujours. Il faut seulement l'appréhender convenablement.

« Regardez la vague ! criait-il quand on bavardait entre nous ou qu'on se plaignait de ne rien voir. Regardez-la bien ou vous allez la rater. »

Exactement ce que je n'ai pas fait dans la vie. J'aurais dû regarder au-delà de mes écrans, de mes mails, de ma vie étriquée, de mes limites. Aujourd'hui, je dois surveiller l'horizon, repérer les occasions et ramer dans leur direction. À nouveau, la voix de Terry : « Ne restez pas immobiles. Ramez. Ramez fort. Plus fort. »

Finn plane sur l'eau, les pieds bien plantés sur la planche, les jambes magnifiquement assurées. Il a pris la vague que j'ai manquée. Certes, mais, comme l'expliquerait Terry, Finn a surfé il y a deux ans aux Canaries alors que je ne suis pas montée sur une planche depuis au moins dix ans. Un beau rouleau se profile au loin. Je l'examine pour l'évaluer. Le surf, c'est une affaire de jugement. D'expérience. De lecture des vagues. Je n'ai pas scruté l'horizon depuis des années. Pourtant, une mémoire spéciale doit habiter mon cerveau car la pratique me revient petit à petit. La façon dont les vagues se cassent. Des termes de surfeurs que je connaissais par cœur. Et surtout, les tours que la mer peut jouer. Les vagues trompeuses qui semblent grossir et qui disparaissent, par opposition à celles qu'on ne voit qu'au dernier moment mais qui sont bien réelles et puissantes.

Et il ne suffit pas de savoir interpréter les vagues. Il faut faire preuve de détermination et avoir le sens de la coordination. La détermination pour prendre la vague. La coordination pour *choisir* le meilleur moment.

Le rouleau que j'avais repéré s'est dissipé mais j'en vois un autre. Une possibilité. L'horizon est un réservoir d'occasions. J'avais oublié combien le surf était obsédant. C'est une addiction. J'ai perdu la notion du temps. La seule chose qui compte est d'attraper la vague. Je sais déjà qu'au moment de m'endormir, je les verrai déferler à l'infini.

OK. Ce rouleau est le bon. Je dois réagir sans réfléchir. Je commence à ramer, le corps est entièrement concentré sur cette mission. Je sollicite au maximum mes muscles déjà bien échauffés. La vague gonfle au-dessous de moi, je pousse de toutes mes forces tout en regrettant de ne pas faire ma gym tous les matins. Mais j'y suis. Oui. Debout. Ça y est ! Je l'ai eu.

Je vole. Je suis au paradis. Ma planche effleure l'eau, si vite que j'en perds le souffle. Mes pieds sont posés de traviole. C'est sûr, je ne suis pas la reine du style. Mais la vague me porte et je vais atteindre le rivage, toujours debout, essoufflée, un sourire extatique plaqué sur le visage.

Je saute de ma planche et je lance un regard rayonnant à Finn qui m'acclame bruyamment.

— Bravo !

Il vient prendre ma main et la serre comme Terry le faisait.

— J'y suis arrivée.

Je suis euphorique. J'ai volé sur l'eau. J'ai défié la gravité, les éléments et mes muscles. Tout ça. Ma seule ambition dorénavant est de passer ma vie à flotter sans arrêt sur la mer.

— Je comprends que certaines personnes quittent tout pour le surf.

— Tu as déjà pensé à lâcher ton boulot pour surfer à longueur d'année ? je demande à Finn.

— Chaque fois que je suis sur une planche, je fantasme brièvement. Et si je passais ma vie à ça ? Puis la réalité me rattrape.

— Fichue réalité !

— Elle n'est pas de sortie aujourd'hui ! On peut rester en session tout l'après-midi, bro !
— OK, bro !
Et nous voilà repartis en tirant nos planches. Pour le moment, rien d'autre ne compte.
Au bout d'un moment, trop épuisée pour continuer, je vais me poser sur la plage. Reprenant mon souffle, je suis des yeux Finn qui, planche sous le bras, s'avance vers moi. L'eau dégouline de ses cheveux, son sourire est contagieux.
— Fini pour moi, j'annonce.
— Moi aussi. On peut revenir demain. Regarde ! Ce spot est très apprécié.
Plus loin sur la plage, d'autres surfeurs ont apparu. Deux ados, une femme d'âge indéterminé et un type grisonnant, sans doute plus jeune qu'il n'en a l'air. La femme agite la main dans notre direction et je lui rends son salut.
— Franchement, ils gâchent le paysage.
— Absolument. Je me souviens de cet endroit quand il n'y avait que deux personnes au maximum.
— Je me souviens de ce même endroit quand il n'y avait qu'une seule personne, je rétorque. C'était le bon temps.
— Touché ! rigole-t-il en laissant tomber sa planche à côté de la mienne.
Sous nos yeux ébahis, un rayon de soleil vient danser sur l'eau turquoise. On se croirait presque en été.
— On est tout à coup dans les Caraïbes ? dit-il.
J'en ai l'impression.
Je m'assieds au bord de l'eau, les jambes étendues dans l'onde transparente. Je n'ai plus assez

d'énergie pour surfer mais je ne veux pas quitter la magie de la mer. Les jambes couvertes d'écume, je me sens merveilleusement légère. Je pourrais presque flotter au-dessus de l'étendue de sable tant je suis heureuse. Est-ce le surf ? Le soleil ? La mer ? Est-ce la présence de Finn ? La vie ne m'a jamais paru aussi belle. Mes muscles souffrent mais mon esprit est euphorique. Avant, c'était le contraire.

Bientôt, je sens que je glisse de l'euphorie vers le désir. Une envie de faire l'amour avec Finn que je suis à peine capable de maîtriser. À cet instant précis, je me *souviens* de ce genre de faim impérieuse.

Je veux coucher avec lui maintenant. Cela me surprend tellement que je manque d'éclater de rire. Je suis redevenue normale, avec tout ce que ça implique. Y compris de vouloir frotter mes parties génitales.

Finn se pose à côté de moi et je ne peux pas m'empêcher de rougir. Dans sa combi noire, volant sur les vagues que j'ai ratées, soulevant sa planche avec aisance, il ressemblait à un dieu du surf. Et maintenant, il est là avec ses *muscles*, son *torse* et son *sourire*. Sait-il quel effet il me fait ?

Je voudrais l'enlacer. L'embrasser. Tout mon être le désire. Rien qu'à regarder ses mains, je les imagine sur moi.

Bon, Sasha, arrête de le reluquer.

Les sens en flammes, je fixe la mer sans savoir comment agir. Dans mon état d'excitation, tout me semble provocant. Appuyée sur mes coudes, je me redresse brusquement pour éviter qu'il s'imagine…

Quoi ?

Sasha veut coucher avec moi, il n'y a qu'à voir la manière dont elle est appuyée sur ses coudes.

C'est totalement con, mais si jamais il pouvait s'imaginer que...

Maintenant que ma libido est décoincée, les fantasmes m'assaillent. Finn soulevant doucement mon menton. Finn collant sa bouche sur la mienne. Finn et moi roulant dans l'écume, les vagues balayant nos corps nus.

Non, c'est trop rapide. Minute. Trop vite. On rembobine.

Finn ouvrant lentement la fermeture de ma combinaison tout en couvrant ma peau de baisers. Cette seule idée me rend folle. Prise de frémissements, j'ajuste ma position.

— Tout va bien ?

— Oui, je couine, persuadée qu'il peut lire dans mes pensées. Tout va bien.

J'arrive même à afficher un sourire joyeux. Le sourire d'une femme qui n'est *pas du tout* consumée par un désir sexuel impliquant son copain platonique assis à côté d'elle.

— C'est tellement beau, ce bleuissement de l'eau, j'ajoute bêtement.

Bleuissement ? Ça existe ?

Mais Finn ne fait pas attention à mon vocabulaire. Il semble plongé dans ses propres pensées. Des pensées profondes vu la manière dont son front se plisse. Il va peut-être enfin se confier à moi. C'est peut-être le moment où tout va converger, les émotions partagées, le plaisir d'être au bord de la mer, un moment de sexe épique, dans un grand déchaînement... de quelque chose.

— Contempler la mer soigne tous les maux.

Sa voix est rauque ? À force d'avoir bu trop de whisky ou d'avoir crié pour couvrir le rugissement de la mer ?

— Je suis d'accord. On est comme hypnotisés, je dis, alors que les vagues se brisent sur mes jambes avant de se retirer en entraînant les galets.

— Chagrin d'amour, burn-out, rupture, patrons chiants, qu'importe le problème. Il suffit de s'asseoir sur le rivage, d'observer la mer et... de respirer.

— J'ai cru que tu allais dire « et... de boire du whisky ».

Ma sortie le fait rire. Puis, comme après réflexion, il dit :

— J'essayais de m'engourdir. Mais au fond, ce dont j'ai besoin, c'est de me retrouver. De me souvenir de mon ancien moi.

Je l'écoute sans parler, sans bouger, presque sans respirer. Pourvu qu'il m'en dise plus. Après une ou deux minutes, il reprend la parole :

— J'évite la thérapie par peur de ce que je peux découvrir. Je suis un type lambda, ce qui n'empêche pas d'avoir des problèmes.

— Oui, tout le monde en a.

— Et l'idée de me décomposer devant quelqu'un, de pleurer, de ne pas me contrôler... ou de me mettre en colère, comme au bureau... Je suis un handicapé émotionnel, conclut-il en frissonnant.

Eh bien, je ne l'aurais pas cru aussi fragile. Il est bien plus angoissé qu'il ne le montre. Et (message muet à ma sœur) il est *sympa*. Oui, sympa.

— Ne t'inquiète pas, je dis en poussant l'audace jusqu'à poser une main sur son bras. Tu ne te mettras pas en colère. Et, même si tu exploses, dis-toi que les thérapeutes ont l'habitude. Tu crois qu'ils n'ont jamais vu un type hyper stressé menaçant de détruire un ficus ? Ils gardent probablement des ficus en réserve dans une pièce spéciale au cas où tu voudrais en couper un en rondelles. Tu n'auras qu'à apporter ta tronçonneuse.

Finn rit à gorge déployée et me prend la main.

— Je te remercie d'être là, ma Sasha. Je ne serais pas dans d'aussi bonnes dispositions si tu ne me tenais pas compagnie. Ma pote de burn-out !

Pote de burn-out. J'aimerais mieux pote de sexe. J'imagine qu'on doit pouvoir changer, non ?

— C'est moi qui dois te remercier ! je m'exclame.

J'ai le souffle court et je tremble de partout. Suis-je en état de faire l'amour ? Je me sens plutôt hors d'usage.

— Si on contemple la mer assez longtemps, on peut croire à une existence supérieure, je dis pour gagner du temps. Une présence désireuse de résoudre tous les problèmes.

— Tu as raison. Terry croyait en la mer. Pour lui, elle avait toutes les réponses. C'est peut-être vrai.

Règle mon problème, j'ordonne en silence à la mer. *Vas-y ! Envoie une grosse vague qui déferlera si fort qu'elle nous plaquera l'un contre l'autre, avec aucun autre choix que de nous embrasser. Allez ! Allez !*

Mais la vague suivante arrive sur le rivage en douceur. Pas de corps-à-corps. Pas même en rêve. Elle roule calmement sur mes jambes et je comprends son message. *Tu dois assumer toi-même cette responsabilité, ma petite.*

Pleine de sagesse, la mer !

— Quelque chose m'est arrivé. Je me suis réveillée. Enfin, ma libido s'est réveillée.

J'ai murmuré le mot « libido », mais, à la manière étonnée dont Finn me regarde, je suis sûre qu'il l'a enregistré. La mâchoire contractée, il détourne vite la tête.

Longue pause. Assez gênante, la pause. Tellement longue que j'ai envie de m'enfouir dans le sable et de ne plus jamais lui parler. Je suis mortifiée. S'il avait espéré ou même attendu un genre de signe amoureux de ma part, il aurait déjà réagi. Mais il n'a pas bougé.

— Parfait ! commente-t-il finalement.

Je vais m'évanouir de honte. On dirait qu'il se réjouit que ma panne de voiture soit réparée. Son niveau d'implication s'arrête là.

À moins que… À moins que… L'espoir revient. Il *est* intéressé, il me trouve *très* séduisante, mais il craint d'être perçu comme un prédateur sexuel. Cela pourrait être le cas étant donné ses ennuis dus à son mauvais comportement au boulot. Il va donc faire super attention et rester en retrait. C'est à moi de lui faire comprendre, subtilement mais clairement, que je suis d'accord pour un rapprochement coquin, et même tout à fait consentante. Je répète : subtilement mais clairement. L'important est d'être sans équivoque. Subtile, claire, explicite. Surtout pas collante et mendiant une miette d'affection.

— Et donc… (petite toux gênée), j'ai besoin maintenant de (*bis*) me remettre gentiment en selle.

Occasionnellement. Rien de régulier. Un de ces jours, comme ça.

Je termine par un affreux petit rire.

— Bonne idée, dit Finn.

Euh… il veut dire quoi ?

— Oh, tu sais, c'est juste une idée comme ça.

— Hum ! Hum !

— Voilà !

Il vaut mieux que je me taise. Et vraisemblablement que je m'exile dans un pays lointain. Pendant un moment, je reste bouche cousue, la figure parcourue de mille picotements. Combien de temps pouvons-nous rester plantés sur le sable, sans nous regarder et en faisant comme si de rien n'était ?

Tout à coup, Finn se lance.

— J'ai fait une croix sur la baise occasionnelle.

Il affiche une telle décontraction que je suis certaine qu'il a répété la phrase dans sa tête. Je l'observe, croise son regard sans le vouloir, et je me détourne en vitesse parce que j'ai déjà commencé à rougir. Il a l'air suprêmement embarrassé. Moi, franchement, je voudrais disparaître dans les airs.

— Tant mieux pour toi. C'est une bonne décision. Sensée. Logique.

Pourquoi je pressens qu'une grosse histoire se cache là-dessous ? Une histoire qu'il n'est pas prêt à me raconter ?

— Oui. Passons.

J'ouvre la bouche pour faire une autre remarque insignifiante mais, voyant sa mine, j'abandonne. Je commence à avoir froid, à force de rester au bord de l'eau. L'espoir et les fantasmes m'ont réchauffée, mais maintenant je me sens raide. À se demander si je vais réussir à retirer ma combinaison isotherme.

— Je vais rapporter ma planche, j'annonce. C'était super.

— Je m'en occupe, propose-t-il en se levant.

— Non, pas question !

Mais il a déjà ma planche sous le bras. Et je ne vais pas me battre.

— Eh bien, merci.

— Pas de problème.

Après un bref sourire, il s'en va. À grands pas rapides. Presque comme s'il voulait s'échapper.

Rectification. Tout à fait comme s'il voulait s'échapper.

Une sorte de vide insidieux se creuse en moi. J'ai tout gâché. À cause de moi, la situation est devenue impossible. Nous étions amis. J'avais un pote de burn-out. Un type bien dans ma vie. Et maintenant il évite même de me regarder. Bien joué, Sasha. Félicitations.

17

Deux heures plus tard, je suis au plus bas. Comme prévu, j'ai dû sautiller dans ma cabane pendant des heures et tirer comme une folle sur la combi pour en extirper mon corps à la fois transpirant et grelottant. Quand je suis finalement sortie, Finn avait disparu. Je me suis précipitée à l'hôtel avec l'envie d'un bon bain chaud et d'un dîner dans ma chambre. Mais, dans le hall, je suis tombée sur Cassidy qui disposait des chaises dorées branlantes et des programmes. Elle m'accueille en braillant :
— Je vous ai réservé une place au premier rang. Et du jus de pamplemousse étant donné que vous ne buvez pas de mousseux. Vous êtes un peu en avance mais vous pouvez vous installer !

J'ai promis d'assister au spectacle et je suis trop lente pour trouver une bonne excuse. Me voilà donc assise sur une chaise dorée, un verre de jus de pamplemousse à la main, m'apprêtant à écouter des poèmes polonais récités par Nicolai. Finn n'est pas dans les parages. Plus malin que moi, il a sûrement évité de passer par le hall en rentrant. Le public qui arrive est surtout composé de gens âgés qui vivent dans le coin. La seule personne que je connais est Tessa, la fille de Terry. Elle est assise dans la même rangée que moi et, en arrivant, elle m'a fixée avec insistance, comme si elle voulait me parler. Pourtant, quand je lui ai souri, elle s'est mordu les lèvres et a regardé ailleurs. C'est vrai qu'elle est timide.

Je jette un coup d'œil au programme et m'empêche de soupirer. Après Nicolai, Herbert jouera du cor d'harmonie. Il sera suivi du « conteur local, le très estimé Dickie Rathborne, qui va nous distraire en nous narrant ses souvenirs de la marine marchande ». Au moment où j'avale une gorgée de jus de fruits, qui s'approche ? Hayley West, escortée par Cassidy et visiblement aussi enchantée que moi.

— Voilà votre place, lui murmure la réceptionniste. Les clients de l'hôtel ont droit aux meilleurs sièges, sans supplément.

Nicolai déclame ses vers en polonais et soudain, il laisse échapper un sanglot dramatique. Dommage qu'on n'ait pas de traduction instantanée, on n'y comprend rien. Hayley, raide comme un piquet, a l'œil un peu vitreux. Quand elle remarque que je la dévisage, elle se hérisse. Alors je fixe mon attention sur Nicolai qui termine fièrement sa prestation et salue, sous des applaudissements déchaînés.

— Nicolai, c'était merveilleux, le complimente Cassidy, qui joue les maîtresses de cérémonie. Pouvez-vous nous dire ce que ce poème signifiait ?

Elle l'encourage d'un sourire tandis qu'il s'essuie le visage avec un mouchoir. S'éclaircissant la voix, il commence, encore palpitant d'émotion :

— Le gentleman, il l'aime. Mais elle ne l'aime pas.

Nous attendons la suite, mais c'est fini.

— Eh bien, conclut Cassidy, nous avons saisi le drame. Merci beaucoup, Nicolai. Cher public, je vous propose maintenant un petit entracte agrémenté de boissons pendant qu'Herbert prépare son cor.

Elle lance une nouvelle salve d'applaudissements et Nicolai fait la révérence plusieurs fois, l'air aussi épuisé que s'il avait interprété Hamlet.

Sur ce, Finn fait son entrée dans le hall accompagné par Adrian West. Tous les deux ont dans la main un verre de ce que je pense être du whisky. D'après leur visage rubicond, j'imagine qu'ils n'en sont pas à leur premier godet.

— Monsieur Birchall et monsieur West ! s'écrie Cassidy. Juste à temps ! Vos places sont au premier rang. Mais…

Elle stoppe net car ils viennent de se laisser tomber sur les chaises du fond.

— … celles-là sont très bien aussi.

Impossible d'échanger un regard avec Finn, il faudrait que je me retourne ostensiblement vers lui. Je suppose qu'il est allé directement au bar pour noyer la gêne que j'ai causée en me jetant à sa tête.

— C'est un spectacle agréable, me dit soudain Hayley, et je sursaute de surprise.

— Oui.

— Même si je n'ai pas compris un mot du poème.

— Moi non plus. Apparemment, il était question de passion amoureuse.

— Ah, la passion ! Au fait, je me présente : Hayley West. Mon mari s'appelle Adrian. Comme vous l'avez sans doute entendu l'autre soir.

— Sasha Worth. Ravie de vous connaître, officiellement cette fois.

L'air fragile, agrippée à son verre, elle est l'image même de la désolation.

— Au fait, j'ai emprunté le sèche-cheveux, j'annonce. Au cas où vous en auriez besoin.

— Merci, mais je voyage toujours avec mon Dyson.

Elle sirote sa boisson en clignant des yeux. Elle semble si malheureuse... Dois-je aborder des sujets personnels ? L'encourager à se confier ? Oui, mais si elle m'aboie dessus ? Elle fait drôlement peur quand elle est lancée... D'un autre côté, je peux au moins essayer.

— Désolée que les choses soient aussi difficiles, je commence d'une voix douce.

Elle m'examine comme si elle suspectait une vilaine blague, puis elle voit bien que mon expression est sincère et elle se détend.

— Difficiles, en effet. Très dures.

Silence. Je cherche une phrase anodine à dire quand elle se remet à parler.

— On ne s'attend pas, après douze ans de mariage, à demander à des amis des noms d'avocats spécialisés dans les divorces. Vous êtes mariée ?

— Non.

— Vous faites bien. C'est plus sage.

— En fait, je n'en ai pas eu vraiment l'occasion, je commence à expliquer.

Mais je m'aperçois qu'Hayley est plongée dans ses pensées.

— On va faire quoi avec le canapé ? s'inquiète-t-elle soudain, deux larmes coulant sur ses joues. On a choisi ce canapé ensemble et il n'est plus fabriqué.

Après une gorgée de mousseux et quelques larmes supplémentaires, elle reprend :

— Quand votre demoiselle d'honneur termine votre brushing le jour de votre mariage, vous n'imaginez pas non plus que vous vous demanderez qui gardera le canapé douze ans après, n'est-ce pas ?

— Je suppose qu'on ne s'y attend pas.

— Pour information, ma demoiselle d'honneur était coiffeuse. Elle m'a eu le Dyson pour pas cher.

— Bien sûr.

Son regard se porte vers le dernier rang, où Adrian et Finn sont en grande conversation.

— Comment peut-il être si calme ? s'agace-t-elle. Tout à fait lui, cela dit. C'est le genre à hausser les épaules ou à s'excuser. Mais expliquer ? Jamais.

— Expliquer quoi ?

Nouveau déluge de larmes.

— Tout. Je ne sais jamais ce qu'il pense. Écoutez ça : vous demandez gentiment à votre mari – un menuisier qualifié – de vous construire quelques étagères et il vous promet de le faire. Mais il ne le fait pas. Vous revenez à la charge constamment pendant un an. Et lui répond qu'il va s'y mettre. À la fin, vous engagez un bricoleur. Trois étagères simples avec équerres, ça se fabrique en un rien de temps. Et le mari dit quoi, à votre avis ?

— Euh… Je ne sais pas, je réponds en essayant de décortiquer les tenants et les aboutissants de l'histoire.

— Rien ! Il ne dit rien. Il entre, remarque les étagères, boit une bière et ne dit strictement *rien*. Les étagères, c'était pour présenter les assiettes anciennes héritées de ma grand-mère. De la porcelaine Royal Doulton, qui n'a pas non plus suscité le moindre commentaire... Finalement, j'ai dit : « Tu as vu, Adrian, j'ai fait construire des étagères ? » Il s'est contenté de hausser les épaules. Ah non ! Il a dit : « Excuse-moi. » Mais moi, je veux savoir *pourquoi* il n'a pas fabriqué ces étagères ! S'il était trop fatigué, il aurait pu me l'expliquer et j'aurais compris. C'est tellement blessant ! Et ça résume tout ce qui ne va pas. Pourquoi me traiter de cette façon ? achève-t-elle en clignant rageusement des yeux pour contenir ses larmes.

— Je ne sais pas.

— Sans parler de notre intimité, ajoute-t-elle avec un autre regard vers le dernier rang. Pardon d'être si franche, mais vous êtes une femme et il y a des choses que je ne peux pas avouer à mes copines. Vous, je ne vous connais ni d'Ève ni d'Adam, alors ça ne me gêne pas de vous dire que mon mari ne sait pas reconnaître un début d'orgasme, ni la fin d'ailleurs.

— Pas de problème. Si je peux vous aider...

La situation est cocasse, quand on y pense ! Dois-je lui donner mes conseils avisés sur la question ? *Lui souffler qu'en fait, c'est une simple affaire de frottement de parties génitales, pas la peine d'en faire toute une histoire...*

— Vous avez déjà fait l'amour devant un match de foot ? demande-t-elle, mais elle se reprend aussitôt : Excusez-moi. Je parle trop quand j'ai bu. Mais vous êtes très compréhensive. Très sympathique.

Je me demande combien de verres elle a éclusés avant le mousseux. Ses joues sont couperosées et son eye-liner a coulé.

— Ne vous en faites pas. J'espère que les choses vont s'arranger.

— Vous êtes toujours en lune de miel, vous deux, ou je me trompe ? C'est ce qu'on dirait, en tout cas. Pourquoi votre homme n'est-il pas assis avec vous ? Adrian le monopolise : ça ne vous embête pas ?

— En fait, nous ne sommes pas en couple.

Elle n'a pas l'air de comprendre.

— Mais bien sûr que si.

Mon cœur tambourine, mes joues sont brûlantes. Merde alors !

— Eh non, je dis avec un sourire très ferme.

— Mais… vous avez rapproché vos tables dans la salle à manger.

— C'est exact, mais nous ne sommes pas ensemble.

Elle se tourne une fois encore vers Finn, en fronçant les sourcils.

— C'est bizarre, affirme-t-elle avant une bonne gorgée de mousseux. À mon avis, vous devriez.

Nous *devrions* ?

Je meurs d'envie de l'agripper par la manche et de la bombarder de questions : « Pourquoi vous dites ça ? », « Qu'est-ce que vous pensez de Finn et moi ? »…

Mais à la place, je bois mon jus de pamplemousse en silence en me félicitant d'avoir une telle maîtrise de moi. L'instant d'après, Herbert fait son entrée, vêtu d'un costume en velours marron et portant un cor d'harmonie très ancien. Il s'incline profondément et annonce avec gravité :

— Menuet.

Il place l'embout de l'instrument contre ses fines lèvres parcheminées et souffle. Un faible bruit ressemblant à un pet s'élève. L'audience réprime des gloussements.

Nullement découragé, Herbert continue à souffler dans le cor, produisant un pet après l'autre. Un reniflement emplit l'air : des rires étouffés. Quel dommage de ne pas partager ce moment comique avec Finn ! Même si nos rapports sont un peu bizarroïdes, on peut toujours rire ensemble, non ? Je m'appuie contre mon dossier et tourne la tête, pour croiser son regard, juste une fois.

Le dernier rang est vide. Il est parti.

18

Il a fait une croix sur la baise occasionnelle. Ça veut dire quoi, cette résolution ? C'est comme devenir vegan ? Ce matin, alors que je traîne au lit en fixant le plafond écaillé, cette question me turlupine. Et pourquoi ai-je fait une réponse aussi nulle ?

Mais qu'aurais-je pu ajouter ?

Et lui, voulait-il dire autre chose ? Oui, c'est clair.

Les yeux fermés, je laisse la douloureuse vérité m'assaillir une fois de plus. Finn s'est montré plein de tact et de douceur, il nous a permis à tous les deux de sauver la face.

Au moins, il n'a pas prononcé de phrase commençant par : « Sasha, je t'aime beaucoup, tu es une fille délicieuse, mais... »

Je me sens encore plus mal. Comment je pourrais l'éviter ? À moins qu'il n'ait déjà quitté l'hôtel et effacé mes coordonnées de son téléphone, je vais forcément tomber sur lui.

Ça m'angoisse tellement que je décide de sauter le petit déjeuner. Sauf que je suis affamée. Je me glisse donc furtivement dans la salle à manger, en essayant de me confondre avec le papier peint, et ne respire de soulagement que lorsque je constate que je suis la seule cliente.

J'entrecoupe ma dégustation d'œufs brouillés de compliments appuyés à Nicolai pour sa prestation d'hier soir. En revanche, je m'abstiens de commenter le monologue du « très estimé conteur local Dickie Rathbone », une heure et demie pendant laquelle il riait si fort à ses propres plaisanteries que je n'ai pas saisi un seul mot de ce qu'il disait.

Une fois mon petit déjeuner terminé, j'emporte mon smoothie au chou kale dans un gobelet en carton – il faut que je m'arrange pour faire l'impasse demain – et sors de la salle à manger. Le hall est vide. Le cœur battant, je marque une pause. Est-ce que je dois passer la journée ailleurs pour éviter de rencontrer Finn ?

Non, c'est minable. Un peu de courage !

Tête haute, je sors de l'hôtel et traverse le jardin pour gagner la plage. En m'approchant, je vois qu'il est là, sur le sable.

Mon estomac fait des bonds. La nervosité. Vais-je être capable de lui parler ? En fait, je n'en ai pas besoin car il m'accueille avec une expression si chaleureuse que je sens l'espoir renaître. Il semble heureux de me voir. Enchanté, même. Je me hâte vers lui avec un grand sourire.

— Te voilà enfin ! Je t'attendais, s'exclame-t-il.

J'éclate de rire, mon cœur s'emballe.

— C'est vrai ?

— Mais oui. Il y a un nouveau message, ajoute-t-il en pointant le doigt vers un endroit sur le sable.

Je stoppe net.

Les messages. Voilà pourquoi il a l'air réjoui.
Ce sont *bien sûr* ces foutus messages !

— Incroyable ! je dis avec un sourire enthousiaste.

Il faut que je me recentre. Après tout, cette diversion tombe à pic.

L'inscription ressemble aux précédentes et à côté, il y a un nouveau cake dans une boîte en métal.

Tout est grâce à vous. 18/8

— Apparemment, c'est grâce à nous, déclare Finn comme si je ne pouvais pas lire moi-même.

— Sauf que nous n'avons rien fait, j'objecte. Et de toute façon il ne s'agit pas de nous.

— De qui d'autre ?

Penche-toi sur la question, Sasha. Au nom de la sacro-sainte diversion.

— Il s'est passé quoi d'autre, le jour de l'accident ? je demande sur un ton sérieux. Toi, par exemple, tu as fait quoi ?

— J'ai traîné sur la plage. Regardé les sauveteurs. Parlé aux flics.

— À propos de quoi ?

— De tout. D'abord, ils m'ont prié de ne plus essayer de jouer les héros. Ensuite, ils ont voulu savoir où j'avais eu mon canoë, qui avait signé le reçu de location, quel était le protocole de sécurité, bla-bla-bla.

Mon cerveau commence à frémir.

— Tu ne m'avais pas dit que tu avais été interrogé par la police.

— Pour moi, c'était évident. Rien ne s'est passé. Ils m'ont remercié, m'ont filé un bonbon et je suis parti.

Un *bonbon*. Ce mot réveille un souvenir.

— Je sais ! C'était un berlingot à la menthe.

— Oui. Comment tu as deviné ?

— Je les vois, ces berlingots. Ils étaient dans un panier. Je vois aussi la pièce, les gens. Tout, en fait. J'ai aussi parlé à la police. J'avais oublié. C'était où ? Au Seashore Café ?

— Oui, au premier étage. Ils ont interrogé plein de gens et plein d'enfants.

Je me souviens d'avoir attendu sur une chaise en plastique. J'avais chaud, je transpirais et j'étais embêtée de retarder mes parents et ma sœur. On ne pouvait pas rentrer chez nous avant que j'aie parlé aux policiers. *Comment* ai-je pu oublier ça ?

— Je les ai vus le jour qui a suivi l'accident. Un des flics avait une barbe rousse. Il y avait un ventilateur électrique très capricieux qui s'arrêtait tout le temps.

— Oui, mais pourquoi t'avoir interrogée ? Tu n'étais même pas dans l'eau.

— Je ne me souviens pas. Tu crois que ça un rapport avec le message ?

— Qui sait ? En fait, ça n'a pas de sens ! L'accident n'était même pas grave. James Reynolds n'a pas été blessé. Ni personne, d'ailleurs.

— Sauf Pete, je lui fais remarquer. Il a perdu son business.

— D'accord, mais il n'aurait pas dû louer un canoë endommagé. À part ça, c'était un non-événement. Beaucoup d'agitation pour rien.

— Quand même, James Reynolds s'est *presque* noyé, je réplique d'un ton réprobateur.

— Il ne s'est *pas* noyé, dit-il en m'imitant.
— Je vais demander à ma mère pourquoi la police a voulu me voir. Elle doit se souvenir.

J'envoie sur-le-champ un WhatsApp à maman et à Kirsten.

Bonjour à toutes les deux. J'espère que tout va bien. J'essaye toujours de rassembler mes souvenirs au sujet de l'accident de canoë. Je crois avoir parlé aux policiers, mais à quel sujet ? Ici, séjour excellent. Hier j'ai surfé !
Bises.

— Bon, alors on fait quoi ? je demande avant de prendre une photo du message de la plage.
— Laissons ça pour le moment. Allons plutôt... Quel est notre programme santé aujourd'hui ? Séance de yoga ? Dégustation d'algues ? Concours de ricochets ?

« Notre » programme santé. Il veut qu'on soit amis, c'est clair. Des potes de burn-out. Il veut une relation platonique. Tout ça est perturbant. *Évidemment*, je souhaite qu'il soit mon ami. Un ami fort, loyal, intelligent comme Finn, c'est un rêve devenu réalité.

Mais j'ai d'autres rêves. Et ceux-là, je n'ai plus qu'à les reléguer dans le tiroir des choses en attente.

— Pourquoi pas du hula hoop ? je propose pour le faire sourire.
— Quand tu auras terminé ton programme, il se passera quoi ? Tu vas gagner une médaille ?
— Nan ! Je ressemblerai à la Fille en Combi, bien sûr.

— Pas question que tu te transformes en Fille en Combi.

Sa voix a changé et quelque chose dans son expression me fait retenir ma respiration. Vite, une réplique spirituelle. Mais aucune ne me vient à l'esprit. Pendant un moment bizarre, nous restons les yeux dans les yeux, sans parler. Au bout d'une éternité, le regard de Finn se porte sur un point derrière moi. Je reprends mon souffle, presque soulagée, avant de me retourner. C'est Adrian West qui s'avance vers la mer, l'air aussi sinistre que d'habitude. Le pauvre, je le plains. Il lève la main en guise de bonjour et nous lui rendons son salut.

— Sa femme s'est confiée à moi hier soir, je raconte. Elle pleurait. Elle cherche un avocat spécialisé dans les divorces. C'est trop triste ! Il t'a sûrement dit quelque chose. Vous aviez l'air très copains au spectacle.

— Il m'a coincé au bar, dit Finn en baissant la voix car Adrian s'approche. Il a commencé à larmoyer. Elle lui reproche tout et n'importe quoi. C'est ce qu'il ressent.

— Il a mentionné une histoire d'étagères ?

— Tu es au courant ? Oui, elle s'est focalisée sur des étagères qu'il n'a pas construites. C'est devenu son obsession, bien qu'il se soit excusé plusieurs fois.

— C'est le problème ! Il a juste dit qu'il était désolé, sans expliquer *pourquoi* il ne les avait pas montées. S'il était trop crevé, pourquoi ne pas l'avoir dit au lieu de lui promettre de le faire et de ne pas passer à l'acte pendant des mois ?

Finn se met à rire.

— J'imagine qu'il avait ses raisons. C'est vraiment grave, ce truc ?

— Mais oui. Elle prend ça comme une offense. Tu sais qu'il est menuisier qualifié ? Il s'était engagé. À la fin, elle a employé un bricoleur et quand Adrian a vu les étagères, il n'a pas bronché. Il les a ignorées. Idem pour les assiettes anciennes en Royal Doulton de la grand-mère qui sont posées dessus.

Finn est sidéré par la quantité de détails que je connais. J'espère ne pas m'être trop investie dans cette histoire. Je n'aurais sans doute pas dû prendre le parti d'Hayley West sans avoir entendu le point de vue de son mari.

Je fais marche arrière.

— J'ai seulement entendu sa version à elle. Mais c'est tout de même bizarre puisqu'il est menuisier et qu'il avait promis de les construire.

— Oui, un peu bizarre.

Il hausse les épaules et étire les bras. Une façon de montrer que cette conversation ne l'intéresse plus. Mais je m'accroche. Adrian jette des pierres dans l'eau avec un air vraiment pitoyable. Il est malheureux. Elle est malheureuse. Les étagères continuent de les séparer. S'ils parvenaient à régler ce problème, ça résoudrait peut-être tout le reste.

— Demande-lui directement, je dis. Demande-lui pourquoi il n'a pas construit ces étagères. D'homme à homme. Il te répondra.

— Tu as perdu la tête ?

— Non, je *meurs* de curiosité. Regarde, il est tout seul. Il a besoin de compagnie et vous avez déjà fait copain-copain. Il va tout te raconter.

— Quoi ? Je lui demande seulement : « Pourquoi vous n'avez pas fabriqué les étagères pour votre femme ? »

— Aborde le sujet graduellement. Parle-lui de projets de bricolage. Vois s'il mord à l'hameçon.

— Bon, je vais essayer. Mais tu m'accompagnes. Sinon, tu voudras savoir autre chose et tu m'enverras encore en mission.

— Tu te trompes !

Quand je me mets à rire, Finn lève les yeux au ciel ironiquement.

— Ça t'arrive souvent d'être indiscrète comme ça ? m'interroge-t-il alors que nous allons rejoindre Adrian.

— Non, pas récemment. En fait, c'est le contraire. J'ai vécu avec des œillères. Désormais j'ai le sentiment de voir distinctement. La *vie*. Les *gens*. Les événements. Et je te signale qu'il ne faut pas confondre conversation et indiscrétion.

— Si tu le dis ! réplique Finn en levant encore les yeux au ciel, cette fois en riant.

— Ils ont aussi des problèmes sexuels, je lui confie en chuchotant. Mais pas un mot là-dessus.

Il vaut mieux que je ne regarde pas quelle tête il fait.

— Bonjour ! Comment ça va ? je m'exclame.

— Bonjour, fait Adrian avec sa tête d'enterrement. Il fait froid, hein ?

— Très ! je réponds en lançant un regard appuyé à Finn.

— Je pensais à tous les projets de bricolage qui m'attendent à la maison, dit celui-ci avec entrain, ce qui lui vaut une petite grimace appréciative de ma part.

— Oui, racontez-moi ça, demande Adrian.

Puis il enfonce les mains dans ses poches et contemple le ressac. Finn me lance un regard qui signifie qu'il ne sait pas comment enchaîner. C'est à moi de jouer.

— J'adore la porcelaine Royal Doulton, j'avance gaiement. Les assiettes sont sublimes. Encore plus quand on les expose.

Est-ce que j'ose ajouter « sur des étagères » ?

Non.

Adrian s'est raidi mais il ne me regarde pas et me répond encore moins.

OK ! L'approche subtile ne marche pas. On passe à l'action directe.

— Excusez-moi, Adrian.

Malgré son regard soupçonneux, je poursuis :

— Rassurez-vous, je ne vais pas essayer de vous vendre quelque chose. Je veux seulement vous poser une question.

— Quelle question ?

— Eh bien, j'ai parlé à votre femme hier soir.

— Je parie qu'elle a dit des horreurs sur moi.

— Pas du tout, je proteste, persuadée que les confidences d'Hayley étaient l'expression d'une véritable tristesse. Elle souffre, vous savez. Je pense... en tant qu'observatrice extérieure... que si vous pouviez lui expliquer *pourquoi* vous n'avez jamais construit ces étagères...

— Ah non ! Pas encore ces foutues étagères ! explose-t-il. Ça n'en finira donc jamais...

Le faux pas, Sasha !

Je plaque une main sur ma bouche.

— Dites-lui que vous ne savez pas comment faire, suggère Finn. Vous verrez bien comment elle réagit.

— Mais je *sais* fabriquer des étagères. Et même *parfaitement bien*.

Qui pourrait croire que des étagères déclenchent des réactions émotionnelles pareilles ? Pendant un moment, nous nous taisons. Je me garde bien de bouger pour éviter qu'Adrian se défoule sur moi.

— Vous voulez la vérité ? marmonne-t-il finalement, les yeux fixés sur l'écume. J'ignorais ce qu'elle avait en tête. Elle répétait qu'elle voulait mettre en valeur chaque assiette. Les quatorze. J'ai mal interprété sa demande et cru qu'elle voulait quatorze étagères. On n'aurait jamais pu les caser, mais je ne savais pas comment lui faire passer le message. J'ai donc traîné en pensant qu'elle oublierait.

— Qu'elle oublierait d'exposer les assiettes de sa grand-mère ? je m'étonne.

— Ou qu'elle changerait d'avis. Qu'importe ! Mais ça ne s'est pas passé. Elle a engagé quelqu'un et en une matinée, boum, les trois étagères étaient construites. Merde ! me suis-je dit. C'est à ça qu'elle pensait.

Je l'imagine, assis à la table de la cuisine avec sa bière, tournant le dos aux nouvelles étagères, abattu.

— Vous n'avez pas songé à vous exprimer ?

— M'exprimer ?

— Par exemple, lui dire : « Quelles superbes étagères ! Je suis navré. Je n'avais pas compris ce que tu voulais. »

Il se renfrogne.

— Je serais passé pour un crétin total.

— Vous préférez passer pour un affreux mari insensible ou un crétin ?

— De toute façon, c'était trop tard. Elles étaient construites.

— Ce n'est jamais trop tard, intervient Finn.

Il est bien quand il veut, mon pote de burn-out ! Quant à ce couple, je ne sais pas pourquoi, mais j'ai envie de lui venir en aide. En tout cas d'essayer.

— Ce n'est jamais trop tard ! je répète d'une voix forte.

— Bon sang ! Vous avez monté un tandem de conseillers conjugaux ou quoi ? s'énerve Adrian.

— Ah non ! Absolument pas, répond Finn en me jetant un regard amusé.

Hayley apparaît soudain dans mon champ de vision. À trente mètres de nous, elle marche sur la plage, dans sa doudoune bleu marine. J'agite la main vers elle en me demandant ce qu'elle doit penser en nous voyant en grande conversation avec son mari. Lui, visiblement, a repris son habituelle attitude maussade.

Je ne le laisserai pas s'en tirer comme ça.

— Vous préférez qu'Hayley vous quitte plutôt que de lui avouer votre erreur d'interprétation ? Franchement ?

— Elle ne me quittera pas, réplique-t-il comme si cette idée était saugrenue.

— Pourtant, elle a dit l'autre jour : « Nous ne savons pas si nous sommes encore un couple. »

— Elle lâche des trucs comme ça. Quand elle veut respirer, prendre des petites vacances. Il faut qu'elle trouve une raison. Mais si je lui fais un cadeau, elle se calme.

Il est bouché ? Ou dans le déni ? Pendant quelques secondes, je m'en veux d'avoir trahi la confiance d'Hayley. Mais elle ne m'a pas demandé le secret. Elle m'a raconté sa vie d'autant plus facilement que je suis une inconnue.

— Je vous signale qu'elle appelle des amis pour avoir des noms d'avocats spécialisés dans les divorces.

Cette information stupéfie Adrian. Il pâlit. Son regard fait des allers et retours entre Finn et moi. Il se dépare de son air irritable.

— Des avocats ? balbutie-t-il.

— Voici mon conseil, dit Finn. Pour ce qu'il vaut, bien sûr. Il faut réparer votre boulette immédiatement. Allez la voir, excusez-vous pour ne pas avoir fabriqué ces étagères, dites-lui que vous n'aviez pas compris ce qu'elle voulait et que vous aviez honte de l'admettre. Que vous êtes fautif. Que vous voulez réparer les dégâts. Qu'elle compte beaucoup pour vous.

— Énormément, je corrige.

— Oui, c'est mieux : tu comptes énormément... « Je verrai un conseiller conjugal si c'est ce que tu souhaites, mais pour le moment... marchons ensemble le long du rivage et je vais te rappeler pourquoi je suis tombé amoureux de toi. »

Je regarde Finn, complètement subjuguée. Sa voix pénètre mon âme. J'aimerais qu'il continue à parler. Qu'il me parle à moi. J'aimerais être assise sur le sable et admirer le coucher du soleil pendant qu'il me répète ces mots.

— Bon Dieu, vous plaisantez ? Il n'est pas question que je lui dise ça.

Le ton furieux d'Adrian me tire de ma rêverie.

— Et pourquoi ? demande Finn.

— Je suis d'accord, j'ajoute. Que peut-il arriver de pire ?

— Répétez, insiste Finn.

— Vous êtes deux dingos, lance Adrian.

Pourtant, un instant après, prenant une grande respiration, il commence, un œil fixé sur la silhouette de sa femme qui se profile à quelques mètres :

— Pardon de ne pas avoir fabriqué ces étagères...

Il fait une pause. Son expression change.

— Je suis fautif. Je veux me charger de ce travail. Tu m'es tellement chère...

Encore une pause silencieuse, plus longue cette fois. Un tourbillon d'émotions traverse son visage. Son regard ne quitte pas Hayley qui, ignorant ce qui se passe, lui tourne le dos sans le vouloir. Puis il revient à son discours :

— Tu veux bien marcher avec moi le long du rivage ? Puis-je te dire pourquoi je t'aime ? Parce que je t'ai toujours aimée. Depuis nos dix-huit ans, depuis le jour où tu as accroché ma vieille bagnole dans le parking des Morrison.

Il s'arrête. J'ai les yeux mouillés.

— Allez-y, conseille Finn. Maintenant.

Sans attendre, les épaules redressées et l'expression déterminée, Adrian va retrouver sa femme. Elle se retourne, visiblement sur la défensive. Quand il se met à parler, elle affiche un air étonné. Ses yeux s'écarquillent. Ensuite j'arrête de les observer. Ils ont droit à un moment d'intimité. Mais je croise les doigts pour leur souhaiter bonne chance.

— En fin de compte, il l'aime, décrète Finn tandis que nous retournons à l'hôtel.

— Je le pense aussi.

— Tu avais raison. Tu l'as constaté avant moi. Je ne voyais que de l'hostilité, là où tu décelais de l'amour. De l'amour, insiste-t-il avec chaleur.

Je lui envoie un message furibard par télépathie :

Cesse de prononcer le mot « amour » à haute voix ! Parce que chaque fois que je t'entends, je fonds. Et je ne devrais pas.

— Bon, et maintenant ? dit-il de la même voix affectueuse.

Pendant un moment, l'idiote que je suis croit qu'il parle de nous.

À croire que j'ai perdu tout sens des réalités.

— En fait, j'ai des appels à passer. Je retourne dans ma chambre.

— Oh, OK ! On se voit plus tard.

— Bien sûr. À tout à l'heure.

Jouant la fille relax, je lui adresse un sourire super cool et me presse vers l'hôtel. Dans ma hâte, je manque me casser la figure.

Voici le sujet. Voici le problème. Je suis en train de tomber amoureuse de cet homme. Complètement, éperdument amoureuse. La solution ? M'éloigner tant que j'ai encore la possibilité d'inverser le processus.

19

En début de soirée, je reprends mes esprits. Un carton, glissé sous ma porte au milieu de l'après-midi, m'invitait à la « présentation des nouveaux studios Plein Ciel suivie d'une réception à 18 heures – tenue casual chic ». Je suis curieuse d'en savoir plus sur la rénovation des vieilles cabanes. En plus, ils ont promis du champagne. J'enfile le seul vêtement plus ou moins « casual chic » que j'aie avec moi : une robe noire ajustée, facile à glisser dans une valise, et une paire d'escarpins à talons que j'ai apportée en pensant au majestueux hall du Rilston, toujours fourmillant de porteurs en uniforme et de clients élégants.

En fait, je me fais belle pour impressionner Finn. Je me vois à travers ses yeux. Mais calme-toi, Sasha : il ne s'agit pas de draguer. Le sous-entendu était évident quand il a parlé de faire une croix sur la baise occasionnelle – oui, comprendre les sous-entendus est une de mes qualités. Nous sommes d'excellents amis. C'est tout. Et c'est *parfait*.

Mais je vais peut-être faire la connaissance de quelqu'un ce soir. Finn n'est pas le seul mec sur terre. Je vais rencontrer un autre homme qui va débarrasser mon esprit de Finn et qui sera subjugué par ma petite personne.

Il sera peut-être très grand et mince, ou peut-être réservé et même timide… Bref, le contraire de Finn. En descendant l'escalier, j'en suis presque à l'imaginer m'attendant au bas des marches. En fait, le premier que je croise est Simon le manager qui trimballe une énorme composition florale.

Alors là, pas question…

— Mademoiselle Worth, veuillez accepter mes excuses, commence Simon sur son habituel ton obséquieux. J'ai été honteusement absent ces derniers jours, très occupé par l'organisation de la réception des investisseurs.

— Ne vous en faites pas.

— Je suis navré de ne pas avoir été disponible pour mes clients. Pour me faire pardonner, je fais porter à nos estimables pensionnaires, dans leur chambre, une bouteille de champagne. Une bien médiocre compensation, je le crains.

— Tout va bien, ne vous inquiétez pas.

Mais Simon est parti sur sa lancée.

— Votre séjour est-il satisfaisant ? Votre bien-être progresse-t-il comme vous le souhaitez ? Notre chef Leslie m'a assuré avoir trouvé un fournisseur de chou kale tout à fait digne de confiance. Est-ce que vous le confirmez ?

— Oui, le chou kale est délicieux. Tellement… vert.

— Absolument. Je crois en outre que cet après-midi… Oui, mademoiselle Worth, je suis heureux de vous annoncer que nous allons enfin recevoir du jus de noni.

Comme pour confirmer ses dires, Nicolai arrive avec un plateau d'argent sur lequel trône un verre plein d'un liquide brun. Tout sourire, il me tend le plateau et Simon joint ses mains en prière, comme dépassé par l'émotion.

— Du jus de noni pour madame. J'espère que vous l'aimerez.

Je prends le verre, assez mal à l'aise.

— Merci. Comme je suis... contente !

J'examine avec répulsion la boisson marronnasse. Vais-je vraiment boire ça ?

Simon, fasciné, me regarde avaler la première gorgée en m'efforçant de ne pas recracher.

Oh my God ! Mais qu'est-ce que c'est ? On dirait que quelqu'un a mixé plusieurs restes humains en état de putréfaction. Ma bouche est polluée. Mon corps a l'impression d'être pollué. *Comment* ce breuvage peut-il être bon pour la santé ?

— Ce jus de noni vous semble-t-il de bonne qualité ? s'enquiert anxieusement Simon. Correspond-il aux normes d'excellence que nous mettons en avant ?

— Madame sent-elle déjà ses effets bénéfiques ? demande Nicolai.

— Tout à fait, j'affirme tout en essayant de chasser l'ignoble arrière-goût. La filtration est parfaite. Merci beaucoup.

— Je n'ai pas peur de dire que vous nous avez inspirés, mademoiselle Worth. Nous pensons lancer un petit programme de bien-être fondé sur vos habitudes : chou kale, jus de noni et yoga. Vous pourriez devenir notre consultante santé et diététique.

— Merci, mais je ne suis pas certaine de...

— Madame est extrêmement compétente, m'encourage Nicolai. Elle marche sur la plage. Elle mange de la salade. Ne boit jamais d'alcool. Les autres clients ne se privent pas, mais madame, jamais.

En pensant à la bouteille de vin vide dans ma cabane, je me sens coupable.

— Eh bien, je suppose que c'est affaire de... vous savez... de maîtrise de soi.

Tout à coup, un mouvement attire mon attention. Alerte rouge ! Qui traverse le hall dans ma direction ? Le gars de l'épicerie, portant un grand carton orné d'un énorme logo Club biscuits saveur orange.

Au secours ! C'est une catastrophe ! Je ne vois aucune issue. Et il est trop tard pour lui couper la route.

— Je vous livre vos « vous-savez-quoi », déclare-t-il, toujours aussi sinistre, puis il réalise qu'il manque légèrement de discrétion et plaque sa main sur le logo, en ne cachant que trois lettres, me fait un clin d'œil et poursuit ses explications : Je ne vous ai pas vue au magasin et je passais dans le coin, alors je vous les ai apportés. Il y a quatre-vingt-quatre biscuits là-dedans. Ça ira ?

Mes joues sont brûlantes. Impossible de regarder qui que ce soit. Des Club biscuits. Pas même des sablés diététiques à l'avoine, non. Le gars de l'épicerie me tend le carton, que je ne prends pas. Je ne vais pas admettre que j'ai commandé quatre-vingt-quatre biscuits pour ma seule consommation ! Que faire ?

Et là, j'ai une idée de génie.

— En fait, Simon, ils sont pour vous. Pour tout le personnel. Comme... euh... cadeau pour vous remercier de tous vos efforts.

Un silence stupéfait suit ma déclaration – que j'espère convaincante. Le gars de l'épicerie a l'air perplexe. Simon et Nicolai examinent timidement l'emballage, Nicolai semblant particulièrement déconcerté, comme si c'était la première fois qu'il avait une boîte en carton sous les yeux.

Le manager est le premier à reprendre ses esprits.

— Des Club biscuits ! Mademoiselle Worth, vous êtes un ange. C'est trop gentil. Nicolai, regardez ce généreux présent ! Ouvrons-le.

— Non ! je proteste. Franchement, je...

Trop tard. Le gars en tee-shirt marron pose le carton sur une table, déchire le scotch, ouvre les rabats. Apparaissent alors sept paquets enveloppés dans du plastique.

— Magnifique ! s'écrie Simon. Nous allons les distribuer aux membres de notre personnel si dévoué. Cassidy, venez voir, Mlle Worth nous offre des gâteries. Ce soir, nous ferons un festin de Club biscuits.

Mon visage a viré au pourpre. C'est *atroce*.

— Je vous en prie. Ce n'est rien, je marmonne.

— Des Club biscuits ? Super ! se réjouit Cassidy.

— Je pensais que vous les apprécieriez.

— Oooh, je vois que vous avez votre jus de noni, dit-elle. J'en ai goûté et j'ai trouvé ça écœurant. Mais il y a une surprise pour vous. Le chef Leslie a concocté à votre intention un cocktail spécial pour ce soir. Il l'a baptisé Noni-jito. Du jus de noni, du chou kale, et zéro alcool, évidemment.

C'est la meilleure ! Je ne vais pas boire ce truc alors que tous les autres auront du champagne !

Allez, Sasha ! C'est le moment d'improviser.

— En fait... mon programme comporte une soirée de relâche, et c'est une partie importante. Il est essentiel de s'éloigner des règles strictes de temps à autre. Pour relancer le mécanisme qui mène au bien-être. Par conséquent, je boirai sans doute du champagne à la réception. Et le cocktail demain.

— Une soirée relâche, j'adore ! s'emballe Cassidy. On devrait inclure ça dans notre programme santé. Oui, Simon, on servirait des shots de tequila en disant à nos clients que ça active leur bien-être. Du gagnant-gagnant.

Tombant à point, une fille portant un plateau de flûtes de champagne arrive dans le hall. C'est Bea, la copine de Cassidy qui travaille au salon de thé. La porte s'ouvre ensuite et deux hommes en costume sombre font leur entrée. La nervosité de Simon devient palpable.

— Des investisseurs, souffle-t-il. Ils commencent à arriver. Cassidy, vite, les manteaux ! Nicolai, les canapés. Les *canapés*, vous m'entendez ? Bonsoir ! Bienvenue au Rilston Hôtel, s'écrie-t-il en s'essuyant la main droite sur son pantalon.

J'attrape une flûte, fait bouffer mes cheveux et, très sûre de moi, je pénètre dans la salle à manger. *Messieurs les beaux partis, me voici !*

Le seul ennui, c'est qu'il n'y en a pas. Ou bien c'est moi qui ai une définition trop restrictive du « beau parti ».

Depuis une bonne heure, la salle à manger bourdonne des conversations des invités. J'ai bu deux flûtes de champagne, je me suis promenée de groupe en groupe. J'ai bavardé, fait des sourires. Et le résultat a été terrible.

J'ai parlé à un promoteur immobilier bedonnant d'Exeter qui m'a répété quatre fois que son ex-femme était partie avec leur décapotable : non. J'ai parlé à son copain à l'haleine pourrie : non. J'ai aussi rencontré Bernard, un historien gay de Rilston Bay qui est là pour donner des renseignements sur la région aux investisseurs. Et Diane, qui représente la famille Garthwick, propriétaire de l'hôtel.

Finn n'est pas là et son absence me préoccupe (j'ai cru un instant qu'il venait de se pointer mais c'était un inconnu aux cheveux foncés).

Les West n'apparaissent pas non plus. J'espère qu'ils sont au lit, rabibochés, peut-être en train d'essayer la position numéro 15 du *Manuel de réconciliation par le sexe* (les veinards !). En fait, je suis la seule cliente de l'hôtel à assister à la réception.

— Sasha !

C'est la voix puissante de Keith, l'intarissable voyageur du train. Vêtu d'une veste bleu vif, il porte une marionnette à face de rat.

— Vous me remettez ? Keith ! Mr Poppit.

— Bonsoir, je dis en évitant de regarder la marionnette. Ravie de vous revoir. Vous faites une représentation ?

— Un petit spectacle après les discours. Sur un thème « adulte ». Mr Poppit dans les quartiers chauds, vous voyez ?

J'ignore son clin d'œil appuyé, sûre d'une chose : je m'en vais juste après les discours.

— Votre séjour se passe bien ?

— Très bien, merci. J'ai rencontré Terry l'autre jour. Il n'est plus le même. J'ai eu un choc de le voir comme ça.

— Ah, Terry ! Oui, il est dans un drôle d'état. Le pauvre, il a traversé bien des épreuves. Vous l'avez vu à côté de son école de surf, je parie.

— Oui.

— C'est son refuge. Son havre de paix. Il y retourne toujours. Tout le monde veille sur lui.

Je me dis que Keith connaît peut-être des détails sur l'accident de canoë. Mais comment aborder la question ?

— Je parlais avec un copain de l'accident de canoë, je commence. Et je me suis souvenu que la police m'avait interrogée. C'était toute une histoire, n'est-ce pas ?

Je crois que j'ai réussi à déclencher un flot de potins. Le visage de Keith s'éclaire.

— Un vrai scandale ! Si on n'avait pas découvert la vérité, vous imaginez ce qui se serait passé pour Terry ?

Keith et sa marionnette me regardent avec les mêmes yeux globuleux.

— De quelle vérité vous parlez ?

— Le canoë venait de chez Pete et pas de chez Terry, dit-il comme si l'explication était parfaitement claire. La police a cru au début que c'était Terry, le responsable. Ils ont fait des investigations. Son business aurait pu fermer.

— Pourquoi les policiers croyaient-ils que le canoë appartenait à Terry ?

— Je ne me souviens pas des détails, dit-il en fronçant les sourcils. Mais il y avait une raison. Terry avait-il loué le canoë ? La police a-t-elle fait une confusion ?

Toujours est-il que, pendant un moment, ça a bardé pour lui. Il en était furieux.

— Terry n'aurait jamais loué un canoë endommagé, je réplique. Pas du tout son genre.

— Eh bien, les policiers semblaient croire le contraire. Mais quelque chose les a fait changer d'avis. Ah oui !

Il est interrompu par un jeune en tee-shirt et jean noirs qui tient un micro.

— Il faut vérifier le son. Pas de repos pour les artistes, n'est-ce pas, Mr Poppit ?

— Pas de repos pour les artistes, répète aussitôt la marionnette en remuant sa bouche peinte.

— Bonne chance, je dis en dissimulant un frisson de dégoût.

En reculant, je me heurte à quelqu'un. Je m'excuse et me retourne. C'est Finn, dans une veste très bien coupée. Il est vraiment... Quel est le mot juste ?

Séduisant. À croquer. Excitant.

Non, Sacha, ne t'engage pas sur cette voie. Il a l'air *très soigné*. Exactement. Jolie chemise. After-shave. Belles chaussures, je remarque en regardant ses pieds.

— Salut, je me demandais si tu serais là, dit-il.

— Impossible de résister aux boissons gratuites.

Tiens, son expression a changé. Une lumière différente éclaire ses yeux. Ou est-ce le fruit de mon imagination ?

— Tant mieux. Parce que je voulais te parler.

Mon cœur bat fort. Et puis ma cervelle le réprimande pour son emballement. Les papillons sont revenus et j'ai les mains moites. Mon corps est décidément ingérable.

Finn me regarde. Je vois sur son visage qu'il veut exprimer quelque chose mais ne sait pas comment s'y prendre. À moins qu'il le sache mais craigne de se lancer.

Je prends les devants :

— Est-ce que tu as rappelé ta thérapeute ?

Visiblement, la question le désarçonne.

— Oui, je... Oui. Tu ne trouves pas qu'il y a trop de bruit ici ? Si on allait ailleurs ?

Aller ailleurs ?

Mon cœur atteint de romantisme aigu s'emballe mais je préfère écouter ma raison un peu blasée. Il veut probablement dire : *Si on allait ailleurs pour discuter de la politique de facturation de l'hôtel ?* Ou : *Si on allait ailleurs pour que je puisse te tenir au courant des derniers matchs de cricket ?*

— D'accord pour aller ailleurs, je dis en avalant mon champagne.

Mais à cet instant précis, Simon fait tinter son verre pour attirer l'attention de l'audience. Nicolas remplit cérémonieusement les flûtes comme si on était à une réception de mariage.

— Simon va faire un discours, vient nous annoncer Cassidy. Il est terriblement stressé. Pour le détendre, je lui ai suggéré d'imaginer que tout le monde portait un de mes strings brodés. Et comme il ne comprenait pas du tout de quoi je parlais, je lui en ai montré un. Ça ne l'a pas apaisé, le pauvre chou ! Il trouve que je devrais les fabriquer pendant mon temps libre, or comme je le lui ai fait remarquer, le temps que je passe assise à mon bureau est précisément du temps libre. Rien ne se passe. Mais il...

Elle s'interrompt pour applaudir vigoureusement tandis que Simon monte sur une petite estrade et tapote le micro.

— Mesdames et messieurs, commence-t-il, bienvenue à l'hôtel Rilston, qui entame un nouveau chapitre de son existence.

Sur un écran, derrière lui, apparaissent les maquettes des six futurs pavillons en verre alignés sur la plage ensoleillée de Rilston. Les studios Plein Ciel sous un ciel bleu vif.

— Waouh ! C'est quelque chose ! je dis à voix basse.

— Aujourd'hui, le Rilston met un pied dans le nouveau millénaire, déclare Simon, les yeux fixés sur ses notes. Avec style et, bien sûr, vue sur mer. Je vous annonce la création des studios Plein Ciel.

Une musique funk envahit la pièce tandis que d'autres images défilent, de la plage, du village, de l'hôtel, du plan des studios, et du tableau *Amours de jeunesse*.

Une voix off féminine annonce : « Ce projet allie l'élégance et la tradition de l'hôtel Rilston au talent du cabinet d'architectes Fitts Warrender. Il met en avant les œuvres de l'artiste locale Mavis Adler et la décoration intérieure sera signée par un designer dont le nom sera dévoilé ultérieurement. Le dernier cri en matière d'hébergement sur la plage. Pour y passer des vacances. Pour y vivre. Pour vous. »

À la fin du diaporama, quelques applaudissements éclatent çà et là. Simon lève les bras d'une manière théâtrale, comme pour contenir le rugissement du public du stade de Wembley.

— Gardez un peu de votre énergie, car l'architecte Jonathan Fitts va s'adresser à vous dans un moment.

Auparavant, j'aimerais rendre hommage à notre patrimoine. Je parle des cabanes de plage d'origine qui existent toujours.

Il commence à applaudir et très vite le public tape dans ses mains avec enthousiasme.

— Ils ont vu l'état des cabanes ? glisse Finn à mon oreille.

Je me mords les lèvres pour ne pas rire.

— Et pour célébrer ce trésor historique, j'aimerais inviter deux pensionnaires, Sasha Worth et Finn Birchall, à me rejoindre sur le podium. Venez, tous les deux. Ne soyez pas timides !

On dirait maintenant un animateur de jeu télévisé.

— Qu'est-ce qui se passe ? s'alarme Finn.

— Aucune idée ! je réponds avec un haussement d'épaules.

Gênés, nous grimpons sur l'estrade où nous restons plantés côte à côte tandis que le manager fait les présentations.

— Sasha et Finn venaient ici lorsqu'ils étaient enfants. Les voilà à nouveau parmi nous, fidèles au Rilston. Ce sont des clients comme eux qui donnent son âme au Rilston, qui font de notre station balnéaire une villégiature *familiale*. Sasha et Finn sont les derniers occupants des anciennes cabanes de plage. Nous aimerions les remercier de garder la tradition vivante.

Incroyable mais vrai : j'ai les yeux humides. Ces cabanes ont toujours fait partie du paysage de Rilston Bay. Je suis heureuse d'en profiter juste à temps.

— Vive les cabanes ! s'écrie Simon.

Nous levons nos verres à l'unisson. Un photographe surgit, un gros appareil accroché autour du cou.

— Une petite photo, s'il vous plaît. Si les amoureux pouvaient bouger un peu vers la gauche...

— Ils ne sont pas en couple, rectifie Cassidy alors qu'il change d'objectif. On *dirait*, mais non. C'est rigolo, hein ? On les a surnommés le non-couple.

Le non-couple ?

Je n'ose pas regarder Finn. Je me trouve face à l'appareil, ma robe touchant sa chemise, sa veste frôlant mon bras.

— Rapprochez-vous l'un de l'autre, dit le photographe. Voilà, super !

Il examine son écran et, levant le nez, réclame :

— Vous pouvez passer un bras autour d'elle, monsieur non-couple ? Vous n'avez pas une femme jalouse, j'espère.

Sans un mot, Finn m'enlace. J'ai l'impression d'être traversée par un éclair.

Je meurs d'envie de le toucher, de l'embrasser, de l'attirer tout contre moi. Mais je me souviens de son air gêné d'hier. Et de son annonce cinglante. « J'ai fait une croix sur la baise occasionnelle. » Autrement dit : tu ne me plais pas.

— Elles sont toutes bonnes, déclare le photographe en faisant défiler les photos sur son écran. Vous allez bien ensemble. Vous devriez y réfléchir !

Je pars d'un rire tellement strident que je manque m'étrangler.

— On s'en va ? me demande Finn. À moins que tu veuilles écouter l'architecte.

— Non, allons-y. Je voudrais juste féliciter Simon avant.

Cela fait, nous filons au moment où un jeune type à lunettes monte sur l'estrade. Finn m'entraîne dans le bar, désert et tranquille. Il s'arrête, le souffle un peu court, fixe un point situé derrière mon épaule, puis il me regarde droit dans les yeux.

— J'aimerais... Non, je recommence.

Il cligne des yeux.

— Désolé, je manque d'inspiration. Bon, je vais m'exprimer comme Terry.

— C'est toujours une bonne idée, je confirme, un brin nerveuse.

— Ne passe pas la journée à hésiter.

— Oui. N'hésite pas. Profite de la vague.

— Exactement. Profite du moment.

— Ne perds pas de temps à réfléchir.

Après un regard appuyé, il poursuit à voix plus feutrée :

— J'ai compris ce que tu disais sur la plage, l'autre jour. Mais je me suis dérobé. J'ai évité de répondre. Parce que... Peu importe ! Sasha, tu es belle.

Le compliment produit sur moi l'effet d'un raz-de-marée.

— Merci. Tu es...

— Attends ! Laisse-moi terminer. Belle à l'intérieur comme à l'extérieur. Tu es une fille si bien. Si forte. Si stimulante. Si amusante. Et si sexy.

Son regard se fait plus profond. Et moi, je suis comme hypnotisée.

— Hier, j'ai raté la vague. Je me suis dérobé. Terry m'engueulerait.

— Parfois, c'est difficile d'évaluer la vague.

— Dis-moi si j'évalue celle-ci correctement, dit-il en m'effleurant doucement le menton.

— Oui, je murmure, très émue. Néanmoins, j'ai pris en compte ce que tu as dit sur la plage. Je me suis demandé quel était le contraire de « baise occasionnelle ». J'ai bien réfléchi.

— Et alors ? Quelle est ta conclusion ?

— J'ai trouvé « amour platonique », « fantasme » et « amour sans désir sexuel ».

Sa main se pose sur mon cou et vient me caresser la nuque. Ce que je ressens est si intense que je ferme les yeux. Mon corps n'y croit pas.

— N'importe quoi, dit-il.

Je m'oblige à ouvrir les yeux.

— Sur un autre site, j'ai trouvé « relation intime », je dis.

— « Relation intime », répète-t-il. Oh oui !

Et ses lèvres se collent aux miennes. Je vois des milliers d'étoiles. Je suis transportée. Je suis le désir incarné. Sa bouche, sa peau, son odeur... Il me les faut, j'ai besoin de lui, je veux tout.

Finn se détache de moi pour aller fermer la porte, et il bloque la poignée avec une chaise.

— *Ici ?* je balbutie.

— Ici, affirme-t-il avec un coup d'œil au canapé en velours. Et maintenant.

— Mais si quelqu'un essaye d'entrer ? je m'inquiète en rigolant.

— On dira qu'on s'est enfermés par erreur. Nous sommes un non-couple, tu te souviens ?

Je vois qu'il bande (*merci, monsieur l'univers !*). Pendant quelques instants, nous nous contentons de nous regarder. Une voix incrédule chante dans ma tête. *Tu vas l'avoir, Sasha ! Tu vas avoir cet homme. Tu vas découvrir ce corps.*

Il m'attrape par la taille, se presse contre moi. Je pousse un cri que je ne reconnais pas. Je suis folle d'excitation. Et nous n'avons même pas commencé.

— Un bar n'a rien de privé, je décrète alors qu'il m'embrasse dans le cou.

Les boutons de ma robe sont déjà ouverts, le tissu en soie glisse. Finn émet un son rauque. Ses mains courent sous ma lingerie. Je prends déjà la première vague, celle dont j'avais oublié l'existence et que cette fois j'ai attrapée, je m'envole sur sa crête...

Quand j'ouvre finalement les yeux, il m'observe, un demi-sourire aux lèvres. Sa chemise est trempée. Je la lui retire.

— Ce bar est-il assez privé pour toi ?

— Pas tout à fait, je réponds en le touchant, ce qui le fait réagir au quart de tour.

— Pour moi non plus.

Des applaudissements proviennent de la salle à manger adjacente. Nous échangeons des sourires muets tout en nous déshabillant et allons vers le canapé. En le voyant dans toute sa gloire, j'envoie un autre message à l'univers (*merci d'avoir exaucé mes souhaits les plus ardents !*).

Il a apporté un préservatif. Alors qu'il le sort, je m'interroge : en a-t-il toujours un sur lui ou c'est juste pour l'occasion ? Au fond, comment définir cette partie de jambes en l'air ? Occasionnelle ? L'opposé ?

Entre-temps, j'ai étendu une nappe sur le canapé, histoire de lui donner un aspect « nuit de noces ». Je m'y installe dans une position que j'espère des plus avantageuses. Encore que cela ne compte pas tellement, car je veux juste entrer dans le vif du sujet.

— Viens, je dis en tendant les bras. Viens.

Le canapé craque sous son poids. Je l'attire sur moi. Je respire son odeur enivrante, frotte le nez contre son torse, écoute sa respiration s'intensifier alors qu'il me couvre de caresses.

— Sasha ? Tu es d'accord ?

Il prononce ces mots avec effort. Pour toute réponse, je l'embrasse et passe mes mains dans ses cheveux. Je l'aime.

Pardon ? Je l'aime ?

Oui, c'est la vérité pure et simple.

Mes yeux se remplissent de larmes. Je l'aime. C'est l'univers qui me l'a envoyé. *Donnons-lui cet homme dont elle est tombée follement amoureuse.*

J'enverrai mes remerciements demain, parce que Finn attend toujours mon consentement.

— Oui ! Oui ! Oui !

Ensuite tout se brouille. Nous ne sommes plus qu'un. Ensemble.

20

Le matin suivant, quand Nicolai nous voit au lit, il manque de s'évanouir. Il pâlit, titube, fait presque valser son plateau.

— Bonjour, Nicolai, lance Finn comme si de rien n'était. Posez le café sur la table de nuit, merci. J'ai oublié de vous demander si vous pouviez apporter une autre tasse pour mon invitée. Je ne vous présente pas Mlle Worth, n'est-ce pas ?

— Bonjour, Nicolai, je dis, enfouie dans les profondeurs confortables du lit.

Il semble dans l'incapacité de répondre. Il ouvre trois fois la bouche avant d'abandonner. Tout en me regardant avec circonspection, il pose le plateau sur la table de nuit et se retire.

— Je n'en reviens pas que tu te fasses monter ton café. L'idée ne m'en est *jamais* venue.

— Laisse-toi vivre. C'est le Rilston, après tout.

Il verse du café dans la tasse qu'il me tend.

— Mais non, c'est la tienne.

— Plus maintenant. On va sans doute être obligés de la partager. À mon avis, Nicolai ne pourra pas supporter une seconde fois de voir le non-couple en couple.

Effectivement, quand on frappe à la porte quelques minutes plus tard et que Finn répond « Entrez ! », c'est Herbert qui apparaît. Il apporte une tasse et sa soucoupe posées sur un plateau argenté terni. L'étiquette du prix pend de la poignée.

— Herbert, ça fait plaisir de vous voir, le salue Finn. Je vous débarrasse ?

Le cher Herbert garde le silence. Son regard passe sans arrêt de Finn à moi. Finalement, il tend le plateau et Finn récupère la tasse.

— Bonjour, monsieur. Bonjour, madame, dit-il au bout d'un moment.

— Bonjour, Herbert, je fais en souriant.

Il se retourne en vitesse vers la porte et, quand il quitte la chambre, je l'entends dire :

— C'était donc vrai !

— Pas possible ! fait Cassidy, dont la voix est étouffée par la porte fermée. Juste comme ça ?

— Je vous l'avais bien dit, renchérit Nicolai, ils se sont rapprochés…

Ensuite la conversation du couloir faiblit. Un coup brusque à la porte et Cassidy apparaît sur le seuil.

— Bonjour, monsieur Birchall. Je voulais simplement vérifier…

Elle s'interrompt en me voyant, les yeux écarquillés.

— Je voulais seulement… euh…

Elle inspecte avec gourmandise le torse nu de Finn et mes épaules découvertes.

— Vérifier, complète Finn poliment.

— Oui, vérifier... (elle cherche, elle cherche) ... que le chauffage vous donne satisfaction.

— Le chauffage fonctionne très bien, répond Finn en me pinçant la cuisse sous la couette. Tu es d'accord, Sasha ? Comment tu trouves l'ambiance ? Assez chaude ?

— Tout à fait assez chaude, je réponds en réprimant un gloussement.

— Elle peut devenir brûlante... prévient Finn tandis que ses doigts remontent vers mon bas-ventre et que je deviens écarlate.

— Tout est parfait, je dis à Cassidy. Merci.

Soudain son vernis professionnel de réceptionniste craque complètement.

— Vous deux ! exulte-t-elle en nous montrant du doigt. Je le savais ! Nous aurions dû ouvrir des paris comme je l'avais proposé, mais Simon disait que ce n'était pas du tout convenable de miser sur les coucheries des clients. Quel rabat-joie, quand même !

— Oui, rabat-joie, approuve Finn. Moi, j'aurais parié mais sans me donner de bonnes chances de gagner.

Les yeux de Cassidy s'adoucissent. Je vois le moment où elle va venir s'asseoir sur le bord du lit pour nous demander comment c'était. Soudain, elle se souvient de son rôle.

— Puis-je vous proposer un petit déjeuner au lit ?
— J'adorerais. Et toi, Sasha ?
— Moi aussi.
— Nous aimerions beaucoup, résume Finn, qui a droit de la part de Cassidy à un sourire radieux.

— Vous voyez ? Vous dites déjà « nous ». Je le savais, je le savais, répète-t-elle en quittant la chambre.

— Elle ne nous a pas demandé ce que nous voulions pour le petit déjeuner, fait remarquer Finn une fois la porte refermée.

— Cet endroit est incroyable ! je dis en m'esclaffant.

— Il va nous manquer quand nous serons partis.

— Ne dis pas ça ! C'est mon domicile officiel maintenant.

— Tu vas rester ? Il faut que tu te trouves un job ici, alors.

— Je vais devenir consultante en bien-être, je dis en me souvenant de la conversation de la veille. Non, je vais porter les bagages. Dans cinquante ans, je serai le nouvel Herbert. On m'appellera Herberta.

— Herberta ! rigole Finn.

Il m'embrasse dans le cou. Je me colle à lui. Il sent tellement bon. Je frotte mon visage contre sa peau. Respirer l'odeur d'un homme sexy devrait faire partie des vingt étapes du programme bien-être. En fait, après cette nuit, j'ai quelques autres idées en tête. Je pourrais facilement rédiger vingt nouvelles étapes qui trouveraient leur place dans le spectacle pour adultes de Mr Poppit.

— Tu es délicieux, je murmure, ce qui déclenche un énorme éclat de rire chez Finn.

— C'est la première fois qu'on me dit ça. Je suis plutôt habitué à entendre : bourreau de travail, égocentrique, emmerdeur.

Je sais bien qu'il veut plaisanter, mais tout de même… c'est une sacrée liste. Qui l'appelait comme ça ?

Avant que je pose la question, on frappe. Nicolai entre avec un plateau sur lequel sont disposés un smoothie au chou kale et un jus d'orange, sur un lit de pétales de roses rouges. On se croirait à la Saint-Valentin.

— Voici les boissons de notre heureux couple, annonce-t-il en souriant largement. Que désirez-vous manger ?

Une fois Nicolai reparti avec notre commande, nous explosons de rire. Je me love dans le creux de l'épaule de Finn et examine le plafond craquelé.

— Cette chambre est vraiment minable, je dis en repérant une plaque d'humidité.

— Merci !

— Cette chambre est vilaine. Je n'ai pas de boulot. Je ne sais pas de quoi sera fait l'avenir. Mais je suis folle de bonheur. À ce moment précis. Maintenant.

— Tu mérites un baiser pour ça ! dit Finn en joignant le geste à la parole.

— Et toi, mon pote de burn-out ? Ton job ? Qu'en est-il de ta colère, de ton sommeil, de tes envies de détruire les machines à café ?

J'aimerais ajouter : qui t'appelait bourreau de travail, égocentrique, emmerdeur ? Le premier me paraît justifié, pas les deux autres. Mais demander serait un manque de tact. Pour le moment, je laisse ça de côté.

— Travail en cours, dit-il après une pause.

— Tu as dormi cette nuit. Un peu, en tout cas, je précise en riant.

— J'ai très bien dormi. Je me demande pourquoi.

— Quand est ton premier rendez-vous avec la thérapeute ?

— Je vais à Londres cet après-midi pour la voir. Je serai de retour demain.

— Bravo.

— Elle m'a dit qu'on devait se voir en personne pour la première séance. Ensuite, ce sera en Zoom.

Son humeur s'est assombrie. Visiblement, il est plein d'appréhension.

— Elle ne va découvrir que des choses positives, j'affirme en lui prenant le visage entre les mains pour qu'il me regarde au fond des yeux. Tu es la personne la plus gentille que je connaisse. La plus sage. La meilleure.

— Alors tu ne dois pas connaître grand monde, s'amuse-t-il.

Il semble un tout petit peu plus détendu. Je lui fais un câlin. Ma thérapie à moi. Pas n'importe laquelle, la meilleure. Tu entends ça, monsieur l'univers ?

— Je peux entrer ? demande Cassidy à travers la porte. Si vous êtes en train de vous savez quoi, ne vous en faites pas. Je ne regarderai pas. Mettez juste la couette sur vous.

— C'est bon ! crie Finn.

— Et voilà votre petit déjeuner ! s'exclame-t-elle en poussant une table roulante qui déborde de nourriture. Nous avons ajouté un cocktail à base de jus d'orange, champagne et grenadine. C'est offert par la direction pour vous mettre dans une humeur amoureuse. Non pas que vous en ayez besoin... Ah, mademoiselle Worth, je n'ai pas pu résister.

Elle me tend une flûte à champagne dans laquelle est fourré un morceau de tissu soyeux d'un rose qui pique les yeux. Interloquée, je découvre que c'est un string, bordé de dentelle noire et orné du mot « *Amoureuse* » brodé en lettres turquoise.

— Cassidy, je dis, très émue, c'est trop gentil. Merci infiniment.

— Oh, nous sommes si contents pour vous, explique-t-elle, la tête penchée, le regard attendri. Quand je pense que vous refusiez de vous trouver en même temps sur la plage ! Simon ne croyait pas à votre rapprochement parce que...

Elle s'interrompt, consciente qu'elle en a peut-être déjà trop dit.

— Mais moi, j'y croyais, reprend-elle. « Il suffit d'ouvrir les yeux », je disais. Et maintenant, regardez-vous ! Je dis bravo !

Quand la porte se referme derrière elle, je me mets à imiter Cassidy :

— Regardons-nous ! Je dis bravo.

— Regardons-nous, répète Finn en souriant.

— Je rêve toujours d'avoir la plage pour moi toute seule, je dis pour plaisanter.

— D'accord, mais je te préviens : aujourd'hui, le rocher est à moi.

— Dans tes rêves ! Qui part à la chasse perd sa place !

Je l'observe pendant qu'il inspecte les trésors disposés sur la table roulante, admirant son dos musclé.

— Ils ont oublié tes œufs. Mais tu peux avoir un croissant, du melon et, bizarrement, un morceau de boudin noir.

— Miam ! Divin.

Et je le pense vraiment.

21

J'émerge de la chambre de Finn en milieu de matinée, enveloppée dans une serviette de bain et rassasiée à tous points de vue. Je passe me changer dans la mienne, puis je le rejoins dans le hall. Au bas des marches, il me gratifie d'un clin d'œil et d'un sourire complice qui me remet en mémoire tous les moments exquis de cette nuit, sans oublier ceux de ce matin.

— On va voir si la fée des sables nous a envoyé un message ? propose-t-il.

Je pars d'un rire nerveux. Hier soir, nous sommes allés sur la plage dans l'obscurité et sommes restés sur le sable pendant un petit moment, en échangeant des propos décousus sur les étoiles. Ensuite, au moment de rentrer parce qu'il commençait à faire froid, j'ai trouvé un bâton et me suis amusée à tracer une inscription dans le sable. « Le couple de la plage », entouré d'un grand cœur. Il faisait si sombre que j'ai l'impression que Finn n'a pas vu mon œuvre.

Et je ne suis pas sûre que ce soit une bonne idée qu'il voie ce cœur. Je ne sais pas comment il pourrait le prendre. J'envisage de l'effacer discrètement du bout du pied, mais je me rends compte qu'il est trop tard. Sur la plage, une inconnue examine le sable avec attention.

— Tu as vu, Finn ? Il y a quelqu'un sur notre plage.

— Sur *notre* plage ? fait-il d'un ton outragé.

— Mais oui ! Elle n'a donc pas compris que cette plage était *privée* ?

— Bonjour, lance-t-il à la femme, qui est maintenant à portée de voix.

Elle se retourne vers nous en souriant et je la salue à mon tour, mais elle reste focalisée sur Finn. Je dois être transparente.

Un curieux sentiment monte en moi. Certes, la possessivité, ce n'est pas terrible. Mais franchement c'est difficile de lutter quand on tombe sur ce petit canon en doudoune noire, avec jean moulant et queue-de-cheval luxuriante.

Pourquoi le fixe-t-elle comme ça ? Même lui remarque que c'est bizarre. Mais… j'ai l'impression de l'avoir déjà vue. Oui, j'en suis sûre. Mais où ?

— Finn ? Finn Birchall ?

Sa voix est rauque et sexy.

— Oui, dit-il. Désolé, on se… ?

— Je suis Gabrielle McLean, fait-elle avec un rire incrédule. Anciennement Gabrielle Withers. Tu ne te souviens pas ? Il n'y a pas de raison, remarque ! C'est tellement incroyable !

— Me souvenir de quoi ?

— De ça, précise-t-elle en montrant le message sur la plage.

Je regarde. C'est le même que celui que j'ai écrit hier soir : un cœur entourant l'inscription « Le couple de la plage ». Mais il est à moitié effacé et notre mystérieuse fée des sables y a adjoint un bouquet de fleurs.

— Et alors ? demande Finn – ce qui fait rire la fille à queue-de-cheval.

— C'est de nous qu'il s'agit. Le couple, c'est nous.

— Quoi ?

Holà ! *C'est quoi, cette histoire ?*

J'ai envie de dire que je suis l'autrice du message mais mes lèvres sont soudain paralysées. Elle paraît si sûre d'elle, si convaincue...

Devant l'air sidéré de Finn, elle se lance dans des explications.

— Tu connais le tableau de Mavis Adler, *Amours de jeunesse* ? Il est très célèbre.

— Oui, bien sûr.

Voilà. Je sais exactement qui est cette Gabrielle.

— Vous êtes la fille du tableau ! je m'exclame. J'ai lu des coupures de presse sur le sujet. Vous avez épousé le garçon que vous embrassiez.

— C'est ce que raconte la légende, répond-elle, le regard vissé sur Finn.

Dans le silence qui suit, soudain, tout se met en place. Je *sais*. Je le reconnais. Son dos. L'arrière de sa tête. *Comment* ai-je pu ne pas le remarquer ?

— Tu te rappelles l'été de nos quinze ans ? demande Gabrielle à Finn. La fête sur cette plage ? On s'est embrassés derrière ces rochers. Un bécotage d'adolescents. Rien de sérieux.

Finn fronce les sourcils en essayant de rameuter ses souvenirs.

— Désolé, mais je ne...

— Mavis Adler était là. Elle peignait.

Elle appuie volontairement sur le dernier mot et un éclair de compréhension traverse enfin le regard de Finn.

— C'est *nous* ?

— Absolument. Nous sommes les personnages d'*Amours de jeunesse*.

— Tu plaisantes. J'ai regardé ce tableau des milliers de fois. C'est moi, le garçon ?

Impossible de museler ma curiosité :

— Pourquoi le monde entier croit que c'est vous et votre mari ?

— C'est ma faute, dit-elle, l'air contrit. Je sortais déjà avec Patrick cet été-là. Pardon, je ne te l'avais pas dit, ajoute-t-elle pour Finn avec une grimace. Donc, Patrick et moi, on flirtait souvent sur la plage et il se trouve que, de dos, il te ressemblait pas mal. Quand la peinture a été exposée, tout le monde a cru que c'était lui. Et j'ai confirmé. L'artiste ne savait pas qui nous étions.

— Pari risqué, commente Finn.

— J'ignorais que ce tableau deviendrait si célèbre, se défend Gabrielle. Tout s'est enchaîné à partir du moment où il a été exposé au Tate, à Londres. Patrick et moi étions fiancés. Comme j'avais affirmé qu'il s'agissait de nous, je ne pouvais pas revenir en arrière. Le *Daily Mail* nous a consacré un article. Désolée, Finn ! Mais ce truc s'est révélé une mine d'or. Vidéos, invitations à des shows, plein de choses de ce genre. Si j'avais été honnête, tu en aurais bénéficié.

Il lève la main pour montrer qu'il s'en moque.

— C'est OK. Continue.

— Pourquoi en parler maintenant à Finn ? je demande.

— Patrick et moi sommes en instance de divorce. C'est fini. Je n'ai plus de raison de continuer à masquer la vérité. C'est pourquoi je suis venue te le dire, Finn. J'en avais assez de ces mensonges.

Une autre question me vient à l'esprit :

— Votre mari sait-il que ce n'est pas lui qui est représenté sur le tableau ?

— Oui. Je le lui ai dit il y a deux ans. Il a eu un choc. C'est peut-être l'origine de nos problèmes, d'ailleurs. À moins que je l'aie avoué parce que je me doutais que c'était fini entre nous. Quoi qu'il en soit, nous sommes séparés.

On peut lire sur son visage toutes sortes de sentiments. Elle reprend après une courte interruption.

— Ce message est l'œuvre des admirateurs de Mavis Adler. L'opération supporters, ça s'appelle. Je vais vous montrer les photos prises par son assistante. Vous savez qu'il existe un voyagiste spécialisé sur *Amours de jeunesse* à Rilston ? demande-t-elle en ouvrant son portable.

— J'en ai entendu parler, je dis.

Ils mettent des messages sur la plage. De tous genres.

Elle me tend son téléphone et je fais défiler en silence des séries d'images. Des couples mimant les amoureux du tableau. Des noms écrits sur le sable. Le titre *Amours de jeunesse* inscrit sous différentes formes, parfois décoré de fleurs.

Cet afflux de messages a démarré après l'exposition de ceux de Mavis Adler. Ses plus fervents adorateurs la considèrent comme un gourou. C'est dingue.

— En effet, c'est incroyable. Regarde ces photos, Finn. C'est un monde en soi.

— Je suppose que ce tableau touche le cœur de beaucoup de gens, dit Gabrielle tandis qu'il commence à regarder les images.

J'acquiesce.

— Il m'a parlé la première fois que je l'ai eu sous les yeux, dit-elle. J'étais à la galerie, avec Patrick, et j'ai pensé : « Merde, je me suis fait prendre. » Lui était enchanté : « Regarde, bébé, c'est nous. » J'ai paniqué et je ne l'ai pas contredit. Encore pardon, Finn.

— Crois-moi, c'est bien mieux comme ça. Et je préférerais que cette révélation ne s'ébruite pas.

— D'accord. Je serai discrète.

— Comment tu savais que j'étais ici ? demande Finn.

— En fait, ça faisait un bon moment que je voulais te retrouver, sans toutefois passer à l'acte. Le temps a passé. Et puis j'ai vu ton nom sur la liste des invités pour l'expo de Mavis Adler, avec la mention de l'hôtel Rilston. Quand j'y suis allée pour demander à te voir, on m'a dit que je te trouverais sans doute sur la plage. Si je n'étais pas tombée sur toi, je t'aurais abordé à l'exposition. « Le couple de la plage », dit-elle en contemplant le message sur le sable. C'est bizarre. D'habitude, les fans écrivent « Les jeunes amoureux ».

— Il est de moi, j'avoue.

— Vous ? Vous êtes un membre du fan-club ?

— Non, c'est autre chose.

— Mais... et les fleurs ? veut savoir Finn.

— Les admirateurs font souvent ça, dit Gabrielle.

Ses réponses ne me satisfont pas, mais je ne sais pas pourquoi. Je devrais pourtant être ravie que le mystère des messages soit élucidé.

Pourtant, je pense en secret qu'elle a tout faux.

— On a trouvé ces messages dès notre arrivée, explique Finn. Nous pensions qu'il s'agissait d'autre chose.

Sans un mot, j'ouvre le dossier « photos » de mon portable et le montre à Gabrielle. Elle le consulte sans broncher et hoche la tête.

— C'est le clan des admirateurs, affirme-t-elle.

Un vent de révolte se lève en moi. Elle est trop condescendante, cette nana. À son crédit, pourtant, elle semble flairer une anomalie, car elle demande :

— Vous, qu'en pensez-vous ?

— Une date accompagnait les messages. Celle du jour de l'accident de canoë qui a eu lieu il y a des années. Il pourrait bien y avoir un rapport entre les deux.

— Je m'en souviens vaguement. Cela dit, qui pourrait écrire des messages à propos de cet accident ?

— J'admets que nous sommes dans le flou.

— C'est ce que nous n'arrivons pas à découvrir, intervient Finn. Mavis Adler a-t-elle peint son tableau un 18 août ? Dans ce cas, nous aurions une piste.

— Je ne sais pas, dit Gabrielle après réflexion. C'était en août, mais j'ignore quel jour.

— Nous avons aussi imaginé que c'était une nouvelle installation artistique de Mavis Adler, je lance.

— C'est plus probable, dit Gabrielle. Sauf que la plage n'est plus une source d'inspiration pour elle. Elle s'est tournée vers le métal. Et son nouveau projet, *Titan*, est très secret. Finn, je comprends que tu veuilles rester anonyme, mais puis-je au moins dire la vérité à Mavis ?

— Elle ne va pas le répéter ?

— Non, je t'assure. Pour elle, c'est du passé. Elle n'aime plus évoquer *Amours de jeunesse*. Mais moi, je me sens mal de lui avoir menti pendant tout ce temps. Et puis je pense qu'elle se doute que ce n'était pas

Patrick. Je dois prendre un café avec elle dans très peu de temps. Tu veux venir, Finn ? Elle habite tout près. On n'en a pas pour longtemps. Et ça restera notre secret. Le vôtre aussi, ajoute-t-elle.

— Sasha, tu crois que je dois y aller ?

— Bien sûr.

— C'est vraiment nécessaire ? Pourquoi ne pas laisser les choses en l'état ?

— Finn, tu figures dans un tableau archicélèbre. Tu as l'occasion de rencontrer l'artiste qui t'a immortalisé. Tu *dois* y aller.

— Viens aussi.

Je fais non de la tête. Pas question de m'immiscer dans cette rencontre. Ce moment lui appartient. Bien sûr, cette Gabrielle me crispe – pour des tas de raisons – mais si, dans cette situation, je ne fais pas confiance à Finn, ça en dit long sur moi.

— Non, ça te concerne toi. Tu es célèbre maintenant, tu sais ?

— C'est ce qui me fait peur, plaisante-t-il. Allez, on y va. À tout à l'heure, Sasha ?

— À tout à l'heure. N'oublie pas de demander à Mavis Adler quand elle a peint son tableau.

— D'accord.

Je les regarde s'éloigner puis je m'assieds sur le sable pour évaluer la situation. Premièrement, Finn est le garçon d'*Amours de jeunesse*. Il est présent sur mon sac de shopping. Il est partout dans le monde. C'est incroyable, quand même. Deuxièmement, cette histoire de bouquet me turlupine. Il serait logique que ces messages soient écrits par les fans de Mavis Adler, mais mon intuition me dit que c'est faux.

« Merci au couple de la plage. »
« Merci encore au couple de la plage. 18/8 »
« Tout est grâce à vous. 18/8 »

Je suis peut-être têtue ou naïve, mais je ne comprends pas en quoi ça peut être un hommage venant d'admirateurs.

En désespoir de cause, je m'adresse à celui que j'ai sous le nez :

— Qui t'a écrit ? Réponds-moi !

Un instant après, j'entends un bruit derrière moi. Je me fige. Il y a quelqu'un ? Quelqu'un qui m'observe ? Quand je tourne la tête, les frottements se font plus audibles. Je me lève d'un bond.

— Qui est là ?

Le cœur battant, je me précipite vers les cabanes. J'entre d'abord dans la mienne pour vérifier. Personne. Je les contrôle toutes, inspecte l'arrière et, pour finir, je jette un coup d'œil sous le deck. Rien à signaler. Je perds peut-être la boule. Ou alors je *veux absolument* que le couple de la plage soit Finn et moi.

Penser à lui me plonge dans une douce chaleur. Assise sur les planches, je me renverse en arrière et, appuyée sur les coudes, je contemple le ciel nuageux. En fait, rien n'est important à part lui, à part le fait que ce matin j'étais dans ses bras, dans son lit, dans son cœur. C'est *tout* ce qui compte vraiment.

Mon téléphone sonne. Je le sors en souriant. Et quand je vois le nom de Kristen s'afficher, mon sourire s'élargit. C'est le moment idéal pour bavarder avec elle.

— *Mea culpa, mea maxima culpa !* s'écrie-t-elle sans préambule, comme souvent. Je voulais t'appeler mais j'ai passé deux jours d'enfer. Deux nuits aussi. Ben a mal aux oreilles.

— Ne t'en fais pas. J'espère que tu vas pouvoir dormir.

— Maman est débordée. Je lui ai promis de garder un œil sur toi et je n'ai pas rempli ma mission. Alors, comment vas-tu ? *S'il te plaît*, ne me dis pas que tu pars en vrille parce qu'aucun membre de ta famille ne t'aime assez pour te téléphoner.

— Bien sûr que non. Je vais bien. Tout se passe à merveille. Au fait, j'ai quitté mon boulot.

Je lance cette nouvelle en mode désinvolte, espérant la transformer en petit événement insignifiant. Mais c'est clair : Kirsten n'a pas bien déchiffré le communiqué.

— Tu as *démissionné* ?

— Oui.

— Bon. Tu as pris la bonne décision, j'imagine. Il te fallait une pause.

— Je vais trouver un autre job. J'ai juste besoin d'un break.

— À part ça, tu as fait autre chose de radical quand on ne te surveillait pas ? Comme raser tes cheveux ou te faire tatouer ?

— Non, rien de tout ça. Par contre, j'ai rencontré un homme formidable, j'annonce avec un sourire idiot. Tu sais, Kirsten, il est... il est juste... nous sommes...

Comment lui expliquer ? Je ne veux pas gâcher la magie de notre couple en extirpant de ma cervelle une série de mots imparfaits.

— D'accord. Qui est-ce ?

Elle ne semble pas aussi captivée que je l'espérais.

— Finn Birchall, je dis, en me souvenant soudain de lui en avoir déjà parlé.

— Tu veux dire, l'odieux Finn Birchall qui a fait pleurer une gamine dans le train ?

— Je me suis trompée. Son comportement n'avait rien d'odieux. Il ne supportait pas le bruit qu'elle faisait, c'est tout. Il était en plein burn-out, comme moi.

— Sasha, tu m'avais juré que tu ne coucherais pas avec lui par accident. Tu te souviens ?

— Je n'ai pas couché avec lui par accident. On s'est épaulés, aidés. Et puis c'est allé plus loin. Je sais, ça fait cucul, mais apparemment nous étions *destinés* à partager la plage. Il est arrivé dans ma vie juste au bon moment.

— Pitié, murmure ma sœur.

Quelle rabat-joie !

— C'est un problème de rencontrer l'amour ? j'attaque.

— Tu as mal compris. Je suis à fond pour l'amour. Mais, Sasha, tu crois malin de soutenir un type alors que tu dois prendre soin de toi ?

— Soutenir ? Mais non ! Finn ne parle jamais de ses problèmes. Tout ce que je sais, c'est qu'il s'est trouvé submergé, comme moi, et qu'il est passé par des épisodes colériques. Il voulait découper un ficus à la tronçonneuse, mais il va suivre une thérapie.

Je me rends compte que je ne le dépeins pas sous son meilleur jour.

— C'est un homme bien, j'ajoute alors.

— *Tronçonner un ficus* ? s'inquiète Kirsten.

— Un détail, je me hâte de préciser. Il est fondamentalement gentil et raisonnable mais il lui est arrivé de perdre les pédales. Il est consultant en management. C'est un bon surfeur. Et grâce à lui je m'intéresse à nouveau aux hommes, au sexe. *Enfin !*

— OK. Je suis contente pour toi, à la fois pour le sexe et pour l'amour. Je veux juste qu'on ne te fasse pas souffrir. Vous avez l'air assez vulnérables, tous les deux, lui avec sa thérapie et toi avec ta démission.

Elle marque une pause. Calculée. Elle essaye de faire preuve d'autant de tact que possible.

— Tu trouves que c'est une mauvaise idée ? je dis pour la pousser à parler.

— Pas forcément. Je te demande seulement de... d'être prudente. Deux personnes un peu cabossées et malheureuses essayent de se réparer en s'accrochant l'une à l'autre au lieu de se concentrer sur leur propre convalescence. Est-ce la bonne marche à suivre ? C'est la question que je me pose.

Voilà une description flatteuse... je pense, indignée.

— Je ne suis pas malheureuse. Et pas cabossée.

— Je me fais seulement du souci, ma sœurette chérie. Tu as quitté ton boulot, tu as trouvé un nouvel amoureux... C'est beaucoup, Sasha ! Tu étais seulement censée respirer le bon air et boire du jus de truc-machin.

— Noni.

— C'est ça.

Kirsten est peut-être dans le vrai. J'ai perdu de vue la raison pour laquelle je me trouve à Rilston Bay.

— Je suis contente que tu aies quitté Zoose, reprend ma sœur. Ne te précipite pas pour autant dans une nouvelle mission d'aide émotionnelle et morale.

— C'est l'opposé qui se produit. *Je* m'améliore à son contact.

— Et c'est pertinent ? Il a ses propres problèmes.

Ses mots me prennent de court. Je me sens coupable. Chaque fois que j'ai tenté de le réconforter, Finn m'a repoussée. Je n'ai pas été capable de l'aider. Je connais à peine les causes de son insomnie et de sa fureur. Est-ce lié au travail, comme pour moi, ou à autre chose ? De toute façon, c'est du ressort de sa thérapeute.

— Je dois raccrocher, déclare Kirsten. Ben, pas dans ton nez ! Sasha, écoute-moi et garde bien ça en tête : *ce séjour est pour toi*.

— Oui. Merci d'avoir appelé. Une dernière chose, en vitesse. Tu te souviens pourquoi la police m'a interrogée à propos de l'accident de canoë ?

— Oh, ça ! Désolée, j'avais l'intention de t'envoyer un message. Ben, donne ce truc à maman *tout de suite* ! C'était au sujet d'un feu, me dit-elle tandis que son fils proteste énergiquement.

— Un feu ?

— Je crois. Tu avais vu Pete brûler quelque chose. Bon, j'y vais. Ciao.

— Un *feu* ?

J'ai le tournis. De quoi parle-t-elle ? Je ferme les yeux en imaginant un feu de joie sur la plage, un feu de cheminée, une maison en feu. Mais aucun souvenir ne me revient.

Jusqu'à... Oui. Un feu dans une poubelle.

Le souffle coupé, je revois soudainement toute la scène, au centre de laquelle Pete brûle quelque chose dans une cour abandonnée. C'est pour ça que je suis allée trouver la police.

Ce jour-là, j'avais filé chez le marchand de journaux pour dépenser une pièce trouvée dans le sable. J'étais allée directement au fond de la boutique, près des distributeurs automatiques. Je choisissais mon chewing-gum quand j'avais aperçu des flammes par la fenêtre. Pete était debout dans une cour et attisait un feu avec énergie. Il avait l'air particulièrement méchant.

Après ça, j'avais payé mon chewing-gum et j'étais revenue sur la plage. C'est là que j'avais entendu les rumeurs. Les gens parlaient d'un accident de canoë, d'un gilet de sauvetage défectueux, d'un garçon sauvé de justesse.

Au milieu de la nuit, je m'étais réveillée et j'avais repensé à Pete en train de brûler le gilet de sauvetage dans une poubelle. Au matin, j'avais insisté auprès de ma mère et je l'avais convaincue de me laisser raconter mon histoire aux policiers, bien que papa, malade, ait décidé que nous allions partir.

Mais j'ai effacé cet épisode de ma mémoire. Comme j'en ai effacé tant d'autres.

Maintenant tout est précis. Les flammes dans la poubelle, remplie de cartons, de papiers et d'autres trucs. Pete remuant le feu avec un bâton. Quand je m'étais repassé la scène au milieu de la nuit, je m'étais fait l'effet d'une détective de choc : Pete avait brûlé le gilet de sauvetage défectueux dans la poubelle. Mais je n'étais qu'une fille de treize ans dotée d'une imagination débordante. On a appris que le gilet de sauvetage n'était pas en cause dans l'accident. C'était le canoë. Et, de toute façon, comment arrive-t-on à brûler un gilet de sauvetage ?

La honte me submerge. Toute cette affaire était absurde. Je ne me souviens plus si les policiers m'avaient ri au nez. Mais ils ne se sont sûrement pas gênés. En fait, cette visite à la police était un cadeau de maman. Un petit coup de pouce. Ma minute de gloire.

En tout cas, maintenant, je sais. Et je vais de ce pas mettre Finn au courant.

Je viens de me souvenir de ce que j'ai raconté à la police : j'ai vu Pete attiser un feu dans une poubelle. Pour moi c'était une preuve. J'espère que tout se passe bien avec Mavis Adler. Bises.

Je l'envoie et me lève. J'ai envie de marcher pour réfléchir. Les mots de Kirsten continuent à me perturber. *Malheureuse et cabossée*. Dit-elle vrai ? J'étais sans doute légèrement amochée. Mais je suis réparée. Au moins en partie. J'ai changé. J'en suis sûre. Je me sens plus forte, plus heureuse, plus sexy.

Pour m'en persuader, j'avance rapidement face aux bourrasques jusqu'à l'autre extrémité de la plage, près des falaises escarpées. Je m'arrête et regarde la mer. J'entends Terry : « Pourquoi tu crains la mer ? La mer, elle, n'a pas peur de toi. »

La mer n'a pas peur de moi. Ses vagues se cassent sur le rivage, encore et encore, immuablement. Les falaises, impassibles, n'ont pas peur de moi. Tout cela est rassurant. Je suis en train de comprendre de quoi parlait la Fille en Combi avec sa connexion à la terre. Je suis très consciente de me tenir là, debout, sur mes deux pieds. Pas une âme en vue. Seulement moi.

Spontanément, je retire mes baskets et mes chaussettes pour laisser la plante de mes pieds écraser le sable. Une sensation nouvelle. La terre me soutient. Elle me tient droite. Quoi qu'il puisse se passer dans ma vie, elle sera présente. Comme le seront ces falaises, cette plage et ces galets vieux de millions d'années.

C'est moi qui profère ces phrases de dingo ? Pourtant ces mots sonnent juste. Ils sont persuasifs et réconfortants.

— Bonjour, papa !

C'est sorti de ma bouche sans que je le veuille. Je m'éclaircis la voix et respire à fond.

— Je suis de retour à Rilston. Je suis... Tout va pour le mieux.

Cela fait des années que je n'ai pas parlé à mon père. Mais, à cet instant, bien campée sur le sable, sur cette plage qu'il aimait tant lui aussi, je pleure. La terre est là pour moi. Mon père est quelque part pour moi. Tous les deux seront toujours présents quoi qu'il arrive. Que je sois bercée, frappée ou secouée.

Le vent refroidit l'atmosphère, mais chaque minute ici me rend plus forte, plus grande, plus robuste. Je ne suis pas malheureuse ni cabossée, quoi qu'en dise Kirsten. Je suis résiliente. Je suis en voie de guérison. Je me tiens pieds nus sur une plage en plein hiver, bordel ! Je suis plus solide que je le pensais.

Je prends un selfie pour l'envoyer à maman, Kirsten et Dinah, puis j'ouvre mon appli. Le sourire de la Fille en Combi a perdu toute arrogance. Il est amical et chaleureux. Je me sens pleine de gratitude envers elle qui m'a accompagnée tout le temps en me donnant d'excellents conseils. Je suis une nouvelle Sasha. En meilleur état physique et mental, en meilleure forme que je ne l'ai été pendant des années.

Donc, je dois organiser ma vie. L'affronter au lieu de la fuir.

Cette pensée m'arrive de nulle part. Je ressens un choc. Est-ce que je fuis la vie ? Est-ce que j'évite les difficultés ? Quand j'en suis arrivée au point où tout me paraissait insurmontable, j'ai voulu m'esquiver, c'est vrai. Je voulais effacer les problèmes, prendre du repos et récupérer.

Aujourd'hui, pour la première fois, je me sens capable de rentrer à Londres. De ranger mon appartement. De jeter mes vieilles plantes vertes. De reprendre le contrôle de la situation. Et, surtout, de déterminer mes priorités.

Je veux apprécier la vie. Parce qu'elle nous donne rendez-vous à chaque instant et qu'il *faut* en profiter. Recontacter de vieux amis. Se rencontrer pour boire un verre. Peut-être même préparer un dîner. Bref, tout ce que j'avais mis de côté, qui paraissait inenvisageable.

C'est drôle, mais désormais plus rien ne m'effraie. Tout ressemble à un challenge. Un de ceux qui vous envoient une giclée d'adrénaline dans les veines, pas qui vous donne envie de vous planquer dans un placard en pleurnichant.

J'aimerais rester ici toute la journée pour savourer ces pensées positives. Mais nous sommes fin février. Mes orteils sont engourdis. Je rebrousse chemin vers l'hôtel, en regardant les empreintes que je laisse dans le sable. Peut-être, vu l'importance du moment, devrais-je prendre une photo.

Sauf que non. Il gèle trop. Après une vingtaine de pas, je me penche pour remettre chaussettes et baskets. En me relevant, j'aperçois une personne au loin, qui marche dans ma direction.

Finn ? Non. Un homme, grand et mince avec... Je plisse les yeux : un chapeau ? Non, ce sont ses cheveux. Des cheveux en bataille.

Des cheveux en bataille que je reconnais, aussi bizarre que ça puisse paraître.

Se pourrait-il que ce soit... ? En aucune façon. Incrédule, j'examine à nouveau l'homme qui s'avance vers moi, tel un étrange mirage : Lev, en parka, jean et baskets en daim.

— Sasha Worth ? demande-t-il quand il m'a rejoint. Je ne sais pas si tu te souviens de moi. Je suis Lev Harman.

Il se présente ? Le fondateur de Zoose *se présente* à moi ? L'instant est surréaliste.

— Je sais. Mon entretien d'embauche a eu lieu avec toi.

— Tout à fait. Mais tu viens de donner ta démission.

— Oui.

— Et tu as envoyé un mémo de douze pages à propos du fonctionnement de la boîte.

— Douze pages ? Non, j'ai seulement rempli le formulaire.

— On me l'a imprimé, affirme-t-il en sortant une liasse de feuilles de sa poche. Regarde : douze pages.

— Je vois. Désolée. Je ne m'étais pas rendu compte que j'avais tant à dire.

— Oui, tu avais beaucoup à dire. Et je veux que tu m'en dises encore davantage.

Je suis trop surprise pour répondre. Si je saisis bien, Lev a lu mes divagations nocturnes. Et il en veut *encore*.

— Comment tu as su où me trouver ? je demande finalement.

— Tu as inscrit le nom de l'hôtel dans la case adresse. Quand je me suis présenté, la réceptionniste m'a dit : « Oh, elle est sûrement sur la plage. Elle fait son yoga et boit son chou kale sur le sable. » (Il imite Cassidy à la perfection.) J'espère que je ne te dérange pas.

— Non, pas du tout.

— Bon. Alors, puis-je prendre un peu de ton temps ? J'ai lu ton analyse, féroce, acérée. Et j'aimerais *vraiment* en parler avec toi.

22

L'instant est surréaliste. Ma vie est devenue surréaliste. Me voici assise sur la plage en compagnie de Lev Harman, le fondateur de Zoose, qui me demande conseil.

Face à la mer, il m'interroge avec précision sur tous les points que j'ai indiqués dans mon rapport. Il prend des notes, m'enregistre avec son téléphone et me fixe avec une expression bizarre. On dirait qu'il essaye d'entrer dans ma tête.

— Personne ne m'a jamais dit ça ! Continue. Ne t'arrête pas. Quoi d'autre ?

Ses questions déferlent et je me rends compte qu'il comprend tout. Il est rapide, réactif. Quand je décris un manque d'efficacité, il retient son souffle. Quand je mentionne un incident contrariant, il exprime sa compassion en tapant du pied.

Au début, je m'efforce de ne pas mentionner Asher. Mais il devient de plus en plus difficile d'utiliser seulement le mot « management » et des expressions neutres comme « il a été décidé que ». Alors, je vais droit au but.

— C'est la faute d'Asher, je lance franchement. Il a des engueulades monstres avec son équipe, puis il se cache dans son bureau. Quand il émerge de sa tanière, c'est pour lancer un nouveau projet stupide et fantaisiste. Et il refuse de gonfler l'effectif.

Je n'en reviens pas de critiquer Asher aussi ouvertement. En fait, je m'attends presque à recevoir une gifle. Mais quel soulagement de dire la vérité. Enfin !

Lev grimace chaque fois que je prononce le nom de son frère. Je me demande comment ça se passerait si Kirsten et moi dirigions une entreprise ensemble. Très mal, sans doute. Chacune aurait envie de tuer l'autre. J'en prends bonne note.

— Et il ne t'écoutait pas ? demande Lev en jouant avec les galets.

— Asher n'écoute jamais rien. Si on se plaint, sa femme de main nous renvoie direct vers « le tableau d'objectifs destiné à fixer la ligne directrice de nos ambitions ». Cela fait partie du programme sur l'estime de soi au travail.

Je ne cache pas mon sarcasme, même si cela sort du cadre de l'évaluation professionnelle utile et confine à la pure vacherie. Et alors ? C'est la vérité. Tout ça m'a rendue malade.

Lev garde le silence pendant un moment. Il fixe la mer avec une drôle d'expression. Puis il hoche la tête, comme s'il venait de prendre une décision.

— Désolé que ton expérience chez Zoose ait été aussi désastreuse, Sasha. C'était... c'est... une mascarade. On n'aurait pas dû te perdre. C'est vrai qu'en t'enfuyant du bureau, tu as percuté un mur en briques ?

— Oh, ce n'était pas grave.

— Tu as dû aller à l'hôpital ?

— Oui, par mesure de précaution.

— Tu préférais entrer dans les ordres plutôt que travailler chez Zoose ?

Là, je suis gênée. Chaque détail de cette aventure humiliante s'est-il répandu dans toute la boîte ?

— Devenir nonne était seulement une des options que j'ai examinées, je dis d'un ton décontracté. J'avais besoin d'une pause.

— Apparemment, ça n'a pas suffi puisque tu as démissionné. Pourquoi partir ?

Lev semble dans l'expectative. Il donne l'impression d'être suspendu à chacune de mes paroles. De vouloir résoudre un problème. De se comporter non pas en patron mais en être humain.

— Pour être honnête, je devais faire évoluer les choses, mais j'avais peur. Malgré une situation qui empirait de jour en jour, je m'accrochais au statu quo. Quand je suis passée à l'action, c'était terrifiant, mais je me suis sentie libérée.

L'œil dans le vague, Lev hoche la tête à plusieurs reprises. Quel problème veut-il résoudre ? je me demande. Un problème personnel ? Un problème relatif à Zoose ? Si c'est le cas, je peux lui donner quelques tuyaux. Et Finn aussi.

J'imagine bien que, pour Lev, virer Asher sera aussi difficile que ça l'a été pour moi de donner ma démission. Je le plains. Avoir un frère pareil, déjà…

J'y vais donc avec des pincettes :

— Prendre des mesures énergiques, c'est toujours compliqué, je dis. Surtout si ça concerne un membre de sa famille.

Le regard qu'il me lance est peu amène. Je reste impassible et tâche de lui transmettre en silence une déclaration de paix. Message reçu : il paraît se détendre.

— Je sais qu'Asher est… loin d'être parfait. Mais il est là depuis le début. Et puis c'est mon *frère*.

— La situation n'est pas simple, en effet, je dis – ce qui me vaut un drôle de petit rire.

— Entre nous, rien n'est simple, fait-il remarquer en fixant l'horizon. Développer une entreprise aussi vite que nous l'avons fait est une aventure incroyable, fantastique, merveilleuse, mais angoissante. On doit trouver de nouveaux capitaux, de nouveaux clients, tout en faisant tourner le business existant. C'est sans fin.

Je discerne dans sa voix un accent familier. Il me rappelle quelqu'un. Mais qui ? Pas besoin de chercher très loin : moi. Quand j'étais dépassée par les événements.

— Je pense que Zoose repose sur un bon concept. Sa notoriété et son chiffre d'affaires le démontrent. Disons seulement que deux personnes ont perturbé, çà et là, son fonctionnement.

— Je dois me débarrasser d'Asher, déclare Lev, le visage tendu. Je le sais. Je le sais depuis un moment. Mais je préférerais *ne pas* le savoir.

— Si ça peut te conforter dans ta décision, sache que j'en ai parlé ici à un consultant. Il est du même avis. Je peux te le présenter.

Silence. J'attends qu'il se remette à parler en espérant ne pas avoir dépassé les bornes.

— Pour l'instant, je ne sais pas. Peut-être plus tard. Mais je te remercie.

Je n'ai plus rien à dire. Lev est perdu dans ses pensées. Nous restons à écouter le bruit des vagues et le cri des mouettes.

— Merci, Sasha, fait-il au bout d'un moment. Merci de m'avoir accordé du temps. Merci pour tes commentaires avisés. Nous n'avons pas souvent eu l'occasion de bavarder quand tu étais chez Zoose et je le regrette.

— Franchement, pas sûre qu'ils soient si avisés que ça. J'étais tellement épuisée ! En revanche, depuis que je suis ici, j'ai eu le temps de réfléchir. Contempler la mer aide à trouver des réponses.

— Je te comprends, confirme-t-il, l'œil fixé sur la crête d'une haute vague. Ce spectacle est prodigieux. C'est ce à quoi tu occupes tes journées ? Pardon, je suis indiscret, ça ne me regarde pas.

— Je t'en prie.

— Non, vraiment, je m'excuse. C'est déjà assez moche de t'avoir détournée de ton yoga pour te faire parler de la boîte que tu détestes le plus au monde. Il faut qu'en plus je te pose des questions indiscrètes. Pas étonnant que tu nous aies quittés.

Il est sympathique. Impossible de lui en vouloir.

— D'abord, Zoose n'est pas la boîte que je déteste le plus au monde. J'étais très fière d'y travailler. C'est juste que ça n'a pas collé. Ensuite, oui, je contemple souvent la mer. Et je marche sur la plage. Et je m'occupe à plein d'autres choses.

Là, j'ai un petit sourire en coin impossible à réprimer parce que je pense : *Tomber amoureuse, redécouvrir les joies du sexe et la confiance en moi.*

Je sens le vent sur ma nuque et je frissonne. Lev se relève.

— Tu as froid ! Je te libère, Sasha. Tu as été d'une grande aide. Avant de partir, je voudrais te demander un service. Accepterais-tu de t'entretenir avec quelques directeurs de service au sujet de ce dont nous venons de parler ?

— Absolument. Je serais ravie.

— Ils sont en réunion dans le Somerset, à une heure d'ici environ. Pourrais-tu nous rejoindre demain ? Je te réglerai tes honoraires de consultante et tes frais de déplacement.

— Des honoraires de consultante ?

— Eh bien, oui, c'est un travail de conseil et il se rémunère.

— OK. Très bien.

C'est incroyable ! Quand je pense qu'il est venu dans le Devon spécialement pour me voir alors que je ne pouvais pas communiquer avec lui quand son bureau était trois étages au-dessus du mien !

En arrivant devant le Surf Shack, je découvre la porte ouverte et, sur le deck, un inconnu qui balaye le sable. Sans doute le nouveau propriétaire.

— Bonjour !

Il me rend mon salut chaleureusement :

— Bonjour ! Vous voulez louer une planche ?

— Pas dans l'immédiat, mais peut-être plus tard. Vous savez, j'ai appris à surfer avec Terry. Je m'appelle Sasha. Et voici Lev.

— Ravi, dit-il en nous serrant la main. Moi, je suis Sean. Terry est là. Vous voulez lui dire bonjour ?

— Bien sûr.

— Il est à l'intérieur. Terry ? Tu viens ?

J'explique à Lev que Terry était non seulement mon prof de surf mais un être exceptionnel.

— Un être *exceptionnel* ? OK, je dois le rencontrer.

— C'est vrai, confirme Sean. J'étais aussi son élève. Il nous a appris le surf, et plein d'autres choses. Terry, viens ! Des amis à toi veulent te voir.

Une minute après, il apparaît sur le deck. Veste en polaire, bonnet en laine et sparadrap sur le menton. Encore plus frêle que l'autre jour, mais je décide d'ignorer son apparence. Il est toujours Terry.

Je m'avance :

— C'est moi, Sasha. Et Lev.

— Bien sûr ! Content de vous revoir tous les deux. Vous avez déjà pratiqué le surf ? Parce que la classe des débutants est complète.

— Oui, nous sommes déjà des surfeurs confirmés, j'affirme, puis je me tourne vers Lev et murmure : Il n'est plus tout à fait... Il faut juste jouer le jeu.

Mais ce dernier ne m'écoute pas.

— Je ne connais rien au surf, déclare-t-il. Apprenez-moi le plus important.

Mon vieux prof a l'air perdu et mon cœur se serre. Puis une lueur de lucidité apparaît dans ses yeux.

— Tu ne te souviens de rien après tous ces cours ? Le plus important t'a échappé ? Alors je perds mon temps. Parce que, tu sais, tes parents n'ont pas dépensé de l'argent pour que tu bayes aux corneilles toute la journée.

— Je m'excuse. Redites-moi l'essentiel. Je vous écoute.

Un petit moment de flou, puis Terry fronce les sourcils.

— Le secret, c'est : regarder, regarder, regarder.

Il s'anime, comme s'il s'adressait à toute une classe :

— Tu dois profiter du cœur de la vague. Autrement, pourquoi surfer ? La vague, c'est l'essentiel.

— Profiter de la vague ? répète Lev. Comment ai-je pu oublier cette règle ?

— La vague, c'est *l'essentiel*, dit Sean avec un clin d'œil.

— La vague, c'est *l'essentiel*, je confirme avec un grand sourire.

— Mais où sont les autres ? s'inquiète Terry. On aurait dû commencer il y a dix minutes. Et Sandra, où est-elle passée ? Vous l'avez vue ?

— Elle va bien, dit Sean. Elle est allée faire une course. Finalement, je crois que la classe est reportée à demain.

La vigueur qui éclairait le visage de Terry disparaît. Son regard se porte sur la plage déserte et il hoche la tête comme s'il acceptait un fait qui le dépasse. Son air égaré me remplit d'une indicible tristesse. Se rend-il compte de la situation ? De son état ? Là, maintenant, il paraît si désolé que j'ai envie de le consoler.

— Terry, je suis venue pour un cours, je lance. Il faut juste que j'enfile ma combinaison. Sean, je vais louer une planche, d'accord ?

— Pas de problème ! Mais… vous comptez vraiment louer une planche ? ajoute-t-il après un coup d'œil en direction de Terry.

Mon professeur est prêt à donner un cours et je suis prête à le recevoir. On a la mer, les vagues, alors il n'y a plus qu'à…

Sean n'a pas l'air emballé.

— Si vous y tenez vraiment, c'est à vos risques et périls. Vous n'êtes pas assurée. Je ne suis pas dans le coup, hein ?

— Compris !

— OK. Je vous rejoindrai peut-être. En attendant, je vous sors deux planches.

En trottant vers ma cabane, je regarde si je vois Finn. Comme il n'est nulle part, je lui envoie un message en espérant qu'il le consultera à temps.

Rendez-vous pour le cours de surf au Surf Shack. Terry dit que tu es en retard. Dépêche-toi !

C'est comme remonter le temps. Comme quand le Terry des belles années nous enseignait le surf. C'est dément !

La séance d'échauffement commence. Terry crie ses instructions. Il nous fait nous allonger et ramer sur le sable, nous accroupir et nous relever. Ses yeux brillent, il est drôle et repère la moindre erreur.

— Regarde, regarde, regarde, ordonne-t-il à Lev. Tu dois être fort. Pigé ?

Il lui donne un petit coup sur l'estomac et le patron de Zoose vacille sur sa planche.

— Tu vois ? C'est pas bon, ça. Faut que tu sois solide sur tes jambes. Tiens, qui voilà ?

Mon cœur s'emballe. Car qui arrive en courant ? Finn, en combinaison isotherme. Il croise mon regard. *C'est quoi, ce bordel* ? semble-t-il dire.

— Tu es en retard, je lance en souriant.

— Excuse-moi, Terry.

— Je me fiche de tes excuses, jeune homme. Tu ne t'es pas échauffé. Tu as raté les règles de base...

— Je me rattraperai, ne vous en faites pas.

Je vois bien que, même si je lui ai déjà décrit l'apparence vulnérable de Terry, il est touché. Mais il s'efforce de le cacher.

— Je suis Finn Birchall. Je ne sais pas si vous me remettez...

— Un retardataire, voilà ce que tu es. Ne perds pas ton temps en bavardages.

— OK. Je suis heureux que rien n'ait changé.

— La planche est rigide, comprenez ça, reprend Terry en tapant sur la sienne pour souligner sa remarque. Elle dépend de vous. Sans votre technique, elle sera ballottée dans les vagues. Mais heureusement, vous avez des super-pouvoirs. Appelons-les des surfeurs-pouvoirs. (Clin d'œil appuyé, sachant qu'il a toute l'attention de ses élèves.) Utilisez-les ! Toi, ton surfeur-pouvoir, c'est la souplesse, dit-il à Finn. Le tien, c'est la persévérance, dit-il à Sean. Le tien, c'est le regard, dit-il à Lev. L'anticipation.

Je me souviens qu'il avait l'habitude de nous distribuer des surfeurs-pouvoir avant qu'on aille à l'eau.

— L'anticipation ! Compris, fait Lev, planté droit sur sa planche, l'air parfaitement mal à l'aise.

— Et le mien ? je m'écrie.

D'accord, c'est enfantin de réclamer. D'un autre côté, j'ai peur qu'il passe à autre chose et m'oublie. Je veux moi aussi détenir un surfeur-pouvoir.

Terry me regarde bizarrement. Ai-je réagi trop tard ?

— Le tien, c'est l'amour, dit-il comme si c'était évident. Pas de surf sans amour. Pourquoi aller dans l'eau ? Pourquoi se donner le mal d'essayer, de ramer, de recommencer, de se relever et d'y aller encore une fois ? Par amour du surf.

Sans un mot, nous observons ce vieil homme frêle qui scrute cet océan auquel il a consacré sa vie. Les larmes mouillent mes yeux. J'espère qu'il sait que ce ne sont pas les vagues que nous aimons aujourd'hui, que ce n'est pas la mer qui nous réunit à l'instant présent. C'est lui. Je devrais peut-être le lui dire…

Mais il est déjà passé à la suite. Exactement comme autrefois.

— OK, les enfants. Assez parlé. On y va.

23

Une heure plus tard, je suis assise avec Finn, les fesses dans l'eau. Son bras autour de mes épaules, nos jambes emmêlées. J'affiche un sourire béat. En fait, je souris sans interruption depuis une heure. Je vais rester comme ça jusqu'à la fin de mes jours.

— Ces vagues… je dis.
— Incroyables. Merci de m'avoir envoyé un message.
— Tu ne pouvais pas rater l'apparition spéciale de notre invité.

Le cours est fini depuis longtemps. Sean est rentré s'occuper de son business. Terry est parti avec Deirdre, l'amie qui veille sur lui. Nous avons applaudi pour le remercier. Lev est beaucoup tombé. Il se rhabille dans le Surf Shack. Finn et moi sommes seuls sur la plage à nouveau déserte.

Il se penche pour m'embrasser. Ses lèvres ont un goût de sel. Et ses cheveux sont plaqués par l'eau de mer. Quel bonheur ce serait de s'embrasser pour l'éternité ! Pourquoi ne peut-on pas passer sa vie à embrasser son amoureux sur une plage ?

— À quelle heure tu dois partir pour Londres ?
— Pas avant 15 heures. Il nous reste plein de temps.
Je bats des cils avec une arrière-pensée.
— Et si tu m'aidais à sortir de cette combinaison ? Je n'y arrive pas toute seule.
— Avec plaisir. Tourne-toi. Comme ça ? demande-t-il en descendant le zip.
— Merci, je dis en baissant le haut de la combi. Ouf ! Je me sens mieux.
En acquiesçant, Finn fait glisser les bretelles de mon maillot.
— Et maintenant, tu te sens encore mieux ?
J'ai déjà envie de faire l'amour avec lui. Je calcule le temps qu'il nous faut pour regagner la cabane, arracher nos vêtements et sauter sur le canapé. Ou nous écrouler par terre. Peu importe.
Sauf que je dois d'abord faire mes adieux à Lev. En tournant la tête pour vérifier s'il est sorti du Surf Shack, j'aperçois Sean qui nous regarde en rigolant.
— Salut ! je crie en espérant que Finn retire sa main, juste au moment où il caresse mes seins. Arrête ! lui dis-je. Les gens peuvent nous voir !
— On va au lit ? murmure-t-il dans mon cou. Tout de suite ?
— Il faut que je dise au revoir à Lev. C'était mon patron. Il est venu exprès pour me voir. Je ne peux pas filer comme ça.
— *Très bien*, vis ta vie.
Son ton est si pince-sans-rire, son expression si comique que j'éclate de rire.
— Tu peux parler ! Au fait, comment était Mavis Adler ? Elle était émue de te rencontrer ?

— Pas du tout, réplique-t-il en retirant sa main des profondeurs de mon maillot. Voici exactement ce qu'elle a dit : « Eh bien, il était temps. J'ai toujours su que ce n'était pas Patrick. Sa tête n'a pas la bonne forme. »

— Pourtant, elle n'a jamais rétabli la vérité.

— J'imagine qu'elle ne voulait pas être responsable d'une rupture.

— Et Gabrielle ?

J'y vais doucement car je ne me sens pas totalement raisonnable quand il s'agit de cette fille. Mais Finn reste impassible.

— Quoi, Gabrielle ?

— Vous n'avez pas essayé de rééditer votre célèbre baiser ? je dis en partant d'un rire désinvolte.

— Certainement pas ! s'indigne-t-il, à mon grand soulagement.

Sasha, tu deviens parano. Détends-toi ! L'univers t'a apporté Finn. Ce n'est pas pour l'attribuer immédiatement à quelqu'un d'autre.

— J'ai promis d'être présent au vernissage de l'exposition demain. On y va ensemble ?

— Et comment !

Je suis sur le point de l'embrasser quand la voix de Lev retentit :

— Sasha ! Finn !

Il a les cheveux mouillés, les joues roses et la mine radieuse de tous les surfeurs qui viennent de descendre de leur planche.

— Je m'en vais. À demain, Sasha. Merci pour tout. Les conseils, le surf, ma rencontre avec Terry. Tout.

— À demain. Et merci à toi de m'avoir écoutée.

— Pas de problème. Ravi d'avoir fait ta connaissance, Finn.

— Bonne chance, lui lance ce dernier.

Nous l'observons qui se hâte à travers la plage.

— Tu as une réunion hyper importante à préparer. Et moi, je dois aller sur Internet. Mais avant...

Lorsque nous entrons dans ma cabane, Finn a descendu sa combinaison jusqu'à la taille et je me débarrasse de mon haut de maillot. J'ai tellement envie de lui que je n'ai pas les idées claires. Nous baissons les stores, barricadons la porte avec une chaise. Finn attrape mes hanches toujours prisonnières du néoprène.

— Tu sais ce qui me plairait ? Découper cette combi sur toi, morceau par morceau.

Mon excitation est vite tempérée par le prix de la combinaison en question.

— Trop chère, je balbutie.

— J'y ai pensé. Dommage ! Un autre jour, alors.

Un autre jour. Quand il me serre contre lui, cette phrase danse dans ma tête, légère et scintillante. « Un jour, mon Finn viendra », comme dit la chanson. Mais il est là, bien là, mon amour de Finn.

Nos ébats sont encore plus merveilleux qu'hier alors qu'ils étaient déjà parfaits. Je ne sais pas comment c'est possible. C'est toujours l'extase, mais plus longue, plus audacieuse, plus... sublime. L'imagination de Finn va loin, très loin, dans des contrées que je n'aurais jamais devinées.

Et vous savez quoi ? Si le personnel de l'hôtel se trouvait dehors à nous écouter, je les laisserais faire. Profitez du spectacle, les amis ! Distribuez les billets d'entrée. Je m'en fous complètement !

Allongés sur un matelas de coussins, haletants, étourdis, nous revenons peu à peu dans le monde réel.

— Tu sais quel est le défaut de ces nouveaux studios aux murs complètement transparents ? demande Finn d'une voix totalement détendue. Pas d'endroit discret où faire l'amour.

— Effectivement, erreur de conception. On devrait le signaler à l'architecte.

Je me frotte contre sa peau, je le renifle. Le bonheur. Si seulement nous avions un peu plus de temps…

— Je dois y aller, déclare-t-il comme s'il lisait dans mes pensées. La thérapie m'appelle.

— Bien sûr ! Bonne chance !

J'éprouve une certaine appréhension en me souvenant des remarques de Kirsten.

— Merci.

— Tu sais, si ça peut t'aider, tu peux tout me dire.

Il se ferme aussitôt et détourne la tête. Pour la première fois, sa réaction me blesse. Pourquoi refuse-t-il mon soutien ?

— C'est gentil de proposer, déclare-t-il au bout d'un instant.

Sous cette politesse un peu forcée, je flaire une pointe d'hostilité. Pourtant, dans la mesure où les deux êtres fragiles que nous sommes veulent aller mieux – ou guérir, peu importe –, ne serait-il pas normal qu'ils s'entraident ?

— Ta thérapeute te conseillera peut-être de parler à tes amis proches, je dis.

J'ignore si c'est une possibilité, mais c'est une façon de l'encourager.

— Peut-être.

Il se lève brusquement et remet son maillot de bain mouillé. C'est clair, il est angoissé. Et je me sens coupable d'avoir confondu stress et animosité.

— Finn, pourquoi lutter tout seul alors que tu peux te confier à moi, quoi qu'il arrive ?

— J'apprécie beaucoup ton offre. Merci.

Mon cœur se serre une fois encore. C'est quoi, ce ton formel ? On dirait qu'il dicte un mail professionnel. Si j'insiste, il va se refermer comme une huître. Je le connais maintenant. Je suis capable de prévoir ses réactions.

Quel est son problème ? je me demande, un brin mélancolique. Il me le dira quand il sera prêt. Pour le moment, tout ce que je peux faire, c'est être là pour lui.

— La meilleure chose qui me soit arrivée ici, c'est de te rencontrer. De loin la *meilleure* chose.

— À moi aussi.

Son regard est si chaleureux, si affectueux que j'ai du mal à croire qu'il se soit montré si distant une seconde avant.

— Tu es formidable, Sasha. On se voit dès que je rentre de Londres. Tu retournes à l'hôtel tout de suite ?

— Non, j'ai tout mon temps. Vas-y.

Je l'enlace en espérant lui transmettre tout l'amour et le soutien moral dont il a besoin.

— Merci.

Sur un dernier baiser, il sort. Et moi, je m'écroule sur le canapé en commençant déjà à compter les minutes qui me séparent de son retour.

Je mets du temps à me ressaisir. Je mange un Twix pour récupérer de l'énergie, fixe le plafond pendant quelques minutes, puis me demande ce que je vais faire du reste de ma journée. Sans Finn, tout me paraît sans intérêt.

Finalement, je me drape dans une serviette et décide d'aller prendre un long bain chaud dans ma salle de bains peuplée de créatures des sous-bois. En fait, elle me plaît bien.

Je traverse le hall, mes vêtements à la main, quand le téléphone de la réception sonne. Il n'y a personne pour répondre. Alors je pose mes fringues sur le bureau et je décroche.

— Bonjour, ici l'hôtel Rilston, je dis en imitant la voix de Cassidy – et en rigolant intérieurement.

— Bonjour, répond une voix féminine un peu essoufflée. J'aimerais envoyer quelque chose à l'un de vos clients. Finn Birchall séjourne bien chez vous ?

— Oui, en effet, je réplique avant de réaliser, trop tard, que j'ai peut-être violé une loi sur la protection de la vie privée ou une quelconque clause de confidentialité. En quoi puis-je vous aider ?

— Je suis une de ses collègues de bureau. Je souhaite lui faire parvenir un panier garni de bonnes choses. Est-ce que l'hôtel en fournit ? Ou y aurait-il un autre cadeau que je pourrais vous commander ?

Une collègue de Finn ? Je n'en reviens pas. Mes terminaisons nerveuses sont en alerte. Voilà l'occasion d'en apprendre plus. Ou même de *tout* savoir.

Mais quelles chances y a-t-il que cette femme révèle des détails sur la vie d'un de ses collègues de travail ? À peu près aucune. Je dois lever le malentendu.

— En fait, je ne travaille pas à l'hôtel. Je suis une cliente. Mais je vais prévenir le directeur. Je suis sûre qu'il pourra répondre à votre souhait. Finn a été stressé ces derniers temps. Il sera content de recevoir un cadeau. Nous sommes devenus amis. Proches. Nous échangeons beaucoup sur des sujets personnels. Alors je suis au courant de... ce qui s'est passé.

— Oh, Dieu merci ! Il va bien ? On se fait beaucoup de souci pour lui.

— Je vous rassure, il va de mieux en mieux. Autant qu'on puisse l'espérer après... ce qui est arrivé.

— Je suis contente de ces bonnes nouvelles. Nous l'aimons tous beaucoup ici. Il nous manque.

Je prends des notes mentalement. Ils l'aiment beaucoup. Même s'il a brisé sa tasse de café sur la table de réunion, cogné le distributeur de café et menacé de découper un ficus, Finn manque à ses collègues de bureau. Tout n'est donc pas perdu. Je le *savais*.

— Il en a beaucoup parlé ? continue la femme d'une voix pleine de compassion.

— Pour être honnête, pas vraiment.

— Je ne suis pas étonnée. C'est terrible d'avoir le cœur brisé. Surtout quand on parle d'un couple aussi superbe et parfait que celui que formaient Finn et Olivia... Bref, il a réagi à retardement mais on voyait bien qu'il était sous pression depuis des semaines.

Quoi ? Quoiiii ?

Mes doigts autour du téléphone sont gelés. Je vois flou.

Finn et Olivia ? Un couple superbe et parfait ? Le cœur brisé ?

Il faut que je dise quelque chose, n'importe quoi, sinon la conversation va se terminer là et je n'apprendrai rien de plus.

Alors je me force à articuler :

— Je vois ce que vous voulez dire. On pense que c'est impossible...

— Absolument. On croyait qu'ils allaient se marier. L'alchimie entre eux était... palpable. Je faisais d'ailleurs remarquer à mon mari... Mais dites-moi, vous ne l'avez jamais rencontrée, Olivia ?

— Non. Rappelez-moi son nom de famille ?

— Olivia Parham. Elle n'est pas venue retrouver Finn ?

— Pas que je sache.

La femme soupire.

— Quel dommage ! J'espérais qu'ils se rabibocheraient. Elle est ce qu'il lui faut et lui a toujours été follement amoureux d'elle. Mais en tant qu'amie proche, vous êtes forcément au courant.

Un rictus vaguement souriant est plaqué sur mon visage.

— Bien sûr. Pas de secrets entre nous.

— Elle fait ressortir ce qu'il y a de mieux en lui, vous comprenez, dit la collègue pipelette. Elle l'équilibre. Elle est assez directe, mais il aime ça. Combien de fois elle a pu le traiter de bourreau de travail ! Mais croyez-moi, c'était bon pour Finn, conclut-elle en riant.

Et voilà. Tout se met en place.

Bourreau de travail. Égocentrique. Emmerdeur.

— Parfois, deux personnes s'aperçoivent qu'elles ne sont pas compatibles, je dis pour reprendre le contrôle de la conversation.

— Pas Finn et Olivia. Je ne sais pas ce qui a cloché après dix ans ensemble.

— Dix ans !

Je viens de perdre mon sang-froid. Je me reprends, la gorge serrée :

— Dix ans... C'est déconcertant de voir qu'une relation amoureuse aussi réussie peut mal tourner.

— À mon avis, leur rupture est temporaire. Nous nous attendons toujours à recevoir une invitation au mariage. Mary, son assistante, a déjà acheté un chapeau. Je vous y verrai aussi, n'est-ce pas ?

Elle part d'un rire amical. Je devrais me joindre à elle mais j'en suis incapable. Vraiment incapable.

— Qui sait ? Je dois raccrocher à présent. Donnez-moi vos coordonnées, je les transmettrai au directeur de l'hôtel pour qu'il s'occupe de votre panier garni.

— Vous êtes très aimable. Et je suis ravie que Finn ait une amie proche qui prenne soin de lui. Au fait, je ne vous ai pas demandé votre nom.

Il faut que je me sorte de là, et vite.

— Ne vous inquiétez pas de moi. Je ne suis personne. Au revoir.

Je repose le téléphone, triste, la tête lourde, avec l'impression que tout se fissure autour de moi.

Pas étonnant que Finn ne se soit pas tellement étendu sur son burn-out. Ce n'est pas la raison de sa venue à Rilston Bay. Il s'est réfugié ici après une vilaine rupture. Il a d'ailleurs cru que je faisais la même chose quand il est tombé sur le pot de glace dans ma cabane.

Je le vois encore, les yeux fixés sur la mer marmonnant « Chagrin d'amour, burn-out, rupture, patrons chiants ».

Je ne m'étais pas attardée sur « chagrin d'amour », ni sur « rupture ». Le message était pourtant clair : il avait le cœur brisé.

Ce soir, j'ai assemblé toutes les pièces : des bouts de conversation, mêlés à des recherches sur Google et surtout sur Instagram. Pas sur lui. Sur elle. Finn ne va pas sur Instagram. Il communique uniquement sur Twitter, et sur des sujets exclusivement professionnels. Mais, à l'évidence, Olivia adore prendre des photos, les partager, échanger des commentaires bavards avec sa famille et ses amis. Et pourquoi pas, après tout, puisqu'elle a un joli visage et un solide sens de l'humour, et qu'elle mène une existence dorée ? Pas dorée au sens propre du terme, pas riche ou glamour. Une existence sympathique et authentique, illustrée par des photos d'elle et de Finn, des membres de sa famille, de chiens, de barbecues entre copains, d'un neveu en gigoteuse, de pulls de Noël ringards et…

Stop. Je suis remontée sur sept années de leur vie, souvent en détail. J'ai même regardé, juste pour le plaisir, la vidéo du premier Noël du bébé de la sœur d'Olivia. C'est ridicule. Pathétique. Il faut que j'arrête. Sasha, arrête ce visionnage anxiogène ! Tu t'étais promis de ne pas le faire. Chaque photo me déprime un peu plus. La collègue de Finn avait raison. Ils forment un couple parfait et superbe. Ils ont un style, un passé, une entente que je ne peux qu'admirer.

Sur les derniers temps, les photos se font plus rares, jusqu'à celle d'Olivia en ombre chinoise, qui s'accompagne d'une masse de commentaires affectueux, d'émojis cœur brisé et de baisers de ses amis. Ces démonstrations de compassion doivent dater de leur séparation, il y a deux mois.

Donc, il y a eu un couac. De quel ordre ? Impossible de le deviner mais c'était suffisamment important pour que Finn soit désemparé, qu'il ne contrôle plus ses colères et qu'il perde le sommeil. Était-il furieux contre elle ? Contre lui-même ? Comment savoir ? *Dix ans.* J'en suis malade. On n'abandonne pas si vite une relation de dix ans. On traverse les moments difficiles, les problèmes, les disputes, les crises de rage, les affrontements, et on revient à la raison. On se réengage. On réalise ce qu'on risque de perdre et on se remet ensemble.

C'est ce que feront Finn et Olivia, je le sais. J'ai contemplé leurs visages côte à côte : heureux, détendus… Sur la plage, c'était à elle qu'il pensait. Ses yeux tristes ? Logique ! Sa fureur envers le monde entier ? Logique ! Avec le recul, tout prend sens.

Je comprends qu'il ne m'ait rien dit, qu'il n'ait pas eu envie de repasser ce film si douloureux. Maintenant que j'y pense, il s'est contenté de faire écho quand je parlais de surcharge de travail, de burn-out. Une façon efficace d'éviter de creuser le sujet.

La preuve que j'ai raison ? La preuve irréfutable ? Il ne voulait pas coucher avec moi. Cette pensée me fait monter les larmes aux yeux. Pas surprenant que la baise occasionnelle ne l'ait pas intéressé. Forcément : son cœur était toujours ravagé. La vérité – celle que je refuse d'admettre – est que j'espérais une relation plus que passagère. Une histoire sérieuse. Le début d'un amour solide qui durerait longtemps. Le début de notre couple.

Peut-être Finn s'en était-il rendu compte et me repoussait justement pour cette raison. Il n'était pas prêt à se remettre en couple alors que les tourments de son cœur l'assaillaient encore.

Heureusement, il a changé d'avis et j'en suis heureuse. J'ai retrouvé les joies du sexe. Une sensation incandescente que je garderai toujours en moi. Mais je m'en veux d'avoir vu dans nos parties de jambes en l'air autre chose qu'un moment de réconfort mutuel entre deux étrangers. Deux personnes cabossées, malheureuses. Kirsten avait raison. C'est insupportable mais elle avait raison.

J'enfouis ma tête dans mes mains. Mon visage est mouillé de larmes. Je me suis tellement trompée ! J'ai été tellement *idiote* de croire que des gens allaient m'aider à résoudre mes problèmes. La Fille en Combi d'abord, Finn ensuite…

Mon téléphone vibre et je me raidis.

La séance avec la thérapeute était bien. Intense. Bises. Finn.

J'écris en vitesse une réponse :

Ravie. Bravo. Bises.

Mon téléphone vibre à nouveau et je me sens coupable d'avoir examiné sa vie entière avec Olivia à son insu, un peu comme si je voyais un film en douce. Il n'a jamais prononcé son nom devant moi et, sans le coup de fil de sa collègue, je n'aurais jamais découvert tout ça.

C'est surréaliste d'en savoir tellement sans qu'il soit au courant… Je ne peux pas lui avouer ce que j'ai déniché. Je resterai bouche cousue.

Je te raconterai tout demain. Hâte de revenir.

Il me racontera quoi ? Une version revue et corrigée de sa vie sans Olivia, sans rupture ? Une autre larme ruisselle sur ma joue que j'essuie vigoureusement. Et je réponds :

Absolument. Impatiente de t'entendre.

J'envoie le message et fixe mon téléphone, me sentant physiquement épuisée alors que mon esprit tourne à cent à l'heure. Si Finn était prêt à aller de l'avant, il m'aurait parlé d'Olivia. Il y aurait en tout cas fait allusion. Mais il s'est montré secret. Résolument silencieux. Puis-je aimer un homme attaché à une autre femme ?

La question demeure dans ma tête. Pourtant je connais déjà la réponse. Pas maintenant. Pas avec le reste de mes problèmes. Pas au moment où je tâche de reconstruire ma vie.

Finn m'envoie un nouveau message que je me dépêche de lire.

Au fait, je voulais te dire que j'avais vu ce feu, moi aussi. Pete faisait brûler quelque chose dans une poubelle. Dans une cour. J'étais chez mon cousin et je regardais par la fenêtre.

Cette diversion tombe à pic. Nous avons tous les deux été les témoins du même épisode ? Je doute que ce soit une coïncidence. Pourrait-il y avoir un lien avec les messages laissés sur la plage ? Mon cœur s'emballe un instant.

Et puis plus rien. Imaginons qu'il existe un lien, que faire de cette information ? Finn croit que ces messages sont l'œuvre des fans d'*Amours de jeunesse*. Il veut seulement se montrer poli avec moi.

De toute manière, j'ai du mal à envisager un nouveau sujet de conversation avec Finn alors que le seul fait de penser à lui me chiffonne le cœur.

Nous étions comme deux enfants, à jouer avec ce mystère. Mais je suis tombée amoureuse comme une adulte. Je souffre comme une adulte. Je suis déçue comme une adulte.

Je laisse la tristesse me consumer pendant un bon moment, puis je me redresse, j'essuie mon visage et j'éteins mon téléphone. Avec des mouvements brusques, j'enfile mon manteau, quitte ma chambre, dégringole les marches et sors du hall.

J'atteins la plage sans m'arrêter, m'approche du rivage et regarde vers l'horizon. Le ciel est noir d'encre mais parsemé d'une infinité d'étoiles. Les vagues se cassent doucement sous le clair de lune comme si elles gardaient leur force pour le lendemain.

Dans cette ambiance magique, ma tristesse s'estompe. Je me sens plus forte, plus décidée.

Je pensais commencer un nouveau chapitre magnifique de ma vie alors qu'en fait j'étais plongée dans un autre problème de couple. Désormais, je dois ouvrir ce chapitre sans dépendre de qui que ce soit.

24

Le lendemain, assise dans le hall de l'hôtel White Hog dans le Somerset, j'ai l'impression d'avoir déjà commencé. Je viens de passer une heure avec Lev, Arjun, le directeur des opérations, et Nicole, membre du conseil d'administration, dans une salle de réunion louée pour la journée.

Une heure extraordinaire. Ils étaient respectueux. Attentifs. Ils écoutaient tout ce que je disais. À la fin du rendez-vous, Lev m'a demandé de revenir travailler chez Zoose. Sa proposition m'a prise de court. Revenir ? Retrouver le fin fond de l'enfer ?

Je n'ai pas dû réussir à cacher ma réaction car Lev, après un regard circulaire, a ajouté promptement : « Tu as tout le temps de peser le pour et le contre, Sasha. Mais – et que ça reste entre nous – Asher envisage de bouger. Son poste sera vacant. Nous pensons que tu pourrais prendre sa place. »

Remplacer Asher ? Remplacer le chef du service marketing ? Devenir la patronne de ce département ? Moi ?

J'ai eu le vertige, en même temps qu'un sentiment d'exaltation m'envahissait. Je retrouvais l'ambition que je croyais avoir perdue pour toujours. Jusqu'à ce que la réalité me frappe de plein fouet. Patronne d'un service en sous-effectif que tout le monde veut fuir ?

— Y a-t-il un budget pour engager des gens ? j'ai demandé.

Ma question a suscité l'hilarité.

— Directement aux aspects pratiques, a commenté Nicole.

J'ai piqué un fard. J'aurais dû demander quel serait mon salaire. Ou prétendre que toutes les boîtes concurrentes m'offraient des jobs formidables. Tant pis ! Je saurai comment m'y prendre dans ma prochaine vie.

— Bien sûr, un gros budget est prévu pour étoffer le personnel du service, a annoncé Lev. Il le faut. Tout doit changer. Tu en penses quoi ?

— Ce que j'en *pense* ? je dis, déterminée à faire preuve d'une franchise totale. Je pense mille choses à la fois. C'est un grand saut. Immense. La proposition me flatte beaucoup mais c'est un gros job. Et je viens seulement d'arriver à débrancher. Alors… je ne sais pas. Il me faudra du temps avant de prendre ma décision.

— Nous patienterons, affirme Lev. N'est-ce pas, Nicole ?

À présent, j'attends dans le hall le taxi qui va m'emmener à la gare. Je suis toujours sous le choc. Est-ce que ça peut marcher ? Ce retour chez Zoose fait-il partie de ma nouvelle vie ? Les deux choses sont-elles compatibles ? Toutes sortes d'arguments contradictoires se bousculent dans ma tête. Je les analyse. Je n'ai pas besoin de me décider tout de suite mais j'y travaille.

Le département marketing est un cauchemar. Peut-être pas si je le dirige. *Impossible d'affronter la même charge de travail.* Mais j'appliquerai des méthodes différentes. Lev l'a dit : tout doit changer.

Je suis éreintée. Crevée. Sous l'eau. Mais cet état ne durera pas. D'ailleurs, je me sens déjà en bien meilleure forme qu'auparavant.

Suis-je assez forte pour mettre en place des conditions de travail favorables ? Pour désactiver les mails, faire des pauses, prendre des vacances ? Oui. Cette réponse positive me prend par surprise. Oui, je suis assez forte parce que c'est une nécessité. Mon organisme m'a lâchée pour une bonne raison. Une façon de me dire : *Tu n'as pas d'autre option que de ralentir, Sasha.*

— Votre eau, madame.

Un serveur en uniforme gris vient de m'apporter un verre.

— Merci !

Avec des meubles design et une bande de mannequins professionnels comme personnel, cet hôtel est complètement tendance. Tout à fait le genre d'endroit que Zoose choisit pour ses réunions. Et exactement le contraire du Rilston. Ici, la réceptionniste ne brode pas de strings, ne cancane pas sur les clients, ne vend pas de brocante. Et j'ai du mal à me figurer le bagagiste soufflant dans un cor.

Franchement, le Rilston est plus marrant. Il me manque. Je voudrais y être, retrouver Cassidy et Simon, Nicolai et Herbert, les parquets qui grincent, les cabanes délabrées, les vagues. Et Finn.

Finn.

La douleur me transperce. Je ferme les yeux. Et me force à penser à autre chose. Je ne peux pas continuer à ressasser. Je le verrai à mon retour. Je sais parfaitement ce que je lui dirai. On verra bien... le résultat.

Je me lève pour guetter mon taxi et là, stupeur. Parlant fort au téléphone, Joanne entre dans l'hôtel. Quelle poisse ! Ma première envie est de courir dans la direction opposée, mais je me refuse à rejouer la même scène. Je résiste.

Elle porte un de ses tailleurs-pantalons hyper chics, des baskets de luxe. Et comme d'habitude, elle fait voltiger ses cheveux en remuant la tête.

— Non, *estime de soi*, aboie-t-elle. Combien de fois dois-je le répéter ?

Tout à coup, elle m'aperçoit.

— Bon. Je te rappelle.

Très clairement, elle s'interroge sur ma présence au White Hog.

— Sasha, qu'est-ce que tu fous là ?

J'hésite à lâcher le morceau.

— Ne me dis pas que tu veux retrouver ton job ?

— En fait... je suis en train d'y penser.

Je lis dans son regard une expression triomphante.

— Je le savais ! « Elle reviendra », je disais à tout le monde. Et donc tu es venue dans l'espoir de coincer Lev.

— Pas du tout ! En fait, je...

— Et quoi ? Nous sommes censés fermer les yeux sur ton comportement ? me coupe-t-elle. Tu crois que nous allons oublier ton manque de professionnalisme ? On m'a rapporté que tu as assorti ton formulaire de sortie d'un tas de charabia. En mentionnant mon nom à plusieurs reprises. Tu étais soûle ?

— Mais non !

— Eh bien, si tu veux avoir une chance de travailler chez Zoose, je te préviens que ce sera à certaines conditions. Tu devras t'excuser de ton attitude et donner des preuves de ton adhésion à la philosophie de bien-être de l'entreprise. Je concocterai un programme spécial pour toi, ajoute-t-elle d'un ton menaçant. Et n'espère pas pouvoir parler à Lev quand l'envie t'en prendra. C'est un homme très occupé. Il n'a pas le temps pour…

— Sasha !

La voix de Lev l'interrompt net. Le boss de Zoose arrive au pas de course dans le hall, suivi d'Arjun.

— Je suis content de t'attraper avant ton départ, dit-il. Je voulais seulement te remercier encore de nous avoir consacré un peu de ton temps. Nous t'en sommes très reconnaissants, n'est-ce pas, Arjun ?

— Absolument ! J'ai été très heureux de te rencontrer, Sasha.

— Et nous espérons te persuader de revenir parmi nous, reprend Lev en serrant fermement ma main. Quoi qu'il en coûte. Quoi que tu nous demandes. Passer du temps avec toi a été… (il cherche le mot adéquat) instructif. Oui, considérablement instructif. Ah, Joanne ! Tu connais Sacha, bien sûr. Elle est la cheville ouvrière secrète de nos futurs succès. Si nous pouvons la convaincre.

Joanne en reste sans voix. Ses yeux lui sortent quasiment de la tête. Quand elle ouvre la bouche pour parler, un son indistinct en sort.

— Oui, nous nous connaissons, je confirme. Il faut que j'y aille. Au revoir.

— J'espère te revoir vite, poursuit Lev, ignorant la gêne de Joanne. Préviens-moi quand tu es à Londres pour que nous déjeunions ensemble. Et mes amitiés à Finn. Sans oublier Terry, le *grand maître*. Arjun, il faut que tu fasses la connaissance de cet homme. Professeur de surf, philosophe, génie. Ce serait bien qu'il vienne nous faire un discours de motivation un jour. Ton taxi est là, Sasha. Bon retour.

— Bye, Lev. Merci pour ton offre. Bye, Arjun. Bye, Joanne, je complète par souci de politesse.

Pas de réponse. Elle semble abasourdie. En fait, elle est même un peu verte. Tiens, tiens !

Il faut que je me souvienne de sa tête pour rigoler, plus tard. Et aussi que je me souvienne de dire un mot sur elle à Lev. La perspective de l'avoir comme collègue me ferait presque refuser son offre de travail. J'en discuterai avec lui. De ça et de bien d'autres sujets. Je vais commencer à établir une liste.

Une fois installée dans le train, je reçois un appel de maman.

— Sasha chérie, comment vas-tu ? Kirsten m'a dit que tu avais quitté ton boulot. Excellente nouvelle. Quelle idée épatante ! Vraiment géniale.

Son optimisme exagéré me donne envie de rire. Apparemment, Kirsten lui a fait jurer de se montrer positive.

— Oui, je suis partie... pour le moment.

— Très bien. Parfait. Comment ça se passe au Rilston ? La vue sur la mer te plaît toujours ?

— C'est merveilleux, je dis en pensant à la soirée d'hier, au clair de lune sur les vagues. L'endroit est magique. Je suis transformée.

— Je suis si heureuse ! Je pense beaucoup à toi, ma chérie. À nous, autrefois. On pourrait retourner en famille à Rilston Bay pendant l'été. Tous ensemble.

— J'adorerais.

— Kirsten a retrouvé de vieilles photos qui lui ont donné l'idée d'y amener Chris et les enfants. De louer un cottage, pour perpétuer la tradition.

J'imagine Ben et Coco pataugeant dans les flaques d'eau de mer, se barbouillant de glace à la fraise et, peut-être un jour, prenant un cours de surf. Cette perspective me remplit de joie.

— Oui ! Faisons ça.

— Quels sont tes projets dans l'immédiat ? Tu restes longtemps ?

Je mets un moment à répondre :

— Non, je reviens bientôt.

— Écoute-moi, Sasha. Ne te bouscule pas ! Tu as toujours été du genre à te précipiter.

Moi, du genre à me précipiter ? Ce n'est pas mon avis.

— Le séjour a été réussi mais je dois renouer avec ma vie. Voir des amis, retrouver Kirsten, ranger mon appartement.

— Eh bien, si tu te sens prête…

— Je suis prête, je déclare, tout en regardant les champs défiler par la fenêtre du train. J'ai accompli ce pour quoi je suis venue à Rilston Bay.

Ensuite, téléphone en main, j'hésite et je me lance. J'ouvre le site du supermarché Tesco et vais sur mon compte, pratiquement inutilisé depuis deux ans. Je vais faire des courses. Et cuisiner.

Je choisis des oignons, des carottes, du bouillon, de l'émincé de dinde... Allez, Sasha, tu as ta vie en main ! Une fois mon panier plein, je relis ma liste avec une sorte de fierté. Pour la plupart des gens, un shopping en ligne chez Tesco n'est sans doute pas l'occasion de s'extasier. Mais pour moi, c'est une partie de ma nouvelle vie. Une vie dans laquelle je prendrai soin de moi et me valoriserai. À mes yeux, c'est le plus beau des projets.

25

Après vingt minutes passées au vernissage de Mavis Adler, j'ai bien rodé ce qui est mon seul commentaire – « Étonnant, vous ne trouvez pas ? » –, à utiliser en toute occasion.

Franchement, ces créations à partir de poutres métalliques aux formes tarabiscotées sont étonnantes. Elles sont présentées le long des murs d'une vaste salle de bal, sur un fond de papier peint baroque fané et de rideaux élimés qui les fait paraître encore plus incongrues. Et leurs titres sont tous mystérieux, abscons.

Jusqu'à maintenant, j'ai bavardé avec la représentante de Sotheby's, un galeriste de Cork Street et un journaliste local. La plupart des experts en peinture adorent faire part de leurs opinions pendant des heures. Ma technique, c'est de les laisser blablater et de savourer le champagne gratuit. Quand ils marquent une pause, je lance : « Étonnant, vous ne trouvez pas ? » Ça marche à merveille.

Cassidy, en jolie robe noire, s'agite, donne des ordres au personnel du traiteur et croise souvent mon regard avec un air de conspiration qui me rend ridiculement heureuse. Nicolai m'a apporté un cocktail au chou kale dont je me suis discrètement débarrassée. L'endroit est tellement bondé que je n'ai pas réussi à repérer l'artiste. Mais j'ai aperçu Gabrielle entourée de gens qui veulent des selfies et Jana, derrière une table, essayant sans trop de succès de vendre ses catalogues.

— Sasha ! Ravi de vous voir, ma jeune amie. Toujours heureuse de votre séjour ?

C'est Keith Hardy, en veste de lin et cravate rose vif à motifs cachemire.

— Oui, je suis enchantée.

Je laisse passer une minute et j'ajoute :

— Étonnant, vous ne trouvez pas ?

— Quoi ? me répond Keith en fronçant les sourcils. Les sculptures ? Bof ! On dirait des bouts d'échafaudage de chantier. Vous avez remarqué cette structure énorme recouverte d'un drap, sur l'estrade ? C'est la dernière œuvre.

— Je sais, oui.

À première vue, il s'agit d'une grande statue, mais comment en être sûre ?

— Le conseil municipal espère que c'est une statue inspirée d'*Amours de jeunesse*. Cela pourrait attirer de nouveaux visiteurs, booster l'économie. Comme une suite de film, vous voyez ? *Amours de jeunesse 2*.

— Mais ça s'appelle *Titan*, j'objecte.

— On peut tout de même imaginer deux amoureux qui s'embrassent. L'artiste s'est peut-être inspirée de l'histoire d'amour de Kate et Leo sur le *Titanic*.

— Peut-être...

— Sasha !

Cette fois, c'est Hayley, accompagnée de son mari, tous deux en tenue élégante et une flûte de champagne à la main.

— Bonsoir ! je dis en remarquant leurs visages épanouis. Où étiez-vous passés ? Je ne vous ai pas vus depuis un bail.

— Nous étions assez... occupés, rigole Hayley en s'appuyant contre Adrian.

Il mordille l'oreille de sa femme, provoquant davantage de petits rires ravis.

— Comment résister à une femme aussi séduisante que toi ? grimace-t-il.

— Les choses ont l'air d'aller bien, je dis.

— Très, très bien, confirme Hayley. Je dois vous remercier infiniment, vous et votre ami. Je ne sais pas ce que vous avez dit à Adrian mais...

— Oh ! rien de spécial. À peine quelques mots.

— Eh bien, ils ont fait mouche, assure Hayley en me serrant la main. Nous avons changé de chambre. Grande suite, lit à baldaquin et majordome privé.

— Ah bon ? Il y a un majordome ?

— C'est Nicolai – il a une queue-de-pie accrochée dans le couloir, qu'il enfile avant d'apparaître. Il fait de son mieux et on n'est pas trop exigeants. On se contente de commander des repas et des boissons.

— *Ne pas déranger*, dit Adrian en pinçant le derrière de sa femme. Vous voyez ce que je veux dire !

— Cinq sur cinq.

— On a acheté votre hula hoop, m'annonce Hayley avec enthousiasme. Mais on ne l'a pas encore essayé.

— Mon quoi ?

— Le hula hoop « recommandé par Sasha ».

Quoi ?

— Il est en vente sur l'appli du Rilston. Vous n'êtes pas au courant ? s'étonne-t-elle.

— Hum ! Je ne reçois plus les notifications. Un problème technique... C'est quoi, cette mention « recommandé par Sasha » ?

Elle consulte son téléphone et me montre l'écran, envahi d'annonces émanant de l'hôtel.

> À la découverte de la gamme santé de l'hôtel Rilston, recommandée par notre gourou du bien-être en résidence, Sasha Worth. Nous vous proposons des tapis de yoga et des hula hoop à louer ou à acheter (quantités limitées). Renseignements à la réception. #recommandéparSasha
>
> Suivez l'exemple de Sasha et lancez-vous dans le yoga sur le sable de notre superbe plage. Activité accessible tous les jours et gratuite. #recommandéparSasha
>
> Le smoothie au chou kale est désormais disponible. Créé spécialement pour notre gourou du bien-être en résidence, Sasha Worth, il associe ingrédients sains et saveur délicieuse. Il ne reste plus qu'à l'essayer ! #recommandéparSasha
>
> N'oubliez pas ! Notre soirée relâche est un élément essentiel de votre pause bien-être. Ce soir au bar, les shots de tequila sont à moitié prix. #recommandéparSasha

Je devrais être furieuse, mais j'éclate de rire.

— Est-ce que vous avez fait un tuto de hula hoop en ligne ? me demande Hayley.

Allons bon !

— Non, désolée.

Me voilà devenue influenceuse. Je pourrais signer un contrat avec les Club biscuits. Ou avec le vin-blanc-dégueu-anonyme. Je n'arrive pas à endiguer mon fou rire. Cette histoire est tellement ridicule, tellement *Rilston* ! Il y a du Cassidy là-dessous, c'est sûr.

Quand Simon apparaît, j'ai presque envie de le serrer contre moi. Il est encore plus agité que d'habitude : il a une respiration saccadée, sa chemise de travers et les cheveux hérissés.

— Il y a un problème, Simon ? je demande.

— Malheureusement, j'ai été obligé de renvoyer Mike Strangeways, le magicien. Sa présence était devenue plutôt inconvenante…

Il s'arrête au milieu de sa phrase, fronce les sourcils comme si quelque chose lui échappait puis sort de son col six mouchoirs en soie de couleur noués les uns aux autres.

— Bravo ! je m'exclame, échouant manifestement à l'égayer.

— Je peux vous assurer que ce n'était pas volontaire. Il est clair qu'à l'occasion de ce différend avec Mike Strangeways, un de ses tours de magie a pris place dans mes vêtements.

Il tient la guirlande de mouchoirs à bout de bras.

— Mademoiselle Worth, cet incident est intolérable compte tenu du standing de notre hôtel et je peux seulement m'ex…

— *Ne vous excusez pas !* S'il vous plaît ! Simon, votre établissement est merveilleux. Peu conventionnel, sans doute, mais merveilleux. Pendant mon séjour ici, je me suis littéralement métamorphosée. Si je pouvais vous attribuer dix étoiles sur Tripadvisor, je le ferais.

Je vous donnerais la meilleure note qu'il est possible de décerner. La meilleure.

Il semble bouleversé.

— Mademoiselle Worth, comme c'est gentil ! dit-il en sortant un mouchoir propre de sa poche pour se moucher.

— Je vous souhaite à tous beaucoup de réussite, je déclare. Pour les studios Plein Ciel, pour la saison d'été, pour tout.

— À vous entendre, je crois comprendre que vous n'allez pas prolonger votre séjour chez nous.

— Vous avez raison. J'arrive à la fin, je confirme avec un sourire.

— J'espère que cette dernière soirée vous plaira d'autant plus, dit-il en s'inclinant, avant de remarquer une chose qui ne semble pas lui convenir : Mais que fabrique Cassidy avec cette bonbonne d'hélium ? Excusez-moi, mademoiselle Worth, il faut que je...

Sous mon regard bienveillant, il se fraye un chemin à travers la foule. Cet endroit va me manquer. Mais, en pensée, je suis déjà sur le départ.

À ma droite, des gens entourent une femme aux cheveux gris, vêtue d'une robe chemisier en lin. C'est Mavis Adler. J'observe ses admirateurs qui lui serrent la main, tendent l'oreille pour capter ses moindres paroles. Quel effet ça fait d'être célébrée comme ça ? Si seulement il se manifestait, Finn bénéficierait d'une partie de cette attention.

Comme si le seul fait de penser à lui le faisait apparaître, j'entends sa voix. Une flèche perce mon cœur.

— Sasha !

Je prends une grande respiration avant de me retourner. Il se penche pour m'embrasser et je l'agrippe fermement pour respirer son odeur, pour savourer ce parfum de tout mon soûl.

Je m'octroie cinq précieuses secondes. Cinq secondes dans notre bulle, avec plein de questions encore en suspens. Ensuite, je me force à m'écarter. Il faut qu'on parle.

L'ancienne Sasha aurait repoussé cette conversation. Elle aurait laissé le statu quo se prolonger. Elle aurait évité toute confrontation pénible ou délicate.

La nouvelle Sasha sait ce qu'elle a à faire.

— Comment s'est passée la thérapie ? je demande.

— Bien. Très intense. Fatigant. Et toi, comment ça va ? Ta réunion a été positive ?

J'ai tellement de choses à lui raconter ! Mon boulot, Joanne et le hashtag « recommandéparSasha »... Mais un seul sujet me tient à cœur.

— Tout est OK. Finn, je me demandais...

— Oui ?

Pour gagner du temps, je plonge mes lèvres tremblantes dans la flûte de champagne. L'instant est décisif.

— Je ne t'ai jamais vraiment posé la question. Quelle est la raison précise de ta colère ? De ce stress ? Il s'agit de ton travail ou d'autre chose ?

Voilà ! La porte est ouverte. Largement. S'il veut se confier à moi, il n'a qu'à la franchir.

— Le travail, répond-il aussitôt. Un excès de travail et pas assez de sommeil. Comme toi.

— Mais la raison profonde de ce surmenage et des insomnies ?

Il prend l'air évasif.

— C'était... une situation difficile, admet-il en agitant son verre. Les choses allaient vraiment mal.

La douleur se lit dans ses yeux. Il est là où je ne peux l'atteindre. Ce n'est pas le regard d'un homme surmené. C'est le regard d'un homme souffrant d'une peine de cœur. Il est toujours meurtri. Il n'a pas récupéré, n'a pas guéri et n'est certainement pas prêt à tomber amoureux de quelqu'un d'autre.

— Quel genre de situation difficile ?

Finn commence à parler, comme profondément perdu dans ses pensées :

— Eh bien, comme celle que tu as traversée, je suppose. J'étais obligé de m'acquitter des tâches des autres pour que le service ne...

Là encore, il stoppe à mi-phrase. Je me recroqueville. Il ne fait que répéter ce que je lui avais dit.

— Tu en as parlé à ton patron ?

Son regard se détourne.

— Pas vraiment. J'aurais dû, je pense.

— C'était le problème le plus important, ce manque d'effectif au bureau ? Ou... ?

Son visage exprime une sorte de détresse.

— Je ne sais pas. Tout était compliqué.

Je l'observe en silence. Si mes yeux pouvaient parler, ils diraient : *Finn, arrête tes cachotteries. Tu gardes cette fille dans le secret de ton cœur. Tu gardes tout secret. Tu n'es pas prêt à aller de l'avant.*

— Où on trouve à boire ? demande-t-il, visiblement impatient d'échapper à mon interrogatoire.

À cet instant, je le plains. Parce que voilà : je ne lui ai jamais demandé s'il aimait quelqu'un. Au temps pour moi. La prochaine fois que je solliciterai l'univers pour qu'il m'envoie un homme, je serai plus avisée.

Deux options s'offrent à moi maintenant. Ou bien je lui révèle ce que je sais. J'exige qu'il me dise la vérité. Je détruis cette tendre amitié qui nous lie au bénéfice de… de quoi, au fait ?

Ou bien j'agis avec dignité.

— Je crois que nous devons être prudents, je lance.
— Prudents ?
— Nous avons tous les deux traversé de mauvaises passes, maintenant nous devons réorganiser nos vies. Et ce qui s'est passé entre nous a été sensationnel. *Vraiment.*

J'ai enfilé le costume de la femme sûre d'elle qui laisse tomber un type en douceur.

— Mais, Finn, nous ne pouvons pas être un sparadrap l'un pour l'autre.
— Un sparadrap ? Mais non ! Je ne te prends pas pour un sparadrap.
— Je sais. Je veux dire qu'au fond ce n'est pas une bonne idée de continuer.

Sans ajouter un mot, je me contente de le regarder. Différentes émotions défilent sur son visage. La surprise quand il intègre mon message, suivie d'un refus, puis d'une acceptation. Ensuite vient la tristesse. J'ai très envie de lui dire que c'était une blague. Mais je reste sur mes positions, résolue et forte.

— D'accord ! J'ai pigé, dit-il après un instant.
— Tu dois te concentrer sur ta thérapie.

Et sur tes sentiments. Et sur ta relation en miettes avec l'amour de ta vie.

— Je pensais qu'on s'entendait bien.

— C'était parfait, je confirme, les larmes aux yeux. Absolument divin.

— Sasha, tu vas bien ? s'inquiète Finn. Tu crois que... nous, c'était une erreur ?

Oui, parce que désormais les relations avec un autre mec me paraîtront fades.

— Pas du tout une erreur. C'était... sublime.

— C'est aussi mon sentiment. Sasha, continue-t-il en me prenant le bras, je respecte ton opinion. Tout n'est pas simple. Mais pourquoi se presser ? Peut-on au moins parler ?

Il a l'air extrêmement tendu et je vois affleurer un chagrin que je n'avais pas perçu auparavant. Un grand chagrin caché que je ne peux consoler.

— Prends soin de toi, Finn, je murmure, la gorge serrée.

Pendant un moment, il me regarde tristement, comme s'il cherchait un moyen pour que ça n'arrive pas. Puis, dans un soupir, il abandonne.

— Prends soin de toi aussi, Sasha, dit-il avec une tendre caresse dans mon cou. Prenons soin de nous mutuellement, OK ?

— OK, je réponds en affichant un pauvre sourire forcé. Marché conclu ! Je vais écrire « Le bien-être de Finn » sur une feuille de papier que je garderai dans ma poche et l'univers exaucera mon souhait.

— Je ferai pareil avec toi, dit-il avec le même genre de sourire misérable que le mien.

— Tu verras, ça va marcher ! Ces souhaits adressés à l'univers font partie du programme en vingt étapes de l'appli.

— Et les applications ne mentent jamais.

D'une certaine manière, nous revenons en lieu sûr, sur un terrain dépourvu de sentiments, où nous pouvons blaguer sans arrière-pensée et nous regarder dans les yeux sans que mon cœur se déchire.

— Tu veux quelque chose à boire ? Je vais nous chercher un autre verre, propose Finn.

Il s'éloigne. Apparemment, il a besoin de s'aérer pour se ressaisir. Je respire. Voilà. C'est fait. Le sparadrap a été arraché.

La peau est écorchée.

Le cœur est en écharpe.

Mais je guérirai. *Oui*, je vais aller mieux. Premier pas : considérer les aspects positifs qui se profilent. Ma commande chez Tesco, la proposition de job chez Zoose, ma vie à embellir, des plantes à jeter… Un cadeau d'anniversaire à acheter pour Coco.

En apercevant la fille de Terry à deux mètres de moi, j'arrête de passer en revue mentalement ma liste.

— Salut, Tessa !

Et en désignant les sculptures de Mavis Adler, je lance :

— Étonnant, tu ne trouves pas ?

J'attends en vain un commentaire de sa part. Elle se contente de me dévisager à travers ses boucles, avec son air implorant.

— J'espère que vous ne m'en voulez pas, dit-elle enfin d'une voix angoissée.

— T'en vouloir pourquoi ?

— Je sais que ça paraît un peu étrange, mais je ne pouvais pas juste venir vous…

Et, baissant le ton :

— Papa nous a interdit d'en parler. Même après toutes ces années.

J'ai un drôle de pressentiment : les pièces du puzzle vont se mettre en place. Tessa recule d'un pas, se mord les lèvres nerveusement, son regard toujours sur moi.

— Quand j'ai vu que vous étiez de retour à Rilston Bay, il a fallu que j'agisse.

— Tessa ! Tu es l'auteure des messages sur la plage ?

— Bien sûr.

J'essaye de garder mon calme, bien que je me sente complètement dépassée.

— Donc, c'était toi.

— Mais oui. Je pensais que vous le saviez.

C'est assez sibyllin, mais devant cette boule de nerfs toute prête à prendre la fuite, il faut que j'avance avec précaution.

— Tu as écrit « Merci au couple de la plage ». C'était adressé à tous les deux ?

— À vous et Finn. Un remerciement commun.

Une sorte d'allégresse m'envahit. J'avais donc raison. Ces messages ne venaient pas d'un fan de Mavis Adler. Ils nous étaient destinés, comme nous l'avions pensé au début. Un petit mystère reste cependant à élucider.

— Tessa, *pourquoi* ?

La question la surprend.

— Eh bien, pour ce que vous avez fait. Parce que vous avez sauvé papa.

— Nous avons sauvé Terry ? Je ne comprends pas.

— Vous êtes venus témoigner à la police. Tous les deux, vous avez raconté la même histoire. Deux gosses honnêtes qui n'avaient aucune raison de mentir.

Grâce à vous, Sasha Worth et Finn Birchall, les policiers se sont ravisés.

Après un moment, elle reprend son explication, un sourire aux lèvres :

— La meilleure amie de Sandra travaillait au commissariat et lui a donné vos noms, ce qu'elle n'était pas censée faire. Sandra vous a cherchés pour vous remercier mais aucun de vous n'était là l'été suivant.

— Effectivement, nous ne sommes pas revenus à Rilston Bay pendant vingt ans. Tiens, justement, mon binôme arrive. Finn, je te présente notre fée des sables.

Sa stupéfaction m'enchante.

— Les messages avaient un rapport avec l'accident de canoë, je dis. Apparemment, nos déclarations ont mis la police sur la bonne piste. Nos déclarations à tous les deux.

— Incroyable ! s'exclame-t-il.

— Au départ, ils croyaient que le canoë endommagé appartenait à papa, poursuit Tessa. Pete a tout fait pour le coincer.

— Mais en quoi l'avons-nous aidé ? je demande. Mon histoire de gilet de sauvetage brûlé ne tenait pas debout et, de toute façon, le gilet de sauvetage n'était pas en cause. Alors pourquoi les policiers ont-ils changé d'avis ?

— Le point essentiel était le feu. Vous avez vu tous les deux Pete faire brûler quelque chose. Cela leur a mis la puce à l'oreille.

Finn intervient à son tour :

— Il brûlait quoi, en fait ? Tu le sais ?

— Oui. Quand l'accident a eu lieu, tout le monde était sur la plage pour secourir le garçon. Personne ne faisait attention au Surf Shack. Alors Pete est entré et a piqué tous les registres de papa, les dossiers, les relevés commerciaux, même de vieux documents. Il a tout brûlé. Il savait que papa tenait méticuleusement ses papiers à jour, il voulait les faire disparaître. Ensuite, il a raconté sa version des faits à la police. Il arrivait que papa et Pete se rendent service en se prêtant des planches et autres équipements. Pete avait bien loué le fameux canoë à James Reynolds, mais il a juré sur sa tête qu'il appartenait à mon père et que celui-ci s'était porté garant du bon état du bateau. Il a essayé de lui faire porter la responsabilité de l'accident.

— C'est ridicule, s'indigne Finn. Tout le matériel de Terry était impeccable.

— Mais il ne pouvait pas le prouver, dit Tessa. Les registres avaient disparu. Et quand il voulait, Pete pouvait se montrer très persuasif. La rumeur n'a pas tardé à se répandre. Et puis, heureusement, deux jeunes sont venus dire à la police qu'ils avaient vu Pete brûler des trucs dans une poubelle. Vous deux.

— Il se débarrassait des preuves, je dis comme si j'avais à nouveau treize ans. Je le *savais*.

— Pete a-t-il été poursuivi ? veut savoir Finn.

— Ce n'est pas allé très loin, raconte Tessa. Quand les policiers ont commencé à poser des questions, son assistant, Ryan, a eu peur et a tout avoué. Pete s'est fait taper sur les doigts, il a eu droit à un contrôle portant sur la sécurité et il a perdu son business. Personne en ville n'aurait conseillé à qui que ce soit de fréquenter le Surftime. Il l'a fermé et a quitté Rilston Bay. Je vais me répéter, mais sans vous, Papa aurait été incriminé. Il aurait pu perdre le Surf Shack. Grâce à deux gosses, il a continué à donner des cours de surf pendant encore vingt ans.

Finn est sans voix. Moi-même, je reste muette. Je repasse dans ma tête les messages de la plage. Une question me vient soudain à l'esprit.

— Comment tu savais que nous étions ici ?

— Cassidy nous a communiqué les noms des clients de l'hôtel qui voulaient venir visiter les grottes. Sasha Worth et Finn Birchall. Je n'en croyais pas mes yeux.

— Mais pourquoi tu n'es pas venue simplement nous voir ?

— Papa détestait évoquer l'accident, dit-elle en piquant un fard. Nous devions absolument l'oublier. Comme je ne voulais pas risquer d'en parler en public, j'ai préféré vous remercier silencieusement. Secrètement. J'ai cru que vous comprendriez tout de suite. Mais dans les grottes, en vous écoutant, j'ai réalisé que vous n'aviez pas fait le rapprochement. C'est pour ça que j'ai ajouté une date au message suivant.

— Mais tu ne nous connaissais pas, j'insiste. Qu'est-ce qui t'a fait penser que nous étions un couple ?

— Je vous ai vus vous chamailler sur la plage. Comme un couple. Et je me suis dit : « Tiens, les gosses qui ont sauvé papa sont tombés amoureux. » Mais... vous n'êtes pas ensemble ?

Impossible de regarder Finn. Je suis trop émue. Et si je trouvais une bonne excuse pour filer ? À ce moment, une voix sonore retentit :

— Tu viens de dire quoi, Tessa ? Les gosses qui ont sauvé Terry ? Quels gosses ?

Mavis Adler se matérialise devant nous. Son regard se pose alternativement sur Finn, Tessa et moi. Elle tient un verre de whisky dans ses doigts tachés d'argile et sent le tabac.

Je réagis au quart de tour :

— Bonjour, madame Adler, et félicitations. Votre exposition est étonnante.

— Quels enfants ? répète l'artiste en ignorant mon compliment.

— Ceux qui sont devant vous. Évidemment, aujourd'hui, ils sont adultes, dit Tessa.

— J'en connais *un* des deux, dit Mavis Adler avec un clin d'œil appuyé à l'intention de Finn.

— Et voici Sasha, s'empresse d'ajouter ce dernier.

— Ce sont eux qui ont mis la police sur la bonne piste après l'accident de canoë, explique Tessa. Sans eux, papa aurait tout perdu. J'étais en train de les remercier.

Mavis Adler attrape ma main, puis celle de Finn.

— Mon Dieu ! Je me souviens bien de cette histoire. En tant que vieille amie de Terry, je suis absolument enchantée de...

À cet instant, Jana prend le micro, debout sur la petite estrade.

— Mesdames et messieurs, bienvenue au vernissage des *Figures*, la nouvelle série d'œuvres créées par Mavis Adler.

Les applaudissements crépitent. Mal à l'aise, l'intéressée se dandine d'un pied sur l'autre.

— N'importe quoi ! marmonne-t-elle. Je peux avoir un autre whisky ?

Jana continue son speech :

— Dans quelques minutes, Mavis sera ravie de répondre à vos questions. Mais nous voulons d'abord l'accueillir sur l'estrade. Chers amis, je vous demande de faire une ovation à l'une des meilleures artistes contemporaines de Grande-Bretagne, Mavis Adler.

Mavis traverse la foule de ses admirateurs, grimpe trois marches et se plante sur l'estrade, les deux pieds écartés.

— Merci d'être venus, dit-elle. J'espère que mes créations vous parleront. Si j'ai voulu qu'elles expriment quelque chose, c'est le sens de la communauté. De *notre* communauté.

— Oui, notre communauté de Rilston Bay, répète respectueusement Jana. C'est le concept central de *Figures*. Il étaye tout ton travail. Mavis, peux-tu développer un peu plus cette idée ?

— Oui, bien sûr, mais oubliez *Figures* pendant un instant. Ce soir, dans cette galerie, quelque chose d'autre mérite d'être mentionné. Je vais vous en parler. Y a-t-il ici des amis de Terry Connolly ?

Les exclamations de surprise du public font bientôt place à des murmures d'approbation quand un tas de gens lèvent la main.

— Qui est ce Terry Connolly ? demande à voix basse la représentante de Sotheby's au galeriste de Cork Street, qui va immédiatement sur Google.

— Terry compte beaucoup pour un grand nombre d'entre nous, reprend Mavis. Il est un membre important de notre communauté et nous l'aimons. Certains se rappellent peut-être un accident qui a eu lieu sur notre plage il y a vingt ans. Terry aurait été victime d'une entreprise de diffamation sans le témoignage de deux enfants. Vingt ans après, ils sont ici ce soir. Je vous présente Finn et Sasha. Comme vous le savez peut-être, la vie n'est pas facile pour Terry désormais. Je ne suis pas certaine qu'il soit capable de venir lui-même témoigner sa gratitude à ses deux bienfaiteurs. Alors, du fond du cœur, nous tous, ses amis, nous vous disons un grand merci.

Elle commence à frapper dans ses mains mais le public l'a devancée. Keith applaudit. Simon applaudit. Herbert nous acclame bruyamment. Et, très vite, la salle de bal résonne des battements de pieds enthousiastes du public. Quelqu'un me serre chaleureusement la main. Une autre personne me félicite et, en un rien de temps, nous voici escortés jusqu'à l'estrade.

— Complètement *dingue*, me glisse Finn à l'oreille.

— Ce n'est pas pour nous, c'est pour Terry, je réplique.

Tessa nous accompagne. À ma grande surprise, une fois sur l'estrade, elle se met en avant, repousse ses cheveux et observe l'audience.

— Je n'aime pas beaucoup parler en public, commence-t-elle d'une voix incertaine. Mais parfois il le faut. Grâce à leur intervention, Finn et Sasha ont permis à mon père de continuer à enseigner le surf à Rilston Bay pendant vingt années supplémentaires. Le surf est… était sa vie. Ils lui ont donc sauvé la vie.

Nouvelle salve d'applaudissements. Je suis bouleversée. Très vite, Mavis lève la main pour demander le silence.

— Pour célébrer ce moment très spécial, j'aimerais modifier le déroulement de la soirée. Je voudrais demander à Finn et Sasha de me faire l'honneur de dévoiler ma dernière pièce, intitulée *Titan*. Avec cette œuvre, j'ai voulu décrire l'aspect magnifique et vulnérable de l'humanité dans toute sa brutalité, sa force, sa nudité.

Au mot « nudité », le public s'anime. Keith serait-il dans le vrai ? Il s'agit peut-être d'un couple nu en train de s'embrasser. *Amours de jeunesse à poil.*

Jana, un peu contrariée par le changement de programme, nous montre où se trouve la corde que nous allons tirer pour découvrir la sculpture. En attendant le signe de Mavis, nous en tenons chacun une extrémité.

— Je suis heureuse de présenter mon œuvre la plus ambitieuse et significative à ce jour, annonce-t-elle. Voici *Titan*.

Nous tirons ensemble sur la corde. Petit à petit, l'étoffe qui drapait l'immense structure glisse par terre pour révéler…

Oh my God !

C'est Herbert. Une immense représentation d'Herbert totalement nu, dans un matériau couleur blanc-gris. L'ensemble est complètement anatomique. *Jusque dans les moindres détails.*

Un petit couinement perce le silence. Sans doute émis par Cassidy. Il y a ensuite deux ou trois clameurs étonnées et quelques rires. Finalement, les applaudissements éclatent. Herbert se tient très calme, arborant un mystérieux petit sourire tandis que Simon, horrifié, semble sur le point de tomber dans les pommes.

Notre rôle étant terminé, Finn et moi descendons de l'estrade. Immédiatement, les gens nous entourent en nous assaillant de questions. Cassidy, qui a joué des coudes pour se frayer un passage, se tient à côté de nous pour répondre à toutes les demandes comme une commerciale chevronnée.

— Ils séjournent à l'hôtel Rilston, avec nous... Oui, ils venaient ici quand ils étaient enfants... Savez-vous que Sasha est notre gourou du bien-être en résidence ?

— Je croyais qu'ils étaient en couple, dit Tessa de son côté.

— C'est un couple, sans aucun doute, s'écrie Cassidy. Je les ai vus à l'œuvre.

— C'est vrai ? me demande Tessa. Je croyais que...

— Vous n'êtes plus... ? Oh non ! Ne me faites pas ce coup-là, les amis ! s'inquiète Cassidy.

J'ai l'impression que le bruit de la salle cesse alors que je regarde Finn.

— Nous ne sommes pas en couple, je déclare. Nous sommes de bons amis.

— Des amis pour toujours, confirme-t-il en me baisant la main. Pour toujours.

26

Finn m'aide à transporter tout mon bazar à la gare après mes adieux émus à Simon, Herbert, Nicolai. Quant à Cassidy, elle m'a serrée dans ses bras au moins vingt fois.

Nous sommes sur le quai. Des gouttes de pluie nous tombent de temps à autre sur la tête. On ne se dit pas grand-chose. À l'occasion, l'un de nous sourit comme pour demander : *Tout va toujours bien entre nous ?* Et l'autre lui rend son sourire : *Bien sûr, tout va bien.*

— Je n'ai jamais utilisé le kit d'aquarelle, je dis quand le silence devient insupportable. Quand je pense que j'aurais pu devenir la nouvelle Mavis Adler !

— Garde ça pour ton prochain séjour. Combien d'étapes tu as franchies, au fait ?

— Au moins vingt-cinq. Tu ne vois pas comme je suis transformée ? Une nouvelle Sasha.

— Mais si, je m'en rends compte. Tu as changé depuis notre première rencontre.

Comment étais-je la première fois que j'ai vu Finn ? Fatiguée, agressive, me bourrant de chocolat et de vin. Il a raison. Aujourd'hui, je suis différente.

Je me souviens aussi du sociopathe colérique que j'ai entendu dans les dunes et je le compare à l'homme équilibré, avisé et gentil que j'ai devant moi.

— Je te retourne le compliment. Toi aussi, tu as changé du tout au tout.

— Il vaut mieux, déclare-t-il avec un sourire grimaçant. Parce que l'ancien moi serait inapte au travail.

Le bruit du train se fait entendre au loin. Mon appréhension est telle que j'en ai le vertige.

Je suis convaincue que Finn ne peut pas m'aimer. Il est incapable d'exprimer son angoisse, sa tristesse et tout ce qui sort du cœur. Il s'est refermé et l'amour qu'il a en réserve est destiné à quelqu'un d'autre. Je me suis refermée moi aussi, car j'ai appris à me protéger durant ces dernières semaines. Je ne veux plus souffrir. Pas après tout ce qui s'est passé. J'ai reçu assez de coups et ma convalescence n'est pas encore terminée.

— Finn, merci. Merci ! lui dis-je en le regardant dans les yeux.

Et je lui touche le bout des doigts – un geste sans ambiguïté.

— Sasha, merci à toi. Sans toi, je n'aurais jamais eu la joie de découvrir le jus de noni, dit-il, l'œil rigolard.

— Non, tu n'as pas fait ça !

— Hier, j'ai demandé à Nicolai de m'en apporter. C'est *infect*. *Innommable*. Recommandé par Sasha, si je ne m'abuse.

J'éclate de rire.

— Mille pardons. J'aurais dû te prévenir.

Le train arrive en gare. Encore trente secondes.

— Alors bonne chance. Je vais envoyer mon souhait à l'univers. Tu vois ? Le bien-être de Finn, je dis en lui montrant la feuille de papier que j'ai sortie de ma poche.

— Regarde, dit-il en extirpant une feuille de la poche de son jean.

Il est écrit « Le bien-être de Sasha » sur une feuille arrachée au bloc-notes de l'hôtel. Les portes du train s'ouvrent. On case tant bien que mal tout mon fourbi dans le wagon et je m'oblige à monter, en laissant Finn sur le quai. Plus que dix secondes.

Les larmes coulent sur mes joues.

— Bon, eh bien, salut.

Hochant la tête, il va pour dire quelque chose mais les portes du train se referment. Attendez une minute, s'il vous plaît ! J'ai un truc à ajouter.

Peut-être pas, finalement.

Je reste debout à la porte, les yeux fixés sur Finn qui m'observe, immobile sous la pluie. Je veux m'imprégner de son visage, absorber chaque pixel de son image, le graver dans ma mémoire. Et puis le train prend un virage et je me retrouve à contempler les herbes folles d'une butte.

Pendant un moment, je ne bouge pas. Finalement, je me pose à ma place, l'œil dans le vague. Je me sens vide. Dépouillée.

C'est pour mon bien, je le sais. Un nouveau départ. Une nouvelle vie. Il faut juste que j'attende de me sentir bien.

Au bout d'une ou deux minutes, mon téléphone vibre. Je le sors en vitesse de ma poche. Un message de Finn ? je me demande, pleine d'espoir.

C'est Kirsten.

Je dois arrêter d'avoir ce genre de réaction. Pas de problème. Je vais y arriver.

> Salut ! En triant de vieilles photos de nos vacances à Rilston Bay, je suis tombée sur celle-là. C'est Finn Birchall ?

Je regarde l'image, le cœur battant. Kirsten et moi posons dans nos bikinis de vichy rose assortis. Je dois avoir huit ans et elle, onze. Nous tenons des pelles, assises sur le sable, et j'adresse à l'objectif une de mes fameuses grimaces. C'est sûrement papa qui a pris la photo parce que maman est à côté de nous, un sourire insouciant aux lèvres. Notre mère avant qu'elle perde papa. Après sa mort, elle n'a plus jamais vraiment été la même.

Un bon mètre derrière nous, un garçon en maillot rouge tient un filet de pêche. Déjà à onze ans, il fronce les sourcils.

Il ressemble *tellement* au Finn adulte que je ne peux m'empêcher de sourire. En même temps, j'ai la gorge serrée : nous paraissons si joyeux... Aucun de nous ne savait ce que l'avenir nous réserverait.

Le train prend de la vitesse et je ne peux pas détacher les yeux de cette photo. Nos airs ravis de vacanciers. La plage que j'aime à nouveau si fort. Les gens que je chéris le plus au monde.

Peut-être qu'un jour je montrerai cette photo à Finn, devant un verre ou un café, je pense en rangeant finalement mon téléphone. Peut-être que je serai suffisamment détachée pour la regarder en détail sans frémir. Peut-être que mon cœur ne battra plus pour lui.

Peut-être.

27

Six mois plus tard

Je ne dis pas que c'est facile de diriger le département marketing. C'est super prenant et compliqué. Chaque jour est fait de stratégie, de bagarres et de diplomatie. Sans parler des mails. Les mails n'ont pas disparu comme par magie.

La différence ? Je suis responsable. J'ai le pouvoir. Je n'avais pas réalisé combien il était stressant de ruminer, inquiète et impatiente, en attendant qu'on me dise ce que je pouvais faire ou non.

Désormais je n'attends plus. Je décide.

Depuis que j'ai compris tous les aspects de son job, les exigences et les nombreux problèmes qui lui sont liés, j'ai un peu plus d'estime pour Asher. Un peu seulement car je suis tombée l'autre jour sur une vidéo dans laquelle il se présente comme le type le plus cool de la terre, genre *admirez-moi*.

Je passe mon temps à résoudre des problèmes que ce prétentieux a créés – ce qui est pénible. En même temps, j'en éprouve chaque fois de la satisfaction parce que je réorganise le service comme je veux. Et, j'espère, comme Lev le souhaite. J'ai réfléchi longtemps avant d'accepter ce job et j'ai eu avec lui quelques longues et franches conversations. Il admet maintenant qu'il était si réticent à entrer en conflit avec son frère qu'il avait complètement délaissé le service marketing. Pas étonnant que nous nous soyons sentis abandonnés. Il a opéré un revirement total. Il me demande sans arrêt si notre budget est suffisant, si l'équipe a besoin d'être étoffée. Et on s'entend bien, *vraiment* bien. Il m'a même invitée à dîner chez lui avec son petit copain.

Je suis souvent fatiguée, mais c'est une *bonne* fatigue. Je ne suis pas vidée, ni éreintée ou abattue. Je jette quelquefois un coup d'œil par la fenêtre au couvent et… disons que je suis soulagée d'être de ce côté-ci de la rue. Sœur Agnès savait de quoi elle parlait. Je suis faite pour bosser, du moment que j'équilibre le travail et le reste. Et je m'y emploie. J'arrive même à ne pas consulter mes mails le soir.

D'accord, pas *tous* les soirs. Mais la plupart du temps.

Lev m'attend justement pour que je lui montre des échantillons de nos mugs publicitaires. En montant à son étage, je me souviens de mon bras de fer avec Ruby, de l'affrontement avec Joanne, de ma fuite dans l'escalier, de mon tête-à-tête avec le mur… Aujourd'hui, ces événements me semblent impensables.

En l'espace de quelques mois, tout a changé. Ruby a quitté Zoose. Joanne aussi. L'équipe actuelle n'a jamais entendu parler du programme sur l'estime de soi au travail. On l'a supprimé depuis longtemps. Le tableau d'objectifs en ligne existe toujours, mais il sert à proposer des idées de soirée au responsable des événements récréatifs de la boîte. Je sais maintenant que plus on appose l'étiquette « joyeux » sur quelque chose, moins ça l'est. En revanche, la soirée karaoké de la semaine dernière était vraiment gaie.

À la place du programme sur l'estime de soi au travail, nous avons instauré certaines règles concernant les mails envoyés en dehors des horaires de bureau. Nous avons fixé des limites. La charge de travail du personnel est réaliste. L'autre jour, quand j'ai vu Josh, le nouvel assistant du département, se décomposer parce que je lui confiais une petite tâche, j'ai compris qu'il était submergé. Je lui ai proposé qu'on prenne un café pour parler de son boulot, lui dire que nous étions satisfaits de son implication et lui demander de lister les tâches accaparantes. En fait, il avait passé trop de temps à réfléchir sur un travail urgent, il s'y était mal pris et s'était planté dans les grandes largeurs. Après avoir mis les choses à plat, nous avons bavardé et j'ai appris qu'il était passionné de cyclisme. Résultat : il est parti ravi de notre entretien. J'espère que je m'occupe bien des membres de mon équipe. *Je l'espère* vraiment. En leur prêtant attention, je fais aussi attention à moi. Mon appartement n'est pas impeccable mais il y règne un certain ordre. Et mon nouveau yucca est en pleine floraison. Moralité : s'occuper d'une plante est beaucoup plus facile quand on s'occupe de soi.

Quand j'arrive devant le bureau de Lev, sa nouvelle assistante, Shireen, me sourit et me fait signe d'entrer.

Lev est dans sa position préférée : assis en tailleur sur la table basse.

— J'ai regardé *Traingang*, me lance-t-il dès que j'entre.

La boîte envisage de sponsoriser cette série télé dont les personnages prennent le même train pour aller travailler. Je lui ai envoyé l'épisode pilote pour qu'il voie de quoi ça parle.

— Ton avis ? je demande, avec précaution car je sens que quelque chose se prépare.

Comme prévu, il explose :

— Ça n'a aucun sens. Le gars devient violent. On ne sait pas pourquoi. Ce qui se passe avec le cheval est carrément *crétin*. Si j'étais le scénariste...

Il cligne des yeux d'une façon que j'ai appris à décoder avec le temps. Lev est doté d'une imagination fertile et il a sans cesse une foule d'idées pour le développement stratégique de Zoose. Malheureusement, il a aussi des tonnes d'opinions sur d'autres sujets. Les raisons de la baisse des ventes de la presse. La charte graphique des courriers officiels. Les lignes de code qu'il envoie à ses équipes à 2 heures du matin. Et maintenant la manière de réécrire une série télé.

Je vois d'où Asher tient son tempérament décousu : c'est une caractéristique familiale. Mais Asher n'a pas le génie de son frère. Lev est le moteur créatif de Zoose. Cela dit, pour travailler en étroite collaboration avec lui, il faut gérer. J'ai appris à le freiner, à faire en sorte qu'il reste concentré, tout en étant attentive aux éclairs d'inspiration qui, après tout, nous font vivre et prospérer.

— Lev, tu n'es pas scénariste, je lui fais remarquer. Tu diriges une application de voyage.

— Je sais, fait-il avec regret.

Bon, il y a de bonnes chances qu'il passe le reste de la journée à écrire un épisode pilote à sa façon.

— La série s'améliore, je dis. En plus, elle très adaptée à notre cible.

— Il n'empêche qu'elle est merdique.

— Je te recommande la nouvelle série policière qui passe sur Sky. L'action se déroule à Amsterdam et j'ai bien aimé les deux premiers épisodes.

Oui, maintenant je suis des séries et j'en parle. Quelquefois, en l'honneur du bon vieux temps, je regarde *La Revanche d'une blonde*, et je souris (*Merci d'avoir été là quand j'en avais besoin*).

Je pose les exemplaires de mugs sur le bureau de Lev.

— Jette un coup d'œil dessus quand tu as un moment. Je dois filer. Comme tu sais, aujourd'hui est…

— Oui, bien sûr. Un jour à marquer d'une croix. D'ailleurs, que fais-tu encore là ? Il est tard. Tu devrais déjà être dans le train. Je te retrouve là-bas.

— Tu viens vraiment ?

— Je te l'ai promis, non ? Pas question de rater ça. Finn sera là ?

La question me rend malade. En fait, depuis mon réveil ce matin, j'ai l'estomac en vrac. Car c'est le grand jour.

Malgré tout, je souris. Je suis vraiment bonne à ce jeu-là.

— Oui. Il sera là.

Je n'ai pas vu Finn depuis mon départ de Rilston Bay. Nous avons un peu communiqué par SMS et mails, des messages amicaux mais essentiellement axés sur l'organisation de la journée d'aujourd'hui. Je sais qu'il va bien, qu'il est de retour à son bureau. Il dort même huit heures par nuit. Et voilà.

Il n'a pas mentionné Olivia une seule fois. Et comme je ne suis pas censée connaître son existence, nos échanges sont un peu convenus. Nous avons soigneusement évité d'aborder des sujets comme la sexualité, l'amour, les rencontres.

J'avoue que je l'ai un peu suivi en ligne, mais il ne fréquente pas les réseaux sociaux. Olivia ayant restreint l'audience de son compte Instagram, il n'y a plus grand-chose à voir. J'ai quand même pu deviner qu'ils se sont retrouvés et qu'ils en sont heureux. Comment ? Parce que la sœur d'Olivia, dont le compte est public, a posté une photo où on les voit bras dessus bras dessous, tout sourires, à une garden-party. J'ai fermé l'appli aussitôt que j'ai aperçu cette image.

Finn m'a prévenue qu'il serait « avec quelqu'un » aujourd'hui. Il est donc possible que je fasse sa connaissance. Et c'est OK. Quant à Finn, il est possible que je le trouve moins séduisant. Ce sera OK aussi.

En sortant de l'immeuble, à 10 heures du matin, je lève les yeux vers le ciel bleu et brumeux annonciateur d'une belle journée d'été. J'entre chez Prêt à Manger et commande un cappuccino. Rien d'autre.

Je viens encore régulièrement pour acheter un café et parfois un snack, mais depuis mon retour, je n'ai pas touché à un seul wrap falafels et halloumi. Rien qu'à les regarder, j'ai mal au cœur. J'ai investi dans une cocotte et retrouvé le plaisir de hacher des oignons. J'échange des recettes avec maman et Kirsten. Et ma lunch box Tupperware est devenue ma meilleure amie. Qui l'eût cru ? Pas moi.

Au fait, je n'ai jamais revu le gars qui voulait cuisiner pour moi. C'est mieux comme ça. Pour nous deux.

En attendant mon café, j'observe la rue à travers la grande vitrine. Les bus, les passants, les pigeons allant et venant sous le soleil. Je me sens pleine d'amour pour cette ville. C'est vrai, il y a du bruit, des gaz d'échappement, des détritus qui voltigent dans la brise d'été. Mais Londres ne m'apparaît plus comme un univers stressant. À mes yeux, c'est aujourd'hui un lieu propice à l'activité, aux contacts humains, aux occasions de toutes sortes.

La vie me plaît, je me dis en prenant mon café. Je profite de la vague. Que demander de plus ?

28

Les premières planches, je les croise à la gare de Paddington, transportées par deux jeunes gars qui bavardent joyeusement, l'humeur au beau fixe. Sont-ils des nôtres ? Au début, je n'en suis pas sûre. Mais quand j'entends prononcer le nom de Terry, je suis fixée.

Ces dernières semaines, j'ai été en relation avec des masses de gens, surtout par l'intermédiaire de ma nouvelle page Facebook. Les contacts se sont vite multipliés.

— Bonjour, je dis en m'approchant du plus grand des deux. Je suis Sasha Worth.

— Sasha ? C'est sympa de te rencontrer, répond-il en me secouant la main avec vigueur. Je m'appelle Sam.

— Et moi, Dan, intervient son copain. On est tellement excités ! Quelle super idée !

— Ouais, c'est hyper cool, renchérit Sam. On parle tout le temps de Terry. Quand on a été au courant pour la rencontre, on s'est dit genre, mec, on va pas louper ça.

— J'suis pas retourné à Rilston Bay depuis des siècles, déclare le dénommé Dan. C'est... comment dire ? C'est cool !

Sur le quai, un autre type muni d'une planche parle avec une bande de cinq nanas. Vingt ans ont passé mais j'en reconnais une, rousse et coiffée au carré. Autrefois, elle avait une longue queue-de-cheval qui balayait son dos.

— Kate ! Tu te souviens de moi ? On était dans le même cours, chez Terry.

— Sasha ! Quand j'ai reçu le mail, je me suis demandé si c'était bien toi.

— La seule et l'unique, je réponds.

— Je suis contente de te revoir. Tu avais une sœur... Kirsten, c'est ça ?

— Tu la verras là-bas, elle fait la route avec ses enfants en ce moment même.

— Elle a des *enfants* ? Oh, le choc !

— Eh oui !

Nous formons presque un groupe. Lorsqu'un participant s'enquiert à haute voix du déroulement de la journée, je décide de prendre la parole.

— Bonjour, tout le monde, je dis en me sentant comme une maîtresse d'école. Merci infiniment d'avoir répondu à l'appel. Je suis Sasha et je vais vous présenter le programme. D'abord, vous allez recevoir l'itinéraire et diverses demandes d'aide. Alors consultez vos téléphones. Mais la chose importante à savoir, c'est que, dès votre arrivée à Rilston, il faut vous diriger directement vers la plage.

— Combien serons-nous en tout ? demande Kate.

— On verra bien, je réponds sans plus de précision parce qu'en vérité je n'en sais rien.

Deux autres groupes nous rejoignent, si bien que nous occupons un wagon entier. Les planches de surf s'empilent. Je me demande combien de gens sont en chemin pour Rilston Bay.

À Reading, de nouvelles planches embarquent. Leurs propriétaires envahissent le couloir, s'interpellent, se tapent dans le dos, boivent des bières.

Après Taunton, un contrôleur débordé vient me voir.

— On me dit que vous êtes responsable d'un groupe de surfeurs. Si vous devez organiser de nouveau le même genre de déplacement, ayez l'obligeance de faire les réservations qui s'imposent.

— Désolée, je ne savais pas qu'on serait si nombreux.

Et notre groupe n'arrête pas de grossir. À partir de Campion Sands, c'est carrément la fête, et une énorme ovation retentit quand le train arrive à Rilston Bay. Cassidy nous attend sur le quai en brandissant un parapluie – cette fois, elle joue le rôle de guide de tour-opérateur. Quand elle me repère dans la foule, son visage s'éclaire.

— Oh, Sasha ! C'est fou, tout ce monde. L'hôtel est complet, tout comme les chambres d'hôtes des environs. Et la plage est bondée. Les touristes venus voir *Amours de jeunesse* n'en croient pas leurs yeux.

— Oui, c'est quelque chose, j'admets tandis que la foule entame la descente qui mène de la gare à la plage.

— C'est génial. *Vous* êtes géniale d'avoir eu cette idée. Tout le monde trouve ça incroyable, Simon, Herbert, Finn...

— Finn ?

C'est sorti spontanément. Je me maudis. Je me suis promis d'être cool et me voilà à bondir comme un lapin.

— Il est venu en avance pour donner un coup de main. Tiens, justement, il arrive.

Merde. Je ne suis pas prête.

Mais si, Sasha, tu es prête. Allez, courage !

Je me retourne, les entrailles nouées. Finn s'avance dans notre direction, hâlé, les cheveux au vent et des lunettes de soleil sur le nez.

Quand je pense que j'ai imaginé le trouver moins séduisant !

— Bonjour, Sasha.

Il hésite avant de me planter un baiser sur la joue.

— Bonjour, Finn.

— Quel succès !

— Oui. Merci pour ton aide.

— Je t'en prie. Les vagues ont l'air bonnes aujourd'hui. C'est un bon début.

— Heureusement. Parce que je n'ai pas de plan de rechange.

Le silence s'installe. Cassidy nous dévisage avec intensité.

— Bon, dit finalement Finn. Il y a beaucoup à faire et tu dois t'enregistrer à l'hôtel. Si tu as besoin de moi, je serai sur la plage.

Il s'en va et je souffle. Ouf ! C'est fait ! Le moment le plus difficile est passé.

— Je vous ai réservé la suite présidentielle, m'annonce Cassidy alors que je commence à faire rouler ma valise.

— Une suite présidentielle, c'est nouveau ?

— Avant, c'était la chambre 44. Simon a eu l'idée de la rebaptiser. Bien sûr, la prochaine fois, vous logerez dans un studio Plein Ciel. Mais les travaux ont pris du retard. Ce n'est pas pour demain, en fait. Ils n'ont même pas commencé à démolir les vieilles cabanes.

— Aïe ! je m'exclame, par pure politesse parce qu'à vrai dire je suis ravie que les bulldozers n'aient pas détruit mes chers cabanons.

— Nous avons aussi un nouveau séchoir à cheveux, dit encore Cassidy en me donnant un coup de coude. Je l'ai choisi spécialement pour vous chez TK Maxx.

— Trop sympa. Merci, Cassidy !

— La suite est équipée d'un lit gigantesque, ajoute-t-elle en levant un sourcil lourd de sous-entendus.

— Ravie de l'apprendre. Alors, Finn séjourne aussi au Rilston ? je demande, bien que je sois censée m'y intéresser.

— Il ne vous l'a pas dit ? Vous ne communiquez pas, tous les deux ?

— Si, mais on n'a pas abordé la question.

La vérité, c'est que je n'ai jamais osé demander à Finn où il allait dormir ce soir. Au cas où il répondrait quelque chose du genre *Ma copine Olivia nous a trouvé un AirBnb. Je t'ai déjà parlé d'Olivia ?*

J'ai donc évité le sujet. Lui aussi, d'ailleurs. Nous nous sommes concentrés sur les aspects pratiques de l'événement.

— Oui, il est au Rilston. Au même étage que vous. Vous ne voulez pas partager la même chambre ? Sûre ?

— Non, merci.

— On pensait que vous vous remettriez ensemble, dit-elle en secouant la tête, l'air triste. Vous étiez si bien assortis... Vous êtes donc redevenus un non-couple ?

— C'est ça. Bon, on devrait y aller.

Cassidy soupire mais n'insiste pas et nous descendons la colline ensemble, comme deux vieilles amies.

— J'ai une autre nouvelle, dit-elle après quelques pas. Nous avons comme clients un couple d'admirateurs d'*Amours de jeunesse*. Ils sont allés voir Mavis Adler pour lui demander de les marier sur la plage. Ils ont tellement insisté qu'elle a fini par déclarer : « Désolée, je ne fais que les divorces ! »

Je ris, reconnaissante de cette diversion.

— Ils étaient dégoûtés, les pauvres choux. Alors je leur ai conseillé de se tourner vers Gabrielle. Elle a sauté sur l'occasion et elle va devenir officiante laïque. Ça va être la nouvelle mode : des mariages sur le sable, dans le style *Amours de jeunesse*.

Plus loin sur la plage, des dizaines de personnes en short, en combinaison ou en maillot, leur planche sous le bras, échangent des saluts joyeux.

— Je n'imaginais pas une chose pareille, reprend-elle. Je vous le dis, Sasha Worth, vous avez lancé un sacré truc.

29

Les deux heures suivantes se passent dans un tourbillon d'activités. Finn et moi sommes complètement absorbés par l'organisation. Travaillant en équipe, nous donnons des instructions aux volontaires et transformons la plage en une gigantesque scène de fête. Les élus du conseil municipal ont été formidables. Ils ont fait poser des poteaux ce matin afin de nous réserver une grande partie de la plage. Ils n'auraient pas accepté ça pour n'importe qui. Mais le héros du jour n'est pas n'importe qui.

Il y a une estrade pour Terry (forcément : tout le monde veut le voir), des banderoles partout, une sono, des tentes, des stands où on distribue de l'eau minérale et un chapiteau pour les cocktails, géré par Feels de Rilston, la nouvelle enseigne qui promet « boissons et vibrations ».

Le chef Leslie est le maître d'œuvre de tout ce qui touche à la nourriture. Cassidy supervise le personnel recruté pour l'occasion. Et Simon se désole que l'événement ne puisse pas avoir lieu dans la salle de bal, endommagée par de récentes fuites d'eau.

— Vous voulez rire, Simon ? je dis. Regardez la plage. La salle de bal n'aurait pas été assez grande pour contenir tous ces gens.

C'est qu'un monde fou a répondu à l'appel. Je n'en reviens toujours pas. Quand l'idée m'est venue, je ne savais pas vraiment à quoi m'attendre, mais en tout cas pas à ça. Je n'imaginais pas ces centaines de personnes. Ces élèves de Terry, de tous âges, des adolescents jusqu'à ceux qui ont appris le surf avec lui il y a quarante ans. Or tous sont là, ravis de participer à l'événement, enchantés d'avoir été contactés.

L'organisation nous a pris du temps. Nous avons commencé en listant les noms dont se souvenaient Finn, Tessa, les gens du coin et moi. Chaque fois qu'un nom sortait, nous lancions une invitation avec la consigne : « Si vous connaissez d'autres personnes concernées, faites passer le mot, s'il vous plaît. »

Et l'information s'est diffusée. À grande échelle. La plage est envahie par cette foule de gens heureux d'être liés entre eux, à travers une personne.

Tessa en a beaucoup parlé à Terry pour le préparer. Mais pour lui ce sera quand même une surprise.

— Sasha !

Quel bonheur ! C'est maman. Elle est là. Avec ma tante Pam, ma sœur Kirsten, Chris et les enfants dans leur buggy tout terrain, en combi à manches courtes.

— Oh, ils sont trop mignons dans ces combis !

— Impossible de résister, dit Kirsten en riant.

Même ma mère en porte une. C'est bien la première fois.

— Maman, tu te lances dans le surf ?

— Je vais essayer. Pam surveillera les enfants. Elle préfère aller nager plus tard. Elle dit que c'est excellent pour...

— La ménopause ! je crie en chœur avec Kirsten.

Soudain, la voix de Finn annonce dans mon oreillette :

— Il est arrivé !

— Terry est là, je dis à maman et ma sœur. J'y vais. À tout à l'heure.

— Bonne chance. Et bravo, Sasha ! s'exclame Kirsten.

L'air de rien, elle ajoute :

— Est-ce que Finn est dans les parages ?

Nous avons eu toutes les deux de longues conversations à propos de Finn, et j'ai beaucoup fluctué. Après mon retour à Londres, pendant deux mois, j'ai gardé la conviction que j'avais pris une bonne décision. Comment être avec un homme qui avait le cœur brisé ? S'il n'était pas capable de me parler d'Olivia, c'était parce que leur histoire n'était pas terminée. Kirsten avait eu raison : lui et moi étions cabossés.

Puis un jour, je me suis réveillée avec le sentiment d'avoir commis une terrible erreur. Je *devais* lui envoyer un message pour le lui dire. Et même lui demander qu'on se voie. Après ça, il suffirait d'une semaine pour qu'on soit de nouveau ensemble. J'ai hésité pendant quelques jours, le temps de rassembler mon courage et de prendre les rendez-vous qui s'imposaient : salon de coiffure et pédicure.

C'est là que, badaboum, je suis tombée sur cette photo de Finn et Olivia, rayonnants de bonheur.

Moins de huit jours plus tard, j'avais accumulé onze rancards grâce à une appli de rencontres. J'ai même entamé une brève histoire avec un certain Marc, qui s'est conclue le jour où il m'a confié ses projets d'avenir. Il souhaitait s'installer avec une fille « un peu comme moi ». Pas moi, à l'évidence, mais je n'ai pas eu le cœur de lui demander de préciser le « un peu ».

Bref, personne n'a trouvé grâce à mes yeux. J'ai bossé dur, fréquenté des amis, cuisiné, démarré le yoga et davantage vu ma famille.

Et me voilà aujourd'hui sur la plage, me frayant un chemin vers l'estrade où se tient Finn, à côté d'un inconnu grand et barbu.

Son sourire me fait fondre.

— Sasha, je te présente mon collègue, Dave. Un surfeur démoniaque.

— Bienvenue à Rilston Bay, je dis, pleine d'espoir pendant un bref et stupide moment. Je suis contente que vous soyez des nôtres. Dis-moi, Finn, quand tu as dit que tu viendrais « avec quelqu'un », c'était donc Dave ?

— Non, répond-il, l'air évasif. Je pensais à... quelqu'un d'autre.

— OK. Compris. Très bien. En tout cas, Dave, je suis ravie de vous accueillir.

Finn n'en finit pas d'éviter mon regard. Son attitude m'exaspère. C'est clair : c'est Olivia qui va le rejoindre. Et moi qui me demandais, qui espérais...

Qu'importe !

— J'ai hâte d'aller à l'eau, dit Dave. Mais, si j'ai bien compris, nous allons d'abord prendre un cours.

— Si le professeur est partant, je commente.

Tessa et Sean sont justement en train d'escorter Terry vers l'estrade, tels les gardes du corps d'une célébrité. Je me précipite vers eux.

— Terry ! Je suis Sasha. Bienvenue. Comment allez-vous ?

Il porte un short large et un tee-shirt rouge vif. Il est bronzé, ridé et maigrichon. Ses cheveux sont coupés court et il pose un regard confus sur la foule d'adultes et d'enfants qui regardent vers l'estrade.

— C'est Terry, lance quelqu'un.

— Mais oui ! répond un autre.

— Regardez, c'est Terry !

Son nom est bientôt sur toutes les lèvres.

— On commence avant qu'il se retrouve étouffé par ses fans ? propose Sean. Beyoncé peut aller se rhabiller.

— Qu'est-ce que c'est que tous ces gens ? me demande Terry, un peu grognon. Ils se sont inscrits ?

— C'est ton cours de 16 heures, mon pote, répond Sean. Il n'y a plus une planche de disponible dans toute la région, me dit-il, visiblement impressionné. Ils savent tous surfer, vous croyez ?

— Pas sûr. Mais ils vont apprendre.

— C'est vrai. Tu es prêt, monseigneur ? Le public attend tes conseils.

Pendant un moment, très désorienté, Terry se contente de cligner des yeux vers la foule. Va-t-il s'en sortir ? Ai-je eu une mauvaise idée ?

— On prend douze élèves par classe, pas plus, fait-il remarquer. Sandra vous le dira. Douze !

— Oui, mais on peut toujours en caser quelques-uns en plus, le rassure Sean.

Terry hoche la tête en signe de compréhension. Puis il fronce les sourcils.

— Est-ce qu'ils vont pouvoir m'entendre ?

Cette fois, c'est au tour de Finn de le tranquilliser.

— On a tout prévu, dit-il en fixant un micro sur le col de son tee-shirt. On fait un essai ? Un-deux, un-deux. Votre voix va porter sur toute la plage. C'est à vous, Terry.

Après un moment de flottement, le héros du jour s'avance sous les acclamations. La foule commence à scander son nom tandis que lui observe avec perplexité ces manifestations d'affection qui fusent des quatre coins de la plage.

— Bon, dit-il quand les clameurs s'apaisent. Bon.

Le silence se fait.

— D'abord, vous êtes trop nombreux, reprend-il, ce qui déclenche une vague de rires. Ils ont déjà pratiqué le surf ? s'informe-t-il auprès de Sean.

— Oui, ils ont pratiqué le surf.

— Bon, fait Terry, visiblement apaisé par le spectacle de la mer, des planches, de son monde d'autrefois.

Sa voix gagne en force :

— Dans ce cas, voilà ce que j'ai à vous dire. Vous n'allez pas aimer mais écoutez-moi quand même.

On entendrait une mouche voler. J'en profite pour repérer les têtes connues. Cassidy en brassière rose fluo et short de surf, Simon en combi bleue (avec des jambes hyper musclées !), Herbert, qui ressemble à une araignée à longues pattes. Maman, Kirsten. Gabrielle, qui me fait signe, et – oh, ça alors ! – Lev en combinaison gris fer. Quand est-il arrivé ? Finn me fait un clin d'œil. Ensuite, comme tout le monde, nous tournons nos regards vers Terry.

— Vous croyez que vous savez surfer. Oui, vous avez envie de vous ruer sur l'eau pour attraper les plus grosses vagues, montrer à vos copains ce dont vous êtes capables. Mais vous avez tout faux. Le surf, ce n'est pas de la frime. C'est ce qui se passe entre vous et la mer. Vous et la vague. La vague, c'est tout.

— La vague, c'est quoi ? intervient Sean dans le micro.

— La vague, c'est tout !

Le cri unanime du public résonne le long de la plage. On se croirait dans un festival de rock. Cette ambiance électrique me donne des frissons. Terry se rend-il compte de son importance, de son pouvoir sur les gens, de l'effet qu'il produit ? Son regard vague passe au-dessus des visages ravis. Mon souhait le plus cher est que ce spectacle s'imprime dans son esprit, qu'il lui apporte joie et réconfort pour le reste de sa vie.

— Vous avez entendu ? Bien ! poursuit-il. C'est encourageant. Je peux faire de vous des surfeurs. La vague, c'est tout. N'oubliez jamais cette phrase. Il est temps maintenant de commencer notre séance d'échauffement.

C'est un sacré spectacle que ces centaines de personnes alignées le long du rivage, répétant les exercices de Terry. Une seule très grande classe d'étudiants suspendus aux lèvres de leur professeur. Quand ils commencent à mettre en pratique ses conseils pour se tenir sur les planches, Terry grogne.

— Je ne peux pas tous les corriger.

— Ne t'inquiète pas, mon pote, le calme Sean. Je m'en occupe.

Il commence sa tournée, félicitant les uns, modifiant la position des autres et, le pouce levé, il jette des coups d'œil fréquents à Terry qui commence à montrer des signes de fatigue. Sean revient sur l'estrade et prend le relais au micro.

— Amis surfeurs, je suis Sean Knowles, le nouveau propriétaire du Surf Shack. Je m'efforce de suivre les pas d'un géant du surf. J'ai nommé Terry Connolly.

Nouvelle ovation. Finn et moi échangeons des sourires. Je respire enfin normalement. Mon plan a fonctionné. Terry a donné son dernier cours de surf et c'était un moment épique.

— Il y a plein de remerciements à faire, continue Sean. Je suis certain que les discours vont suivre. Mais déjà, une personne mérite des remerciements tout particuliers pour avoir conçu et organisé cet événement de A à Z. Sasha Worth, sur l'estrade, s'il vous plaît !

Le rugissement de la foule est assourdissant. Mes yeux se remplissent de larmes. Jamais je n'oublierai ce moment, cet océan de visages radieux devant l'horizon bleu. L'amour qui règne sur cette plage semble aussi réel que le sel dans l'air.

— Je suis tellement heureuse que vous soyez tous venus ! je dis dans le micro. Un grand merci à vous tous. Si cet événement a eu cette ampleur, c'est grâce à Terry. Je voudrais moi aussi adresser un remerciement spécial à quelqu'un qui a énormément travaillé à l'élaboration de cette journée : Finn Birchall.

D'abord réticent, il monte finalement sur l'estrade en souriant et accepte les applaudissements avec un hochement de tête.

— Mon discours à moi tient en une seule phrase : Attrapez la vague ! Comme dirait Terry.

Alors que le tapage se transforme en un silence respectueux, ce dernier reste silencieux. Puis son regard devient perçant.

— Eh bien, qu'est-ce que vous fabriquez plantés sur le sable ? dit-il de sa voix rugueuse. Ce n'est pas en restant là que vous allez surfer la vague. Assez parlé. Allez-y !

30

Il y a tellement de surfeurs que la mer paraît ridiculement encombrée. Au bout de quelque temps, seuls les purs et durs restent debout sur leurs planches. Les autres rament ou, assis sur la plage, boivent des bières en bavardant.

Je surfe un peu, puis je vais me changer. Quand je reviens, l'air sent le charbon de bois. Les steaks grillent déjà sur les barbecues. Des tapis de pique-nique sont éparpillés sur le sable. Quelqu'un joue de la guitare. Keith Hardy alias Mr Poppit joue son spectacle pour un public d'enfants. Il m'adresse un grand salut que je lui retourne en passant devant lui sans m'arrêter.

J'attrape un cocktail sous la tente des boissons, jure à Nicolai que je n'ai pas besoin d'un supplément de chou kale dans mon verre, l'emporte sur la plage et le déguste tout en regardant mon neveu Ben creuser avec bonheur des trous dans le sable.

— Il faut qu'on revienne ici *chaque année*, je dis à ma sœur.

— J'ai pris de l'avance sur toi, répond-elle. J'ai déjà retenu le cottage pour l'été prochain. Et figure-toi que Pam veut entraîner ici sa bande de femmes ménopausées. Elle soutient que les bains de mer soulagent les bouffées de chaleur.

On se met à pouffer de rire.

— Et ça en est où, avec Finn ?

— Il est avec sa copine.

— Ah, d'accord ! dit-elle en retirant des algues entortillées autour des doigts de son fils. Bon, les surfeurs sexy, ce n'est pas ce qui manque ici. La plage grouille de beaux mecs athlétiques. Tu es sûre que tu n'as pas organisé un speed dating géant pour toi toute seule ?

— J'avoue !

— Bien ficelé, ton projet ! Personne ne se doute de rien.

Question possibilités, elle a raison. Il y a plein d'hommes tout à fait potables ici. Bien bâtis, sympas, charmants. Mais aucun de ceux avec qui j'ai bavardé ne m'a particulièrement plu. L'ennui, c'est que je sens constamment la présence de Finn. Sa copine ne s'est pas encore montrée. Ou bien elle est là et je ne l'ai pas repérée. Ou à l'hôtel, en train d'enfiler un bikini hyper sexy. De toute façon, on s'en fiche. Ce n'est pas un sujet.

L'après-midi laisse place à la soirée, dans une atmosphère détendue. Je papote avec autant de gens que possible, y compris Gabrielle, Mavis et Lev qui annonce toutes les cinq minutes qu'il s'en va mais qui est toujours là. Terry fait ses adieux au micro. L'acclamation qui s'ensuit est tellement sonore qu'on a dû l'entendre jusqu'au bout du village. Il y a eu des discours et des chansons. Maintenant que le soleil se couche, des feux brûlent çà et là. On entend des airs de guitare. Des gens dansent.

Quand les enfants deviennent grincheux, Kirsten les installe dans leur buggy à deux places.

— Je te vois demain, d'ac ? On fait quoi ? Natation à l'aube, chou kale au petit déjeuner, méditation ?

— Les trois, mon général !

— *Excellent !*

— Je viens avec toi, Kirsten, annonce maman. Je vais t'aider à mettre les petits au lit. Bravo, Sasha, pour cette journée mémorable. Ton père aurait été très fier. Je pensais à ce pub qu'il aimait tant, le White Hart. Il existe toujours ?

— Oui. On pourra y aller demain et porter un toast à papa, je propose.

— Très bonne idée, approuve Kirsten en partant.

Je me demande si Finn est toujours sur la plage quand j'entends quelqu'un dire : « Elle a été retardée par un problème de train. Finn est allé la chercher à la gare. »

C'est Dave, le collègue de Finn.

Finn est allé la chercher à la gare.

Olivia. Elle a été retenue, mais elle arrive. Il va revenir sur la plage avec elle. Ils se promèneront main dans la main, danseront, ou s'assiéront sur le rivage, les jambes emmêlées.

Non ! Je ne pourrai pas assister à ce spectacle. C'est même inconcevable. Mon cœur n'y survivra pas. Je dois absolument rentrer.

— C'était formidable, mais il est temps que je m'en aille, je déclare sans m'adresser à personne en particulier.

— Vous partez ? s'écrie Cassidy, qui a l'oreille qui traîne. Mais non ! La fête ne fait que commencer. Prenez un jus de noni et entrez dans la danse.

Vu sa tête, elle est un peu éméchée. Elle abat sa main sur mon épaule en répétant : « Merveilleuse Sash. Divine Sash ! »

Je souris.

— Dites à Cassidy pourquoi vous n'êtes plus avec Finny. Personne ne comprend. Personne. Ni moi, ni Herbert, ni Mavis, ni les filles du salon de thé...

— Vous en avez parlé à tout le monde ? je demande, un peu choquée, avant de me souvenir à qui je m'adresse. Question idiote ! Bien sûr que vous en avez parlé. Eh bien, j'ai une nouvelle à vous annoncer. Je suis certaine que Finn est avec une autre fille.

— Une autre fille ? Vous plaisantez !

— Il n'a pas réservé une chambre pour lui et une dénommée Olivia ?

— Olivia ? réplique-t-elle comme si c'était un prénom absolument répugnant. O-li-via ? Non. Jamais entendu parler.

— Mais il est allé la chercher à la gare. Enfin, il va chercher quelqu'un à la gare. Quelqu'une, en fait.

— Quelqu'une... Voyons voir. Pour les renseignements, c'est Herbert le mieux placé. Je vais lui demander de ce pas.

Je ne crois pas qu'Herbert sache quoi que ce soit, mais Cassidy m'entraîne déjà vers la chaise longue installée au bord de l'eau où il fume un cigare.

— Herbert ! s'écrie-t-elle, tout essoufflée. Finn est allé chercher qui à la gare ? Mieux vaut que ça ne soit pas une certaine O-li-via.

Il réfléchit et souffle un nuage de fumée avant de répondre.

— Il a réservé une chambre pour une Mme Margaret Langdale.

— Margaret Langdale, chambre 16, non fumeur ? C'est Finn qui l'a réservée ? Vous ne devriez pas garder ces infos pour vous, Herbert. Bon, ben voilà. Mystère élucidé. C'est elle qu'il va chercher. Sa copine qui fait chambre à part, Margaret Langdale.

Je suis incapable d'émettre le moindre commentaire, de faire le moindre geste. La pire émotion du monde me serre le cœur : l'espérance. Un sentiment qui peut tuer. J'ai passé six mois à me dire que Finn était avec Olivia et que je devais l'admettre. Six mois. On aurait pu croire que c'était assez long pour assimiler le fait et l'accepter.

Eh bien non ! Cette réalité vient de s'évaporer, comme si elle n'avait jamais eu aucune consistance. Et maintenant, l'espoir tournicote autour de moi en me susurrant des *peut-être* optimistes...

— Il est là, me glisse Cassidy à l'oreille. Derrière vous. Seul.

Lentement, gagnée par un sentiment irréel, je me retourne. Et oui, le voici qui vient à ma rencontre, grande silhouette habillée d'un tee-shirt vert d'eau, du sable sur le jean, les yeux éclairés par les flammes d'un feu proche.

Plus il s'avance, plus j'ai envie de lui. Une sensation violente qui m'empêche de penser à autre chose. Mon esprit brûle de désir, sans parler de mon corps. J'ai évité Finn tout l'après-midi par peur de ce genre de face-à-face. Je recule instinctivement. Mais après deux pas en arrière, je suis pratiquement dans l'eau. Une vague mouille ma cheville et je me retrouve à revenir vers lui.

— Salut !

Ma voix étant restée coincée dans ma gorge, je réessaye :

— Salut !

— Salut.

Et, croisant mon regard, il ajoute :

— On n'a pas beaucoup eu l'occasion de se parler. Comment vas-tu ?

— Très bien. Et toi ?

— Très bien. Mon boulot est intéressant. Et jusqu'à maintenant, je ne me suis énervé contre personne. Un sacré bonus, crois-moi.

Je ne peux pas m'empêcher de le taquiner, malgré mes résolutions.

— Tu n'as pas encore fracassé ta tasse de café sur la table de réunion ?

— Non. Au risque de te décevoir, ni éclaboussures ni documents hors d'usage. J'ai perdu ce talent. Tandis que toi, je l'ai appris par Lev, tu es une cheffe absolument hors pair.

— C'est très exagéré, je réplique en levant les yeux au ciel, bien que le compliment m'enchante.

— En tout cas, il t'aime beaucoup.

— Je l'aime beaucoup moi aussi. Dis-moi, comment... marche ta thérapie ? je dis en observant les mouvements de va-et-vient de l'écume.

— Bien, merci. J'y vais toujours, nous abordons plein de sujets.

Il marque une pause et fronce les sourcils, comme s'il se posait une question.

— On a parlé de toi, dit-il en me regardant droit dans les yeux.

— De *moi* ?

— Oui. Et maintenant je comprends, Sasha. Tu as eu *raison* de me dire que ce n'était pas le bon moment. Nous n'étions pas en bon état. Je n'étais pas prêt pour... Aucun de nous ne l'était. Saloperie de burn-out.

Le bruit ambiant des conversations, de la musique et des mouettes s'estompe alors que je m'efforce de digérer ce qu'il vient de dire.

— Minute ! Tu crois que j'ai terminé notre histoire parce que nous étions au plus bas ?

— Exactement. Pour moi, c'était la raison. Quoi d'autre ?

Là, j'explose de rage :

— À cause d'Olivia. O-li-via !

— Olivia ? répète-t-il, sidéré. Mais c'était il y a des siècles ! Cette histoire était terminée quand je t'ai rencontrée.

— D'accord, mais tu ne m'as jamais *parlé* d'elle. Pas un mot. J'ai cru que tu avais le cœur brisé. Tu n'admettais pas que tu souffrais d'un chagrin d'amour, tu prétextais une surcharge de travail pour expliquer ton mal-être.

— C'était la vérité. Je t'ai avoué que j'étais surmené. Pourquoi tu ne m'as pas cru ?

Allez, c'est le moment d'exprimer la vérité, toute la vérité, rien que la vérité.

— Parce que tu es toujours resté évasif. Moi, je t'ai raconté mes problèmes chez Zoose. Toi, tu t'es fermé comme une huître. J'ai cru que tu te servais de ton épuisement professionnel comme d'un écran de fumée.

— Parfait. Je vois. Oui, je vois.

C'est tout ?

— Tu vois *quoi* ? j'insiste. Tu n'as rien d'autre à dire ?

Il ne répond pas. C'est affreux. Je retiens ma respiration. Ma patience a des limites et je sens ma tension monter. Car s'il reste muet, même maintenant, je...

— OK. Alors voilà, je ne me suis pas étendu sur mes problèmes de boulot parce que ça m'était difficile. Il y avait un contexte particulier. Une collègue très proche, une très bonne amie, est tombée malade. Elle voulait que tout le monde ignore qu'elle était sous traitement. Je lui ai dit que je l'aiderais, que je reprendrais une partie de son travail. C'était lourd. Je bossais jour et nuit. J'ai été trop optimiste et je l'ai payé.

— Et elle ?

— Elle va bien, Dieu merci. Le traitement a marché. Et finalement, quand je suis retourné au bureau, elle a raconté toute l'histoire et s'en est trouvée soulagée. Mais moi, bêtement, je me suis accroché longtemps à cette idée du secret.

Après un instant de vertige, j'adopte un point de vue différent. Donc, il aidait une amie. Il respectait son choix. La rupture avec sa copine n'était pas en cause. Il était vraiment surmené.

— Finn, je suis navrée. Tout ça a dû être...

— C'était dur pour tout le monde. Mais tout est bien qui finit bien.

Il esquisse un petit sourire prudent. Visiblement, il attend que je le lui retourne. Comme si j'avais obtenu des réponses à toutes mes questions. Mais ce n'est pas le cas. Si j'ai appris une leçon durant ces six derniers mois, c'est de ne pas laisser pourrir les situations. Ni dans le boulot, ni en amour, ni dans la vie.

— Au fait, qui es-tu allé chercher à la gare ? Quand tu m'as prévenue que tu venais avec quelqu'un, tu avais l'air bizarre du type qui cache un truc. Et je vous ai vus sur Instagram, Olivia et toi, main dans la main dans une fête.

J'ai décidé de tout avouer. Mes inquiétudes, ma paranoïa, mes séances d'espionnage sur les réseaux sociaux.

— J'ai rencontré Olivia chez ces amis communs et on a échangé quelques mots. Si quelqu'un nous a pris en photo, je ne m'en souviens pas.

— D'accord. Et à la gare, c'était qui ?

Finn rougit, comme pris en faute.

— Ma mère. Elle a eu du retard, sinon elle aurait assisté à la journée de surf. J'ai pensé que ça te ferait plaisir de la rencontrer. Et puis je me suis dit que c'était idiot.

Sa mère. Il a dit sa *mère* ?

Ma méprise me fait presque éclater de rire. Comment ai-je pu créer tant de problèmes quand il n'y en avait pas, imaginer de telles histoires fausses ?

Peut-être, peut-être une autre histoire est-elle sur le point de commencer. Finn a plongé son regard dans le mien. Je sens les picotements revenir, cette sensation délicieuse dont je me souviens, et une pointe de douleur.

— Tu es avec quelqu'un en ce moment ? je demande.

Je tiens à être sûre à 100 %. Il fait non de la tête.

— Et toi ?

— Non.

— Et mon burn-out est terminé, affirme-t-il comme s'il avait besoin d'en être certain.

— Je me sens parfaitement bien moi aussi. En pleine santé morale et physique.

Le silence qui s'ensuit augmente ma nervosité. Quelle est la prochaine étape après cet échange de vérités ?

— J'ai beaucoup pensé à toi pendant tout ce temps, dit Finn gravement. Pendant *tout* ce temps.

— Moi aussi. Je n'ai jamais cessé. Chaque jour et chaque nuit.

Il sort lentement de sa poche un bout de papier froissé sur lequel est inscrit un seul mot : « Sasha ».

— Je ne souhaitais pas seulement ton bien-être. Je te voulais toi. *Toi*. Dans ma vie. Avec moi. Alors j'ai écrit ton nom, je l'ai mis dans ma poche et j'ai espéré.

Il me tend le papier que je regarde, les yeux mouillés. Ensuite, sans un mot, je sors de ma propre poche la feuille écornée que je trimballe avec moi depuis six mois. Il n'y a qu'un mot dessus : « Finn ». Il a l'air surpris, et aussi plein d'espoir. Avons-nous éprouvé les mêmes émotions pendant tout ce temps ? Avons-nous eu les mêmes aspirations ?

Et si l'univers avait exaucé nos souhaits ?

Moi aussi, j'espérais. Y compris quand je croyais que c'était impossible. Atroce.

— Saloperie d'espoir, crache Finn.

— C'est bien mon avis, je dis, avec un drôle de petit rire.

— Le burn-out, c'est de la gnognotte comparé à l'espérance. Sauf si l'espoir se transforme en réalité. Ce qui ne doit pas arriver si fréquemment.

Il avance d'un pas, l'air interrogateur. La brise ébouriffe ses cheveux. Il me dévisage de ses yeux sombres. C'est comme si un aimant m'attirait vers lui. Rien ne compte plus. L'important, désormais, c'est le lien qui nous unit et ce que nous allons en faire.

— Il faut que nous parlions, Sasha, propose Finn après ce qui semble une éternité. Dans un endroit approprié. Il faut que nous parlions convenablement…

Je jette automatiquement un coup d'œil autour de nous. Une première fois, puis une seconde.

Je rêve.

— Finn, regarde !

La plage s'est vidée. Il n'y a presque plus personne, plus d'agitation ni de bruit. Que s'est-il passé ? Où sont-ils, tous ?

Du coin de l'œil, je vois que Cassidy parle à un dernier groupe de surfeurs. Ils l'écoutent, hochent la tête et plient bagage. Elle leur a dit quoi ? Maintenant, c'est Herbert qui s'adresse à une bande de pique-niqueurs. Ils regardent dans notre direction et ramassent leurs affaires. Simon, de l'autre côté, emmène une troupe de gosses. Sa voix, portée par le vent, me parvient :

— La plage est réservée pour un événement privé. Soyez gentils de lever le camp.

Nicolai peine à venir à bout d'un dernier petit groupe, mais après moult gesticulations, les gens se lèvent et s'en vont. Certains ont le sourire aux lèvres, certains nous observent. Cassidy, elle, me fait de grands signes joyeux, me souffle un baiser et plante fermement un poteau de délimitation.

Nous voilà seuls, comme par magie. On dirait qu'un prestidigitateur est passé par là. C'est la pleine saison, la période la plus chargée pour Rilston Bay. Et pourtant il ne reste que Finn et moi sur une plage vide. Comme avant.

Les vagues déferlent. Le soleil couchant illumine l'eau. L'homme que j'aime est devant moi. Parfois, il faut saisir les moments exceptionnels. Et les chérir comme ils le méritent.

— Je veux que ça marche, dit Finn, très solennel.

— Je veux que ça marche, je répète, la gorge nouée. Je le désire plus que tout.

— OK, acquiesce-t-il avec cette façon qu'il a de plisser les yeux qui me fait craquer. Dans ces conditions…

Quand il regarde la mer, je devine ce qu'il va dire. Parce que je le connais. Parce que les choses n'ont jamais été ordinaires entre nous. Même quand on se disputait, même quand on refusait de partager la plage. La profondeur a toujours prévalu dans nos rapports. Comme si on sentait ce qui allait advenir.

— Et si on marchait dans les vagues pendant que je te dis pourquoi je suis tombé amoureux de toi ?

Je prends une inspiration. Oui, profitons de la vague.

Nous marchons dans l'eau, enlacés. Il m'avoue son amour de sa voix chaude et franche qui m'a toujours envoûtée. Les mouettes continuent à piailler. Et nous, nous continuons à avancer vers l'avenir.

Remerciements

Un immense merci à toute l'équipe de héros qui m'a tant et tant aidée pour ce livre. Frankie Gray, Whitney Frick, Araminta Whitley, Kim Witherspoon, Marina de Pass... Je vous suis éternellement reconnaissante. Et enfin, un immense merci à mon vaillant coéquipier et mari, Henry Wickham.

*Cet ouvrage a été composé et mis en page
par FACOMPO, Montrouge*

Imprimé en France par
CPI Brodard & Taupin
en mai 2025
N° d'impression : 3061305

Pocket – 92 avenue de France, 75013 PARIS

S34999/01